Model Graphix
ガンダム アーカイヴス
『ジオンのモビルスーツ』編

月刊モデルグラフィックス編

大日本絵画

N.B1
CAUTION
CAUTION
CAUTION

Model Graphix

ガンダム アーカイヴス

『ジオンのモビルスーツ』編

月刊モデルグラフィックス編

'85年に創刊した模型専門雑誌『月刊モデルグラフィックス』には創刊当初より数々のガンプラ作例やスクラッチビルド作例が掲載され続けてきていますが、本書はその膨大な作例群のなかからジオン（ネオ・ジオン）系機体を題材とする作例をピックアップしまとめたものです。なお、本書内でのガンダム世界考証は模型を楽しむための独自のもので、公式設定を下敷きにしていますがサンライズ公式設定ではないことをお断りいたします。

＊本書では基本的に雑誌掲載当時の記事表記に準じるようにしています。そのため、「本誌」＝『月刊モデルグラフィックス』、「MG」＝マスターグレード、「PG」＝パーフェクトグレード、「センチネル」＝ガンダムセンチネルの略となっています。また、記事中にあるマテリアルやキットに関する表記は掲載当時のものになっているため、現在は販売が停止されていたり名称が変更になっていたり価格が改訂されていたりする場合がありますのでご了承ください（バンダイ ホビー事業部は'18年4月よりBANDAI SPIRITS ホビー事業部へと改編されています）

Contents;

MS-05 ZAKU I

Model Graphix
2016年12月号
掲載

ジオンのモビルスーツの祖であるザクⅠ、通称「旧ザク」。ザクⅡから動力パイプを取り除いただけのように見えてそのバランスはまったくの別物で、ザクⅠをザクⅠとしてカッコよく作るのは以外と難しい。今回は『THE ORIGIN』版の1/144キットを元にして、いまどきなイメージのスマートなザクⅠを製作してみた。

35年前からジオンに魂を引かれ続ける“オールドタイプ”のためのアレンジモデリング

ディテールを間引き、ちょっと引き締めてニュートラルなザクⅠに

▶『THE ORIGIN』版ザクⅠのキットの腰は見慣れた“旧ザク”とは形状が異なる。可動クリアランス確保のため腹部装甲の下方にすき間がありCG設定画より上下に短縮された感がある。そこで、腹部の詰まった印象を変更して見慣れた形に修整してみた。目立つすき間をプラ材で埋めつつ腰のくびれをゆるやかにしている。下半身のボリュームは申しぶんないので、上半身や腰のくびれ部をかさ増しすることで、より下半身との釣り合いがとれる。またモールドをあえて埋めることで情報量を整理するとさらにニュートラルな“旧ザク”像に近づけることができる

MS-05 ザクⅠ
HGシリーズ
BANDAI SPIRITS
1/144
インジェクション
プラスチックキット
「HG MS-05 ザクⅠ
(デニム／スレンダー
機)」改造
発売中　税込1870円
出典／『機動戦士ガンダム
THE ORIGIN』
製作・文／**田村和久**

▶足の甲は基部を切り取って真ちゅう線接続で傾き方向の可動軸を追加。スネからつま先のラインが自然に繋がるようにした

◀腹部の詰まった印象を変えるために、コクピット部の中間で切断しプラ板で1㎜延長。また、『機動戦士ガンダム』の設定画は胸の側面から腰のスカートアーマーまでつながっていたので、作例も肩口ブロック〜腰ブロック〜スカートアーマーのラインがなるべくなだらかにつながるように形状を調整。腰ブロックまわりにプラ板を貼り込み、ボリュームアップしつつ断面の丸みを意識してヤスリで削っている。スカートアーマーは隙間が目立つのでプラ板で隙間を埋めている

●上腕の装甲下端部にプラ板を貼って0.5㎜ほど延長。ヒジ関節を隠すようにすると腕がより力強く見える。左肩のショルダーアーマーは胴体との隙間が目立つので胴体側に密着するように調整。アーマーと肩とのジョイント軸を2㎜ほど外側にずらすとよい

●肩のポリキャップが丸見えなので、0.3㎜プラ板で蓋を自作。可動とのトレードオフだ

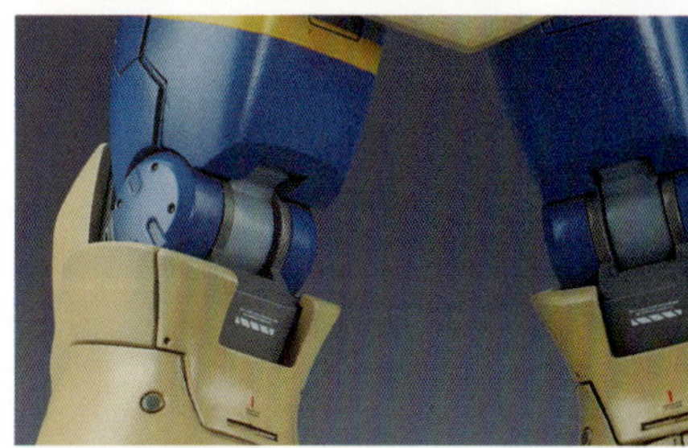

●股関節はモモと同色で塗ると「スカートからはみパン」感をなくすことができる。握り拳は次元ビルドナックルズ（丸）を使用した。手首可動軸の切り欠きは埋めるようにすると情報量が減って、「旧ザク」としてよりいいカンジになる

●バズーカはレンズを市販透明パーツに置き換え、マシンガンのストックも大きく持たせづらいので削って小型化。オマケでスパイクシールドも製作した。製品付属のシールドに市販パーツでスパイクと持ち手をつけただけのお手軽改造だ

『THE ORIGIN』版ザクIのHGは劇中のCGモデルをそのまま立体化したようなプロポーションとディテールで、引き出し関節などが駆使されて可動範囲も広いです。今回はこの優秀な製品をベースに、以前から自分の持っている「旧ザク」のイメージを盛り込んで形にしていきました。

まず、プロポーションが〝カッコよすぎる〟と感じたので、ちょっとだけ胴長短足にして、いわゆるおじさん体型に近くします。腹部底面に0・5㎜プラ板を貼り、太ももの水平回転軸で0・5㎜短縮しました。

頭部はモノアイスリットを狭くするために、上辺にプラ板を貼ってから削り込んでいきました。愛嬌のある広めのモノアイスリットも好きですが、『THE ORIGIN』版ザクIは端正な印象がありますので、それに形状を合わせていきます。正面のバーはキットのままだと太め。左右から均等に削り込んで細くしました。後頭部のトサカもフチを薄く削りシャープにしています。

今回いちばん手を入れたのは胴体。腹部の詰まった印象を変えるために、コクピットハッチの中間で1㎜延長。また、昔の旧ザク設定画は胸の側面から腰のスカートアーマーまでがきれいにつながっているデザインですが、本製品やHGUCなど過去のキットも、腹部ブロックを設けるなどの改変がされているんですね。腰の可動を現実的に考えるとこの解釈でよいと思いますので、なるべく各部がなだらかにつながるラインを意識して形状変更しました。

最後に全体的なディテールを調整して、工作完了です。「旧ザク」としては過密気味なモールドは埋めてしまうことにしました。右肩の追加パーツは外そうかとも思いましたが、元キットの要素が完全になくなるのもどうかと思いあえてそのままにしました。

◆塗装

リアルタイプカラーの配色を参考に塗装。ブラウンとブルーのツートンカラーだとちょっと暗いと思い、ブラウンをベージュ寄りに。懐かしのラインマーキングもマスキング塗装で入れています。関節部は明／暗のトーンを変えたグレーで塗り分け、アクセントでカッパー、アイアンなどの金属色を入れると見映えが上がります。

作例は『機動戦士ガンダム』の旧ザクの印象をミックスする方向で進めましたが、製作過程で「旧ザクってこういう形だったんだな」と改めて認識する部分もあったりして、実際に触ってみることでそれぞれの差異がおもしろく感じられました。■

MS-05
ZAKU I

やっぱり 1/144 プレーンなザクがほしい！

ザクⅡ C型／C-5型
HGシリーズ
BANDAI SPIRITS　1/144
インジェクションプラスチックキット
発売中　税込1980円
出典／『機動戦士ガンダム THE ORIGIN』
製作・文／**フクダカズヤ**

HGジ・オリジン版ザクⅡC型のディテールを整理し「往年のスタイル」風に仕上げてみよう!!

好評展開中のOVA『機動戦士ガンダム THE ORIGIN』（ジ・オリジン）。安彦良和氏を総監督に迎え、ジオン独立戦争の顛末を新たな解釈でアニメ化するシリーズだ（厳密には宇宙世紀作品の時系列とイコールではなく、あくまでパラレルな世界）。繊細なディテールで『THE ORIGIN』版として製品化されたHGザクⅡだが、そのプロポーションはまさにイマドキのカッコいい「ザク」！。『機動戦士ガンダム』のオーソドックスなザクのイメージに振りつつ製作してみたぞ。

Model Graphix 2018年4月号 掲載

このザク、プロポーションが最高！

◀▼このザクのキットの体型はどこか懐かしい出で立ち。上下に広いモノアイレールは見方によっては柔和な表情にも無機質な戦闘兵器らしくも感じられるし、えぐれたラインの前腕形状や大きな手首、ムッチリしたモモもなんだか気持ちいい。そう、往年の大河原邦男氏の設定画や、安彦氏の作画などのエッセンスを結集してアレンジしたプロポーションなのだ。全身にくまなく入れられたモールドこそいまどきなカンジだが、シルエットについてはトラディショナルな「ザクらしさ」がうまく表現されている。作例では、プロポーションにはあまり手を入れずディテールを適宜埋めることで、本製品のポテンシャルを最大限に引き出しつつ「ザクらしさ」を強調してみた

●ザクIIといえば、『機動戦士ガンダム』第１話の安彦作画……たとえば両手でザク・マシンガンを構えるジーン機のカットが有名だが、肩の柔軟な可動範囲の恩恵により、このポーズもばっちり。腰を大きく捻ることもできるようになった

キットのステキポイントはココ♥

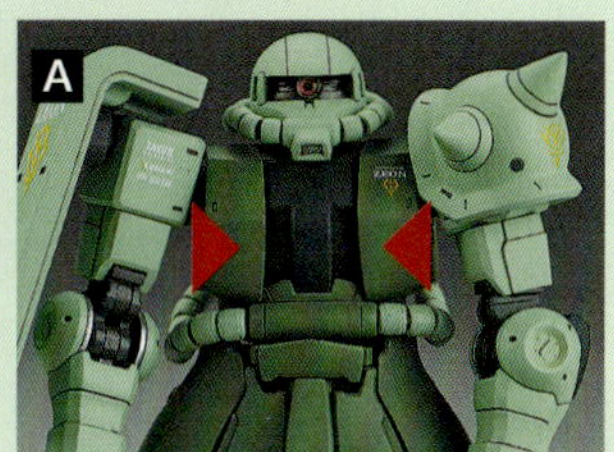

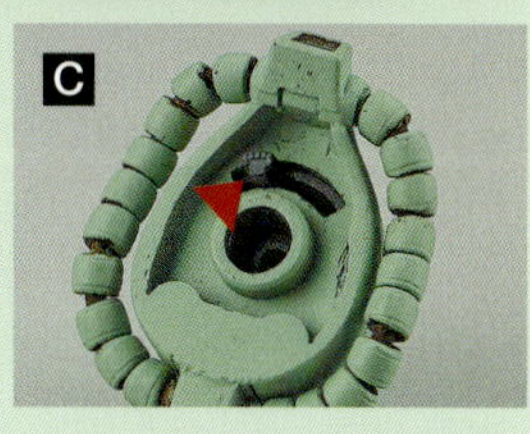

●本製品は最新のザクのキットということで、さまざまな部分に過去の設計の経験値が結集されている。左右の肩口ブロック自体が動くので、肩と腕の可動を妨げない（A）。腰のフンドシブロックと動力パイプがつながるこれまでのザク模型の構造（パイプが邪魔で腰を捻りづらい）を刷新し、パイプ基部を上体側にくっつけたデザインリファインがなされている。これならいくらでも腰を捻ることができる（B）。アゴ裏のレバーを動かすとモノアイが左右に可動（C）。バズーカ、2種のマシンガン、ヒート・ホークなど武装もメチャ豊富だ！（D）

●付属のMS用バズーカはボックスマガジン式にアレンジされた。予備弾倉を右肩にマウントできるのがカッコいいので、ここは製品準拠で仕上げた

▲▶ディテールを瞬間接着パテで埋めているほか、股間のフンドシブロック部を好みで形状変更。昔の作画をイメージして張り出し部を突き出させて強調している。またフロント／サイドスカート部のすき間にはMr.SSPを盛ってスカートの面同士がつながるように調整した。全身の関節が柔軟に動くぶん、可動クリアランス確保のために遊び（すき間）が大きくとられているので、見た目を優先する場合はそうした箇所を埋めるなどの工作をするとよい

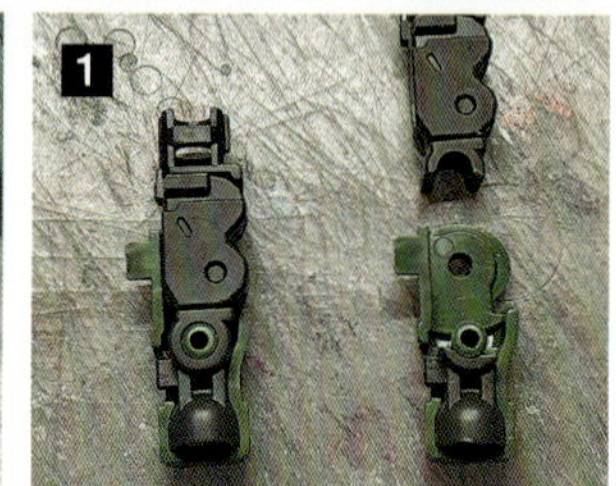

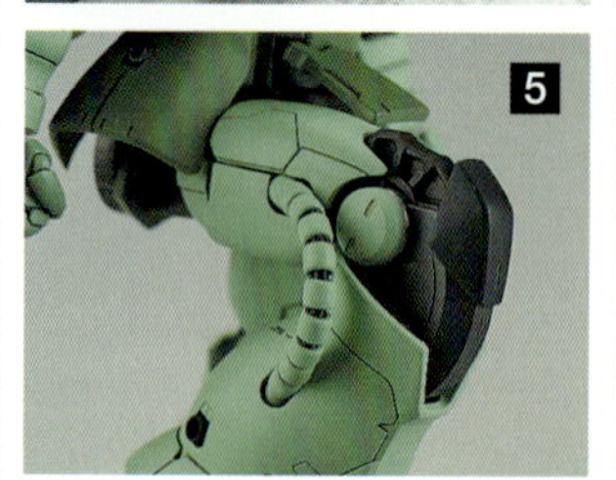

1 ヒジ関節のフレームは画像のように前腕との接続部をC字に切り欠くことで後ハメ加工ができるようになる
2 キットはヒジ関節が結構目立つので、上腕パーツの下端部にプラ板を貼り足して延長。これによりヒジ関節の露出を少し抑えつつ、上腕が気持ちたくましく見えるようになる。
3 ランドセル上部の小スラスターは一度くり抜き、プラパイプなどの自作パーツに置き換えた。また全身のスラスターもいったん削り落としてから同径のプラパイプを埋め込んで立体的に見せている。首まわりも輪切りのプラパイプで関節を隠した。リア／サイドスカートのあいだは可動クリアランス確保のためのすき間が目立つので、瞬間接着パテで埋めた。またハードポイントの穴は目立つので、プラパイプとプラ棒で埋めている。予備マガジンやヒート・ホークは真ちゅう線で接続する方式に変更した
4 5 動力パイプをRGザクⅡ（パイプの節が個別に成型されている）に変更しひと回り太く。パイプ基部はプラパイプで自作。スプリング接続にすることで足の可動にも柔軟に対応する。
6 キットのモノアイレールのパーツは平面的なので、中央を開口してモノアイ基部を造形している

こんにちは、フクダです。今回はHGザクⅡC型／C-5型、『THE ORIGIN』版ザクⅡを製作しました。ザクⅡは言わずもがな、誰もが知っているMSで、人それぞれ千差万別の解釈がある奥深い機体です。本製品もカッコいいのですが、〝古き良きザクらしさ〟という視点で見ると、スタイリッシュで情報量が多くちょっとイメージと違うなぁ……と感じます。作例は大河原氏の設定画再現ではなくTVアニメ作画をイメージしつつ、製品が持つ独自のカッコよさは残すというふうに心がけて製作に取り組みました。この方向性は、あまりやり過ぎると「HGUC版を使えばいいんじゃない？」ということになりかねないですから、改造具合のサジ加減で悩んだ時間はけっこう長かったかもしれません。

◆製作

ディテールはバランスを見つつ瞬間接着パテで埋めています。「カッコいいディテールはなるべく消す」を判断基準としました。モノアイや武器スコープ部にはウェーブのHアイズを使用しましたが、加工したプラパイプを埋めて奥行きがあるディテールがチラリと見えるようにしています。

肩まわりやスカート、動力パイプ周辺は微妙なスキマが気になりますので、「ポリキャップを切って密着させる」「パテで埋める」などの調整をしています。また動力パイプがひと回り太くなった頭部が自然に収まるよう、可動に影響が出ない程度に首周辺の面構成を変更しているのですが、写真ではわかりにくいかもしれませんね。

四肢の延長、幅増しといったプロポーション調整は行なっておらず、広い可動範囲や引き出し式の関節、バズーカ弾倉をシールドにセットするなどのギミック面もすべてキットのまま活かしています。

塗装はアニメ作画を参考にかなり明るめに塗ってみました。正直、ちゃんとTV版のような雰囲気に見えるかなぁと最後まで不安だったのですが……指先まで緑色に塗装すると、わりとそれだけでもそれっぽく見えてしまうものですね（笑）。■

PRINCIPALITY OF
ZEON

Model Graphix
2015年8月号
掲載
A12
A12
A12

HG『THE ORIGIN』を使ったシャア専用ザクⅡの処方箋——“シャアザク”の普遍的イメージで攻める!!

MS-06S シャア専用ザクⅡ
BANDAI SPIRITS　1/144
HG シリーズ
インジェクション
プラスチックキット
発売中　税込1870円
出典／『機動戦士ガンダム THE ORIGIN』

製作・文／**八木ひでのり**

ザクはすべてのMSの基本であり、ガンプラでも妥協が許されない題材……新たに発売された『THE ORIGIN』版シャア専用ザクⅡのHGは、新たなアレンジと旧来からの「ザク像」を程よくミックスした外観となりました。普通に作ってもカッコよく楽しいのですが、せっかくのシャアザクですので、あえてトラディショナルなイメージ重視で製作してみましたぞ。

●完全新規のザクⅡとなる本製品。肩口ブロックを独立可動するようにして両肩の可動性能を向上。さらに、フンドシブロック上方の動力パイプ接続部がフンドシから分割されたことで、これまでのザクの模型で問題となった「動力パイプがくっついてるからほとんど腰が回転しないよ……」という難点も解消されている。可動のみならずスタイルにもいろいろとアレンジが加えられており、とくにムチムチしたもも！　やっぱりザクの太ももはこうでないと、ね

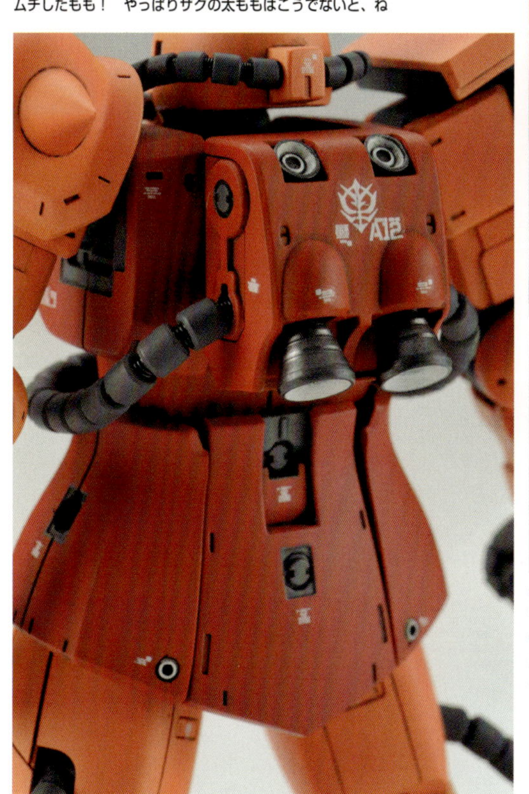

●対艦ライフルはルウム戦役時にシャア専用ザクが携行していたという設定の新武装。作例は無改造で持たせている

●付属の大きなバズーカは弾倉を取り去り、見慣れた形状に戻している。「これがなくちゃ！」なマシンガンは製品には付属しないのでHGUC 高機動型ザクⅡのものを流用。ヒートホークホルダーもHGUC ザクⅡのものを使った

A12

◀作例とパチ組みとの比較。縦横無尽に入れられたディテールはやや過密なので、適宜埋めて整理した。このHGシャア専用ザクⅡは従来のシャア専用機のイメージとは大幅に印象の異なる濃い赤色で成型されている。もちろん『THE ORIGIN』版はこうなのだが、まぁ、ピンクにしたいよね……

胴

太ももまわりなど下半身のボリューム感は文句なしだが、上半身がとてもスマート。上半身をいかつくすると従来のザクっぽくなるぞ

●胴体左右、肩口ブロックのボリュームを増すため、光硬化パテを盛り前方に突き出す角度を鋭角化させている。あわせて中央のコクピットブロックのT字もより立体的になるよう形状変更

●肩関節のポリキャップはディテールを入れるために軸ジョイントに変更

▼装甲内側には表面と別の色を置くとアクセント に。軍用機などを参考に白で塗装するのは本誌的には一種のお約束でしょ

腕

従来の「ザク」からかなりアレンジされた下腕。いっそHGUCザクⅡのパーツと差し替えるのも手だが、少しの工作でも印象は変わる

◀ヒジ関節が長くバランスが悪く見えるので、上腕部下端をプラ板で延長して関節隠しとした

▶握り手はHGBFアメイジングレッドウォーリアの丸指で小型な手首を流用。成型の都合で一体化している人差し指と親指を削り込めばなおよい

頭

すべての工作に優先されるもっとも大事な部位。言い換えれば、ここを攻略できればあとは勝ったも同然。軟質素材の動力パイプの奔放なうねり方、後頭部が突き出た頭頂部ラインなどこのHGシャア専用ザクの設計には独特の個性が見受けられる。ていねいかつこまかく手を入れてさらにカッコ良い頭部にしてみよう

●まずは、あくまで「見慣れた近年のザク頭」にするための工作であることに注意。横から見ると頭頂部の頂点が後方寄りなので、頭頂部を前方に移す感じで後頭部をなだらかに丸く削り込むようにしている

●あわせて上方から見たときにヒサシ部もほぼ円形となるように削り込んでいる。モノアイスリットより上部は「バイク用ヘルメット」的なシルエットを意識していくとイメージがつかみやすいかも

●モノアイレールの部分もわずかに傾斜があったので垂直になるよう削って修正、ヒサシ裏側はモノアイスリットを細く見せるべく0.5㎜プラ版を貼って形状を整えた

●古風な仕上げだが、モノアイレンズはなしにしてグロスブラックで塗る

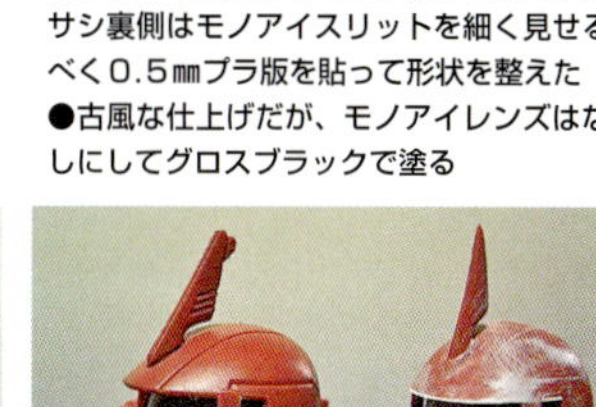

「カッコいいザク」って選択肢がありすぎませんか

1／144サイズのザクのガンプラに新たな選択肢が加わりました、『THE ORIGIN』版のHGザクです。カッコよさの方向性、そして表現方法が多岐にわたって存在するのがザクというデザインですので、正直なところ、魅力が引き立つ追加工作ってどんなだろうかなと悩みもしました。

悩んだすえ、完成時に破綻がなくキットのイメージを最大限活かせているブレのない仕上がりになるよう、「追加工作の手間を抑えつつ的確な箇所を模索する」をテーマにしてみました。解釈やアレンジの方向性をしっかりと定めないとなんの参考にもならない作例になったりしないかと不安になるので、まずはっきりと決めておきます。

◆追加工作

『THE ORIGIN』版ザクのアレンジの特徴と言える下腕の形状工作をポイントとして、ほかの部分が引き立つように独断と偏見も交えつつ全体を工作していきます。

製品には2種類の肩口ブロックが付属しますが、作例ではもちろんガトリング砲のモールドなしのものを選択。ここはぜひボリュームアップしたいところです。

フロントとサイドスカートの分割線はキットパーツの曲線基調から直線基調に変えたかったので、断面が直線になるように削ってからプラ板を貼り足し、好みの形状に修整。脚を開いた立たせ方でも隙間がピッタリ閉じるように調整しながら、スカート端の形を整えていきました。バックパックの上方などはスラスターが仕込めるように開口して、開口部のフチが薄く見えるようにフチを削り込んでいます。

腕部は、上腕と下腕の関節の露出が気になったので、上腕の下部にプラ板を貼り足して間が詰まって見えるようにします。前腕の袖口は、手首との隙間に適当な手持ちジャンク部品スラスターパーツを切り出したものをはめてジョイント隠しにします。脚は、先に仕上げた胴体に合わせるべくモールドを間引きしたかったので、いったん光硬化パテでモールドを埋めてから新規にスジ彫りをしました。手首は小さめな下腕に合わせて製品よりさらに小さい手首を用意するとなじみます。

動力パイプにはコトブキヤ製のパイプ部品と金属スプリングからサイズの合うものを選んで使いました。頭や胴体の動力パイプは、本体後方の接続箇所で貫通させて、1本の輪っかをぐるっと通しています。こうすることで、目見当の長さでも左右対象が出しやすいようです。これだと多少各パイプの隙間が空くかもしれませんが、芯にアルミ線を仕込んでおけばフレキシブルに形状保持をすることができます。

◆塗装

基本的にGSIクレオス Mr.カラーを使っています。胴体はあずき色。足裏等のグレー部分はエンジングレー。フレーム関節はニュートラルグレー、武器は軍艦色（2）とRLM75グレーバイオレットを使い分けました。手足はガイアノーツボトムズカラーカーマイン。各々の色にGSIクレオスのキャラクターフレッシュ（1）と（2）を添加して色調に変化を与えてみました。

今回、うすめ液にMr.カラー ラピッドうすめ液を使ってみましたが、仕上がりがよい感じで重宝しました。

◆あとがき、その他

最初にも述べましたが、ザクって自分のなかだけでも「カッコいい」のベクトルが無数にあって、どんなカッコよさを工作に落とし込めばよいのかその都度迷います。でも、キットの選択肢が増えれば、キットを吟味して選ぶだけでも楽しいですし、理想に近づけるためのミキシングビルドの素材の選択肢が増えます。これからもアレンジ違いのザクが登場してくれることをファンとして期待しちゃいますね。

今回の作例はかなりこまかい箇所までこだわってディテール工作をしました。写真を見ながらこまかく分析していただけますとモデラー冥利につきます。■

●基本はMG Ver.2.0黒い三連星機のキットの仕様を活かしているが、頭頂部形状、ヒジの突き出し部形状、スカート形状など、06Rとしてのイメージを大きく左右する箇所には修整を加えることで、こだわりを盛り込んでいる

Model Graphix
2008年4月号
掲載

MS-06R2 Ver2.0!?

ジョニー・ライデン専用高機動型ザクII

完全フライング企画
祝！MG 06R Ver.2.0 "黒い三連星機"発売
そこで、気が早いのですが
「もしもVer2.0 06R ライデン機が発売されたら……」

ついに発売となったMG MS-06R Ver.2.0。本来ならキット仕様の黒い三連星機をとことんじっくりと楽しむべきなのかもしれませんが、いきなりVer.2.0では未発売のジョニー・ライデン機に改造！ せっかくのVer2.0キットを使うからには、ほかのバリエーションとそのまま並べられるようきちんと準拠させてみましたぞ！

MS-06R-2 ジョニー・ライデン専用ザクII Ver.2.0
マスターグレードシリーズ BANDAI SPIRITS
1/100 インジェクションプラスチックキット
発売中 税込4950円 出典／『機動戦士ガンダム MSV』
製作・文／**岡 正信**

◆小学生の憧れの的、ライデン

当時の私は、小学校3〜4年生だったか、マンガやテレビばっかり見てろくにお勉強もしないアホな小学生でありました。もちろん『GUNDAM CENTURY』なんて本の存在なんて露知らず、勉強そっちのけで毎月『ボンボン』のガンプラの作例を見ては、友達といっしょになってウヒャウヒャと興奮していました。当然、学校の成績はまったく上がらず、アホに拍車をかけた私ですが、ガンプラの作例ならどんなものを見ても「スゴイ！」と憧れを抱いていたものです。MSVはまさにこのころにはじまりました。

アホのくせに背伸びだけはしたいお年ごろ。本当はどんな作例でもカッコイイと思っていたのに……生意気なもので、アホ小学生には難しい設定を見ては利口になったつもりで少しだけ大人になった気分を味わうのが心地よかったんですね。当時は、いわゆるフツーのザクが「ザク1」、06Rが「ザク2」、そして旧ザクは旧ザクだと思ってたなんて、恥ずかしすぎていまさら誰にも言えません（言うてるがな／笑）。ほとんど絵しか見ていなくて、文字設定なんぞろくに読んでいなかった証拠ですな。そんなころ世に登場したのが、今回製作している真紅のザク、MS-06Rジョニー・ライデン機なのでした。

アホ小学生は、そりゃあもう、驚きましたよ。「ナヌ、赤いザクがシャアザクのほかにいた!? 聞いてないで〜！ しかも、設定を読んでみると、ナニナニ、機体が赤いからシャアと間違われてたって!? しかも、ライデンはシャアとはひと味違うやんけ。ニュータイプじゃないのにスーパーエースで、しかも普通のザクよりさらに速くて強いザクに乗ってるなんて……ライデン最強、最強やでぇ〜！」。う〜ん、我ながらアホすぎる（笑）。私にとってジョニー・ライデンはまさしく真っ赤っ赤に燃え輝く太陽のごとく眩しく見えていたのです。

そして、このライデン機を含めたMSVの真の魅力を知ることになるのはもっと大人になってからのことでした。

◆……そして25年後

そして25年、MG Ver2.0（以下2.0）の06R黒い三連星機が発売となりました。そもそも同一フレームですべてのザクバリエーションをキット化できるよう想定されているのがウリの2.0。バリエーションにおける「真打ち」である06Rの発売は非常にうれしいできごとだったのですが、個人的に残念だったのが、先に発売されるのがライデン機ではなかったこと。もう少し待っていれば必ずライデン機の2.0が発売されるだろうに、まったくガマンできませんでした。これだけ時間が過ぎれば少しは分別のつく賢い大人になれたかと思っていたのですがそんなことはなかったようで、あの最強のザク06Rライデン機をどうしてもいますぐ作りたくなってしまいまったわけです。というわけで、今回の作例のコンセプトは、黒い三連星機の2.0に初代MG（以下初代）ジョニー・ライデン機のパーツを組み合わせて、2.0黒い三連星機のキットと並べられる「2.0ライデン機」を作る、です。

◆思いのほか……

案ずるより産むが易し、まずは、いきなり初代ライデン機のキットのなかから脚部フレアのパーツをとり出してあてがってみたところ、寸法はずいぶん違うもののイメージはけっこう近い。案外簡単に合いそうです。ただ、両者ではアウトラインのデザインコンセプトが若干異なるので、最終的にどちらに合わせるかが工作のポイントになってきます。

今回は「バンダイから2.0 06Rライデン機が発売されたら、こんな形になるのでは？」ということを念頭に置き（だって、いままで作った2.0ザクバリエーションと並べてみたいじゃないですか）、2.0に合わせるようにパーツを加工しました。加工が少しややこしいのは脚部のフレアぐらいで、あとは小加工で作ることができます。今回はそのまま黒い三連世機として製作したい方のためにそちらの製作講座もやりましたので併せてどうぞ。■

402

●MSVと言えば、各種火器へのこだわりは忘れてはいけないポイント。ライデン機はエース機であると同時に指揮官機でもあるが、実銃の世界では時折「コマンドカービン」なる指揮官向けのコンパクトモデルが存在する。MG Ver.2.0キットでそこまで想定しているかどうかはさておき、実銃のようなユニット構成に分割されているので、キットのパーツを使ってうまく改造すればユニット交換で「コマンドカービン」を作ってみるといった遊びもできる。作例では銃身の短いものに交換すればコマンドショーティーに組み換えられるようにしてみた（銃口のラッパ型フラッシュハイダーはデザートザクの武装へのオマージュ。ちなみにこのハイダーは先に斜めに切り込みが付いているが、この切り込みに鋼鉄のワイヤーなど障害物に引っかけてねじって一射、切断するためのもので、実銃に存在する構造）。そしてライデンといえばシールドへの兵装もポイント。1/144ではバズーカ装備だったが、今回はあえてマシンガンと逆にしてみた。このように、MS本体のみならず兵装バリエーション、そこでの遊びの許容量の広さもMSVの魅力と言えるだろう

ついに本領発揮 MGザクVer.2.0は「並べてナンボ!!」

単体で見ても、ほぼ完全に再現された内部フレーム構造、非常に広い可動範囲、組み立てやすさなど魅力にあふれた1/100 MG ザク Ver.2.0だが、その本領はバリエーションを並べてみてこそ発揮される。

MG ザク Ver.2.0は、あらかじめすべてのザク・バリエーションをキット化できるように考え尽くされた設計の基本フレームを持っており、機種ごとに異なる機能のユニット、外装を取り付けるという構成となっている。つまり、従来は文字で楽しんでいたバリエーション展開に関する「設定」や「系譜」の部分までをも模型として自分の手にとって理知的に楽しむことができるというわけだ。言わばMSVの概念をそのままキットで再現するためにできたフォーマットこそが、MG Ver.2.0の真価であると言っても過言ではない。その意味では、MG MS06R Ver.2.0のキット発売はまさに「真打ち登場」であると言ってよいだろう。マインレイヤー、F型の発売も間近となり、いよいよ「MG Ver.2.0環境」が充実してきたザク。Ver.2.0の持つポテンシャルを体感できる場面は、今後どんどん増えていくことだろう。

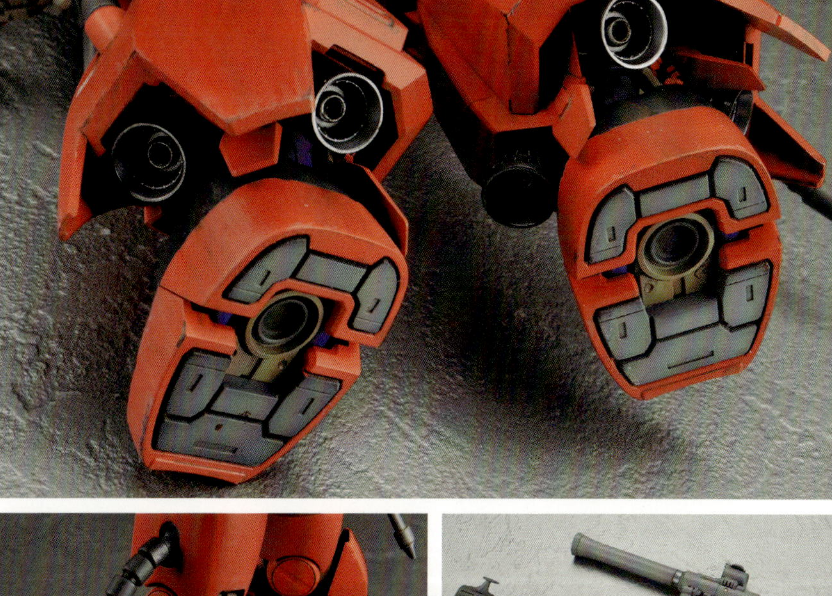

▲ジョニー・ライデン機といえば外せないのが、試作型ジャイアント・バズーカ。黒い三連星のキットにはこの試作型が付属するので、ほぼそのまま使っている

◀脚部のフレアパーツは、以前発売された初代MG 06Rライデン機のパーツを加工して取り付けている

MG MS06-R Ver2.0

BANDAI 1/100 INJECTION-PLASTIC KIT

Model Graphix
2008年4月号
掲載

MS-06R 高機動型ザク 黒い三連星仕様 Ver.2.0
マスターグレードシリーズ　BANDAI SPIRITS
1/100　インジェクションプラスチックキット
発売中　税込4950円
出典／『機動戦士ガンダム MSV』
製作・文／**岡 正信**

岡プロのMG MS-06R Ver.2.0「楽チン仕上げ」製作HOW TO

これが2日で完成!? 06R製作講座

MS06-R MG Ver.2.0祝発売!!　というわけで、岡プロがオススメな製作法を解説。今回は、Ver.2.0の魅力は活かしつつ塗装で魅せることができる方法をお教えすることにします。

とにかくスゴイ！内部フレームに06Rの真髄を見た！

あらゆるバリエーションに対応できるよう緻密に計算された共通の基本フレームに、機種ごとの特徴を盛り込んだ内部ユニットおよび外装を取り付けるというコンセプトが画期的なMGザクVer.2.0シリーズ。06Rは「高機動でプロペラントが増設されている」という設定の機体だが、Ver.2.0ではその設定を実際のキットパーツで体感できるようになっている。脚部の追加スラスターは単にノズルを足すにとどまらず、共通フレームにエンジンパーツを組み込む構造を再現。J型のキットを見て予想されたとおり、フレームの切り欠きは巨大なエンジンが収まるスペースであった。また、特筆すべきは、もも内部に大型プロペラントタンクパーツが収まるところ。設定の構造をみごとにキット化しているのだ

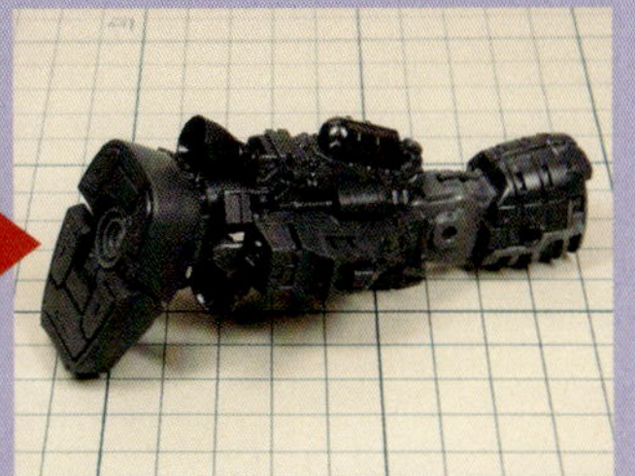

出来がよいキットはパーツの色を活かさにゃ損

ガンプラをキレイに全塗装して仕上げるのは、難しいうえになかなか手間がかかるものです。かといって、パーツにそのままツヤ消しクリアーを吹いて仕上げる、いわゆる「簡単フィニッシュ」では、パーツの成型色を自分の好みの色調に変えてカッコよくアレンジすることはできません。

「それだったらパチ組みでいいや……」とあきらめている方も多いのではないかと思われますが、あきらめるのはまだ早い！サーフェイサーは吹かずに軽くオーバースプレーをするようにして仕上げれば、通常の手順の全塗装と比べ、かなり手間を省きつつしかも自分好きな色調で塗装したのとほぼ同様に仕上げることができます。

ただし、このオーバースプレーで色味を変える方法はプラ板やパテを使って工作するとできなくなってしまいますので、今回はプラ板やパテをいっさい使わない工作法も併せて解説していくことにします。

◀フレームが組み上がったところ。キットの外装パーツはダボを斜めに切っておき、外装をむいてこの状態にできるようにしておく

▲頭部は赤矢印のところを写真のように切ると簡単に後ハメできる。こうしておくとクリアーパーツのマスキングが不要になる

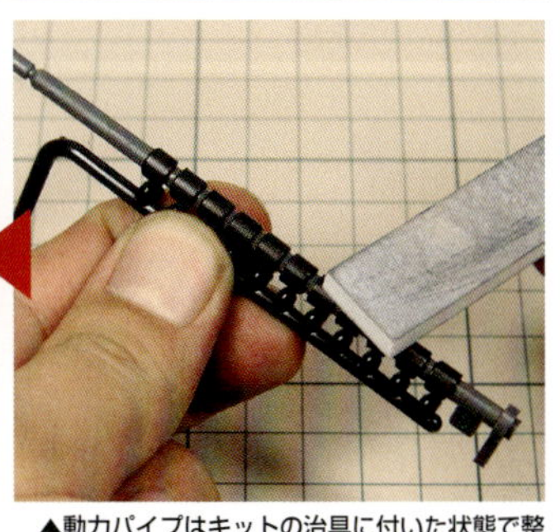

▲動力パイプはキットの治具に付いた状態で整形すると楽。ランナーを一気に切り離してしまうとパーツが回ってしまうので注意

▲片側を400、600、800、1000番の紙ヤスリでキレイに仕上げたら、反対側のランナーを切り取って同様に整形する

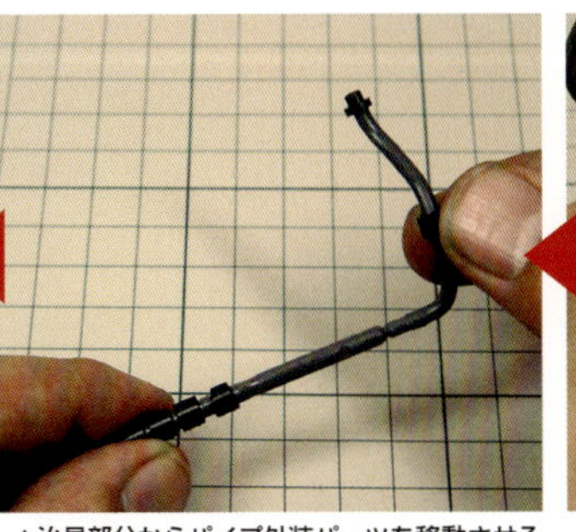

▲治具部分からパイプ外装パーツを移動させるときは、ひとコマずつ。無精して一気に移そうとするとパーツを飛び散らせてしまいやすい

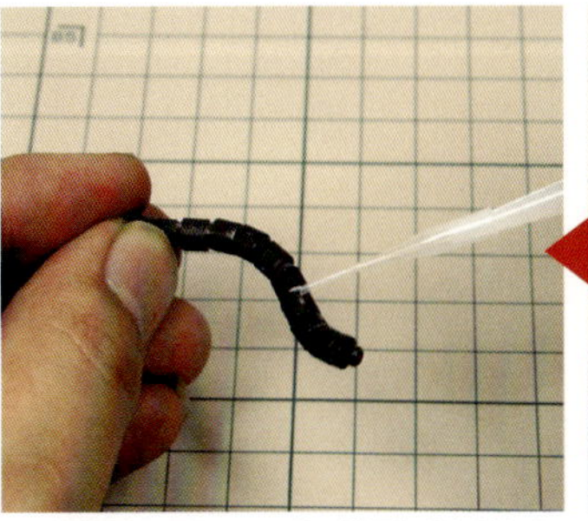

▲外装パーツはモールドの位置を合わせたら、内側の見えないところで接着しておこう。そうしないと完成後にぐるぐる回ってイライラする

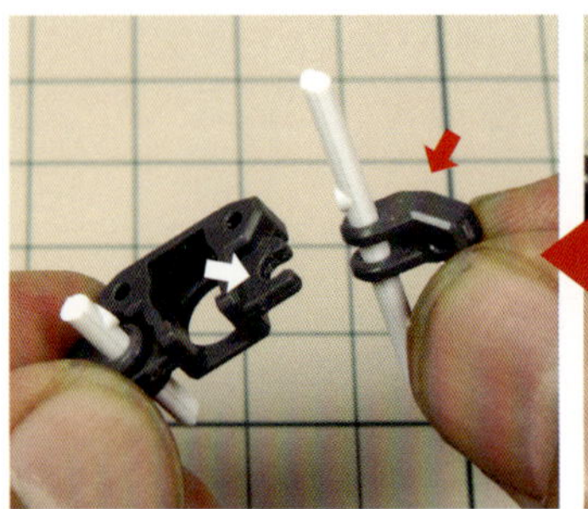

▲赤矢印のパーツの軸のところに穴をあけ、ランナーを接着せずに差し込み、ランナーは白い矢印のところに接着。これで抜けなくなる

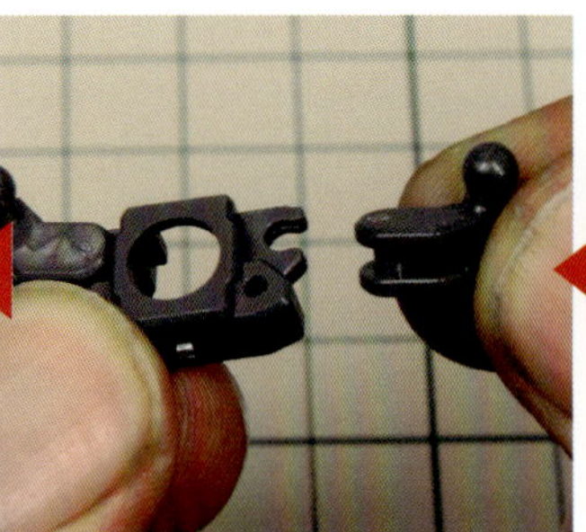

▲腰アーマー基部は非常によく可動する反面、ポーズをつけて遊んでいるとだんだん外れやすくなる。そこで対処法を紹介しよう

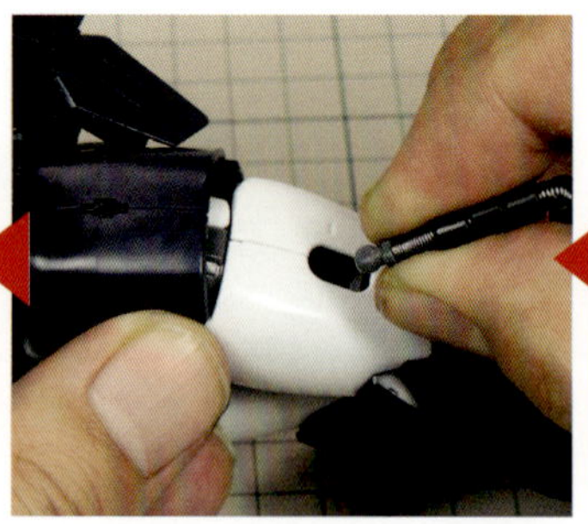

▲パイプをももののダボ穴に差し込むときは、写真のようにスプリングと先端をいったんグイッと引っ張って持つと作業しやすい

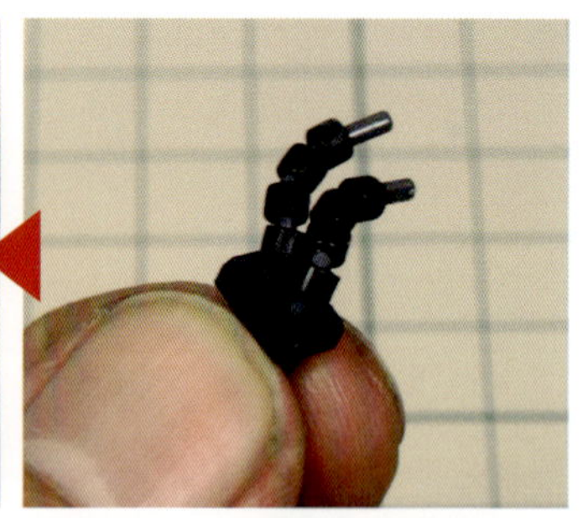

▲脚部後面のちいさい動力パイプも同様に作業する。ここはとくに接着しておくようにしないと、パーツが小さく紛失しやすい

ゲート跡をキレイに処理する秘訣は？

今回のようにサーフェイサーを吹かずに成型色を下地として仕上げる場合は、ゲート跡のところをきれいに仕上げておきたい。

秘訣は簡単なことで、ゲートをいきなりギリギリで切ってしまわないこと。ここを注意するだけで、ほとんどの場合パーツが白化してしまうことを防げる。

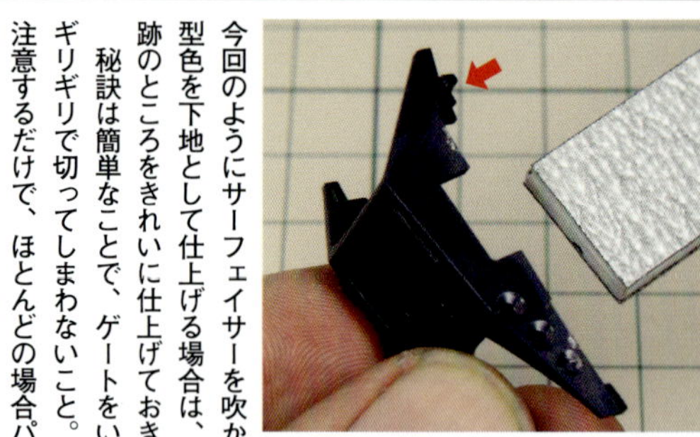

▲ゲートを適当に切ってヤスると、表面が平らになっても、赤矢印のところのように白く跡が残ってしまうことがある

▲ゲートをいきなりギリギリで切るとパーツに力がかかり白化する。いったん余裕を持って切っておくと、力が逃げるので白化しづらい

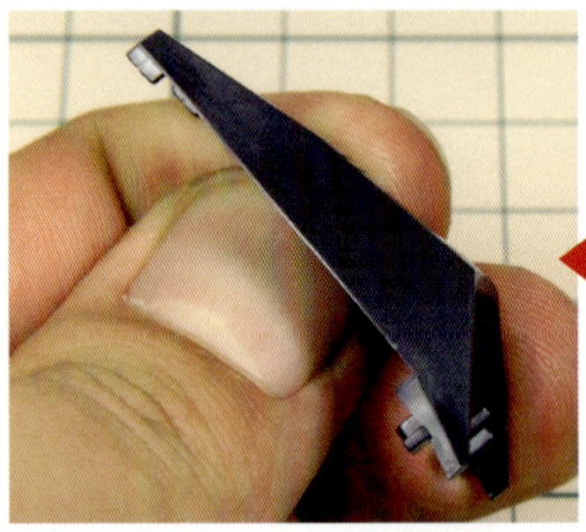

▲ゲートの切り方に気を配って工作すると、このようにどこにゲートがあったのかわからないように仕上げられるのだ

面をキレイに整形するには？

面をきれいに整形するためには使う紙ヤスリの番手が重要。まずは400番でエッジがシャープな状態を保つように全体を軽くヤスり、今回のようにサーフェイサーを吹かない場合は、その後600番、800番、1000番と番手を上げていく。いきなり目のこまかいヤスリを使わないこと。

▲400番の紙ヤスリで軽くヤスるとヒケが見えてくる、この程度のヒケでキレイにヤスリやすい広い面なら平らにしてしまおう

▲ヒケがだいたい見えなくなったところで600番に変更。あとは目立つヤスリ目が均一についた頃合いをめどに800、1000番にいく

▲順に1000番までヤスっていくと、このようにヤスっていないパーツ表面の状態とほぼ同じになり、サーフェイサーがいらなくなるのだ

同じ色のランナーを使って「サフレス」でいこう!!

サーフェイサーは塗料の食いつきをよくすると同時に、下地の色を均一にしたり、表面の小さな凹凸をならす役割があるが、キレイにサーフェイサー吹きするのは、MGのようなパーツが多いキットの場合かなりの手間となる。

しかしよく考えて見ると、成型色でほぼ完全に色分けがされているこのMS-06Rのようなキットでは、プラ板やパテを使用しなければもともとそれぞれの色の部分は均一になっている。また、キットパーツの表面は部分的にヒケが少々あることを除けば非常に平滑にできている。塗料の食いつきを多少犠牲にすれば、無改造の場合、そもそもサーフェイサーを吹く意味はあまりないのだ（塗料の食いつきにしても、色分けがされていてマスキングをしない場合、問題となるほどの差はない）。そこで、サーフェイサーを使用しない、いわゆる「サフレス」塗装をすれば、ほぼ同じ仕上がりでも大幅に手間を省くことができるのだ。

モデラーならば好みに応じて多少改造してみたいところが出てくるものだが、このサフレス仕上げの場合、そこだけ色が変わってしまうプラ板やパテは使えないのでそこはひと工夫。ここで紹介するように、キットのランナーを使えば、まったく同じ色のまま形状を変更することができる。もちろん微妙に合わせ目ができるが、そこは後述のオーバースプレー法でカバーしよう。

▲キットのスパイクパーツは、危険性を考慮してあえて先を尖らせていないが、ランナーを使ってこれを尖らせてみよう

▲しっかりと接着するための面積を確保するためにまず先端部を適当に切って平らにしてからランナーを瞬間接着剤で接着

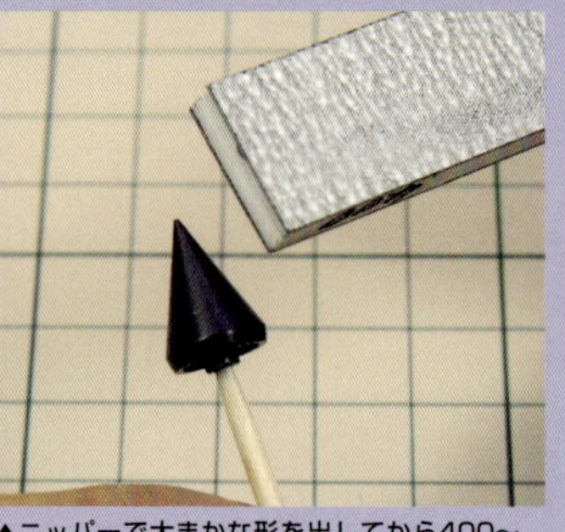

▲ニッパーで大まかな形を出してから400〜1000番の紙ヤスリで整形すればこのとおり。合わせ目に凹みができたら瞬間接着剤で埋める

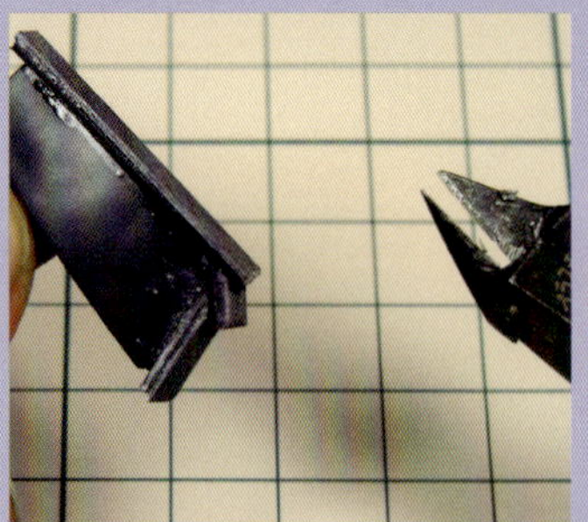

▲スカートの隙間を埋める。このように大きな面積の板状のところはランナー枠名が記載されている板のところを平らにヤスって使おう

▲右が加工後のパーツ。接着面同士をお互いにきちんと平らにヤスっておくと、このように合わせ目がほとんど見えないようにできる

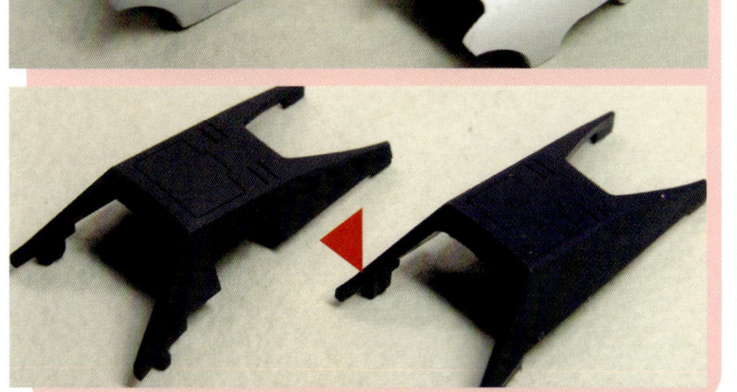

オーバースプレーで色味を少し変えてみよう

「色分け箇所はキットと同じでかまわないけれど、色味は成型色のものとはちょっと変えたい……」という場合は、エアブラシを使ったオーバースプレーがオススメ。塗料の色味が完全発色するようにしっかり塗装するのではなく、成型色を利用しつつ下地が透ける程度に軽く塗っていきます。そうすれば左写真のように色味を変えることができるのです。塗りムラが出ないように均一に、様子を見ながら好みの色味に変更していきましょう。

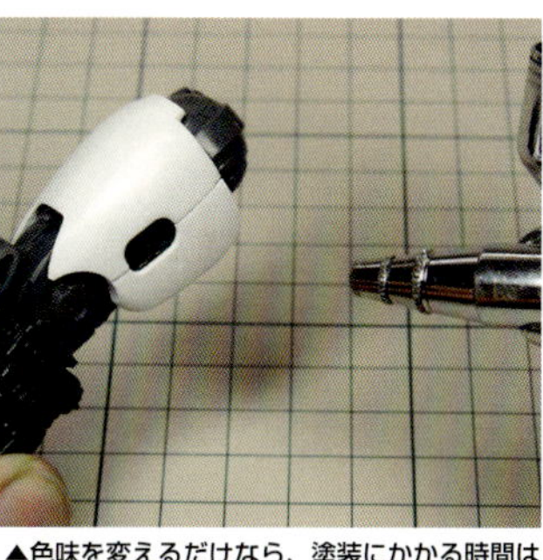

▲色味を変えるだけなら、塗装にかかる時間は全塗装の1/5～1/10程度で済む。また、フレームに付けたままでも塗れるので楽チン！

細部の色差しは場所に応じて……

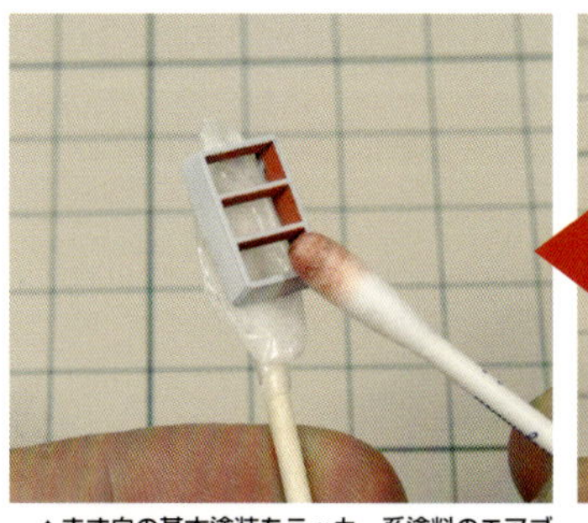

▲まず白の基本塗装をラッカー系塗料のエアブラシ塗装で行なってから、赤い部分をエナメル系塗料で筆塗りする

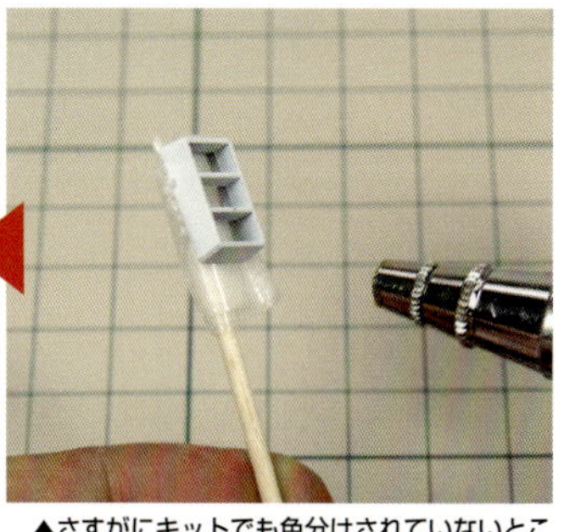

▲さすがにキットでも色分けされていないところは自分で塗りわけよう。ここではマスキングをしない「楽チン」な塗り方を解説

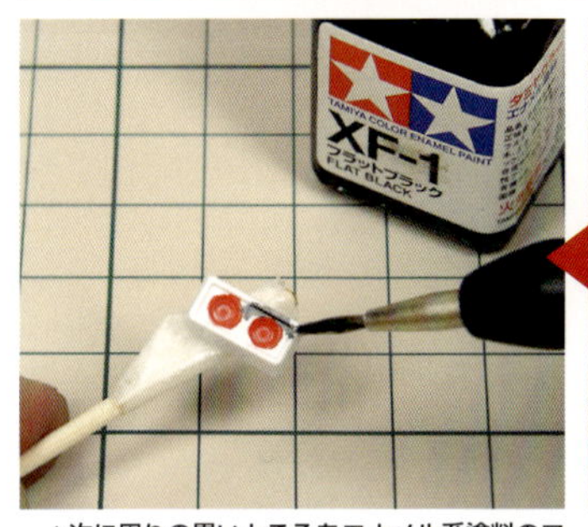

▲次に周りの黒いところをエナメル系塗料のフラットブラックで筆塗り。はみ出してもかまわないので、いったん真っ黒にする

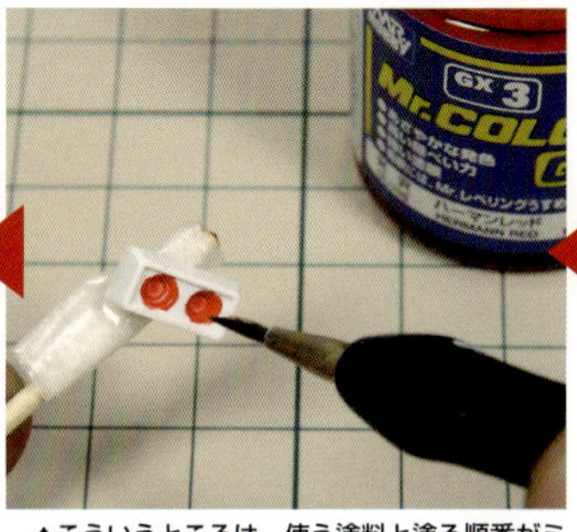

▲こういうところは、使う塗料と塗る順番がミソ。まずは赤いところをラッカー系塗料で筆塗り。ここははみ出ても気にしないでよい

▲ここはちょっと複雑な塗り分けのところだが、ラッカー系塗料＋エナメル系塗料を使い分ければきれいに塗り分けられる

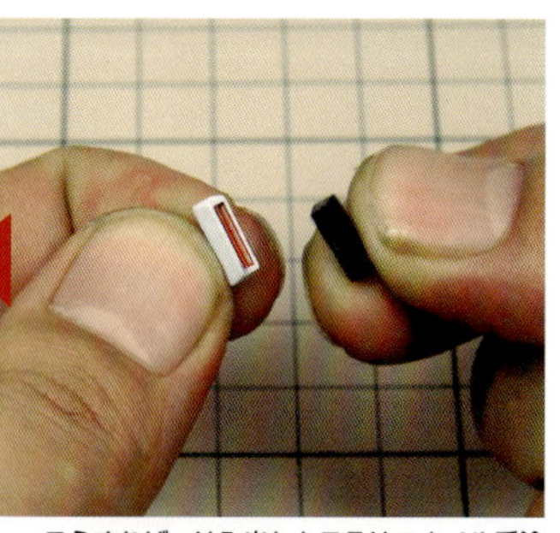

▲こうすれば、はみ出たところはエナメル系塗料のうすめ液で拭き取れ、マスキングをしなくてもきれいに塗り分けることができる

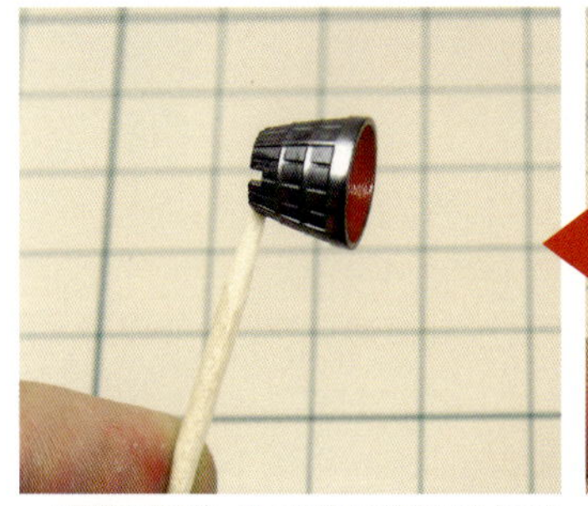

▲最後に赤く塗ったところにフタをするように軽くマスキングテープを貼り、GSIクレオスのメタルカラー「アイアン」を塗って磨く

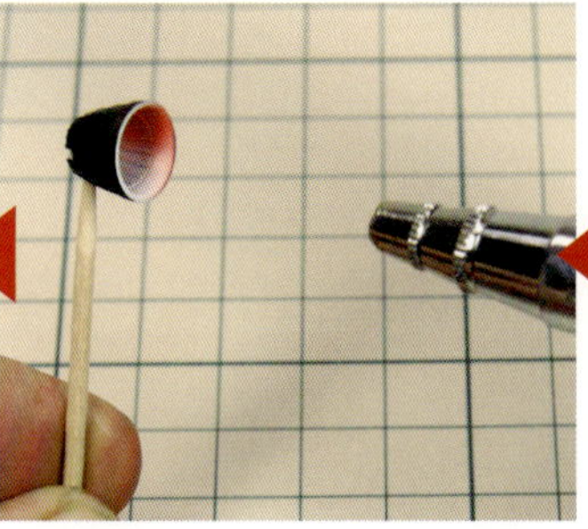

▲赤を塗るところは発色をよくするため下地として白を塗っておくとよい。赤も白と同様にマスキングなしで塗れる

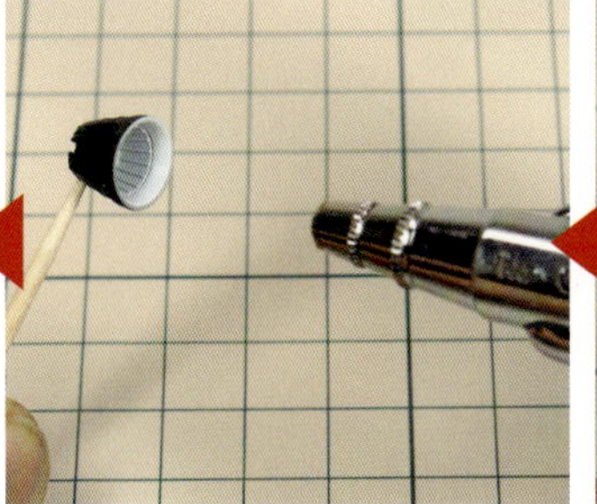

▲バーニアはマスキングして塗ってもよいが、吹きつけの向きに注意してエアブラシすれば内側だけに色を付けることができる

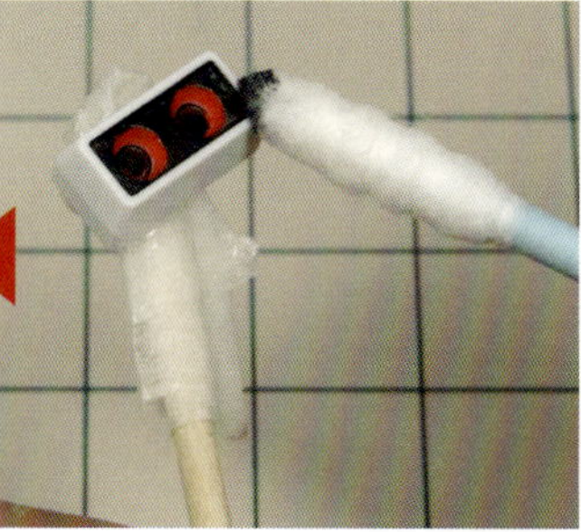

▲最後に外側にはみ出したところと赤くしたいところをエナメル系うすめ液をふくませた綿棒で拭き取れば、このとおり

▲こうやって塗り分けるだけでもパチ組みとは格段に見映えが変わるので、バックパックだけでもぜひ試してみていただきたい

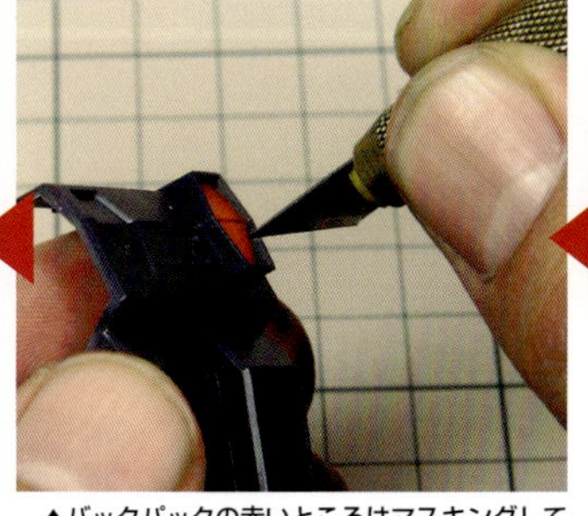

▲バックパックの赤いところはマスキングして塗ってもよいが、めんどうなのでマスキングはなし。はみ出したところをナイフで削ればOK

▲キットのバーニアはダボが内部に露出するようになっているが、ここに穴を開けておき、バーニアを外して銀を塗ると格段にリアルになる

モノアイにもひと工夫

キットのモノアイはクリアーパーツになっているが、そのままではちょっとオモチャっぽいのでひと工夫してみよう。もちろん単にクリアーレッドで塗るだけでもよいのだが、合わせてパーツ裏側をシルバーで塗るとその効果が引き立つぞ。クリアー系の透ける色は下地の発色によって鮮やかさが大きく変わる。シルバーを塗っておくと光が反射して非常にきれいに見えるのだ

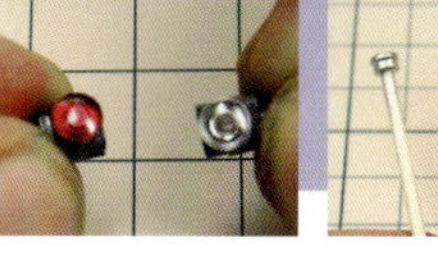

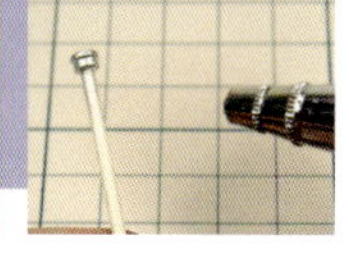

Model Graphix 2008年12月号 掲載

MS-06R-2 ジョニー・ライデン専用ザクII
Ver.2.0
マスターグレードシリーズ
BANDAI SPIRITS　1/100
インジェクションプラスチックキット
発売中　税込4950円
出典／『機動戦士ガンダム MSV』
製作・文／**草刈健一**

草刈健一×ジョニー・ライデン
四半世紀の時を超えた邂逅――

1 写真はMG MS-06R-2 Ver.2.0をストレートに組んだもの（テストショットを使用しているため一部成型色が製品版と異なる）。まずは間違い探し的に右ページの全身像と見比べて差異をじっくりと探してみてほしい。作例のどことなくノスタルジックな印象を与えるアウトラインは何に起因しているのか？　そして加えられたディテール、削除されたディテールがどこにあるのかを観察すると、草刈氏が誕生の鍵を握り、同時にリスペクトする「ジョニー・ライデン専用機の源流＝設定画」への理解が深まるだろう
2 そんな草刈氏のこだわりがもっともよく表現されている部分がこのランドセル（あえてバックパックとは呼ばない！）。上部左右に取り付けられたタンクの形状や色に注目したい。ランドセル上部の箱形ユニットが大型化され、フックの取り付け位置も変更されている。「タンクの色はランドセルと同様メカ色なのでは？」と思った方は、ぜひこのあと掲載している設定画をご覧いただきたい
3 シャア専用機に塗られた微妙な色合いのピンクとは異なり、目の覚めるような赤い塗装が施されたジョニー・ライデン専用機。この「ストレートなわかりやすさ」も当時の少年たちがジョニー・ライデンの駆るMSに夢中になるひとつの要因であった。本作例ではあえてモンザレッドを調色せずに使用。記憶を呼び戻すかのような鮮やかさだ

伝説のムック、スーパーモデリングとは？

ストリームベースに所属した伝説のモデラー、小田雅弘責任編集による総合模型文化ムック（コミックボンボンの別冊）。草刈氏もライター兼モデラー、編集スタッフとして制作に加わっている。すべて草刈氏による1/144ジョニー・ライデン専用ザクの作例が4体も掲載されているというとんでもない見開きページのインパクトは絶大。ほかにも小田氏による1/60のジョニー・ライデン専用ザク、川口名人によるグリーンマカクなど、MSV史を語るうえではずせない作例のオンパレードとなっている。ちなみにVol.2が刊行されることはなかった。

真紅の稲妻、ジョニー・ライデン伝説は「ケン兄ちゃん」の執念が生んだ!?

MGシリーズのMS-06R-2 Ver.2.0、ジョニー・ライデン専用ザクが発売されました。MSVのなかでも突出した人気を誇るこの機体ですが、僕たちはいったいどうしてこんなにジョニー・ライデンの乗機に惹かれるのでしょうか？　シャアと間違えられたというエピソードに燃えるから？　ドムのバズーカを担いでいるから？　巨大なランドセルを背負っているから？　いろいろ思いつきますが、今回はこれらの疑問にすべて答えられる“Mr.赤い稲妻”草刈健一氏にご登場いただきましょう。25年ぶりに作例を担当する紅い機体に込められた「魂」をしかと見届けるべし！

えーと、私は'82年ごろから『コミックボンボン』でモデラーをしてまして、カラーリングの派手な主役メカなどを担当することが多かったんですね。というのも元々マジンガーZやゲッターロボみたいなヒーローメカが大好きだったもんで、モデラーの役割分担がなんとなく決まっていて、「原色バリバリの派手なロボは草刈」って感じでゴッドマーズ、ザブングル、ウォーカー・ギャリアなどを担当させてもらってました。

で、あれはコミックボンボンの撮影日、講談社のスタジオで、作例撮影のときだったかな。来月のネタとして小田雅弘さんから「次、紅白コンビの赤いほうやってみない？」と言われてジョニー・ライデン機を作ることになったんですよ。　たしかデザイン画が誌面に掲載されてから2、3カ月は経過したころです。いまでこそMSV随一の人気を誇るジョニー・ライデンですけど、発表と同時に大人気になったわけではなく、私も「真っ赤だし、いいかな」というくらいの軽い気持ちで引き受けました。

その作例は1／144の06Rを改造して製作したんですが、当時ジョニー・ライデン機のデザインは正面のみ。うしろ姿に関する資料はなく、小田さんからは「好きにやっていいよ」と言われてはいたものの、これがなかなかまとまらず不完全燃焼のまま撮影となってしまいました。で、不完全燃焼の私は小田さん泣きつきました。「もういちど作り直したいんだけど、うしろのデザインなんとかなりませんかねぇ」と。すると小田さんから「じゃあ、大河原さんは忙しいから増尾隆幸さんに描いてもらおうか」ということになったんです。これはコミックボンボンの撮影現場での会話。この時点での申し出はあくまでも私ごとであり仕事ではないわけで、ギャラうんぬんといった商業誌であれば当然生じる諸々をまったく無視して、モデラー同士が勝手に進めていっちゃうんですね（小田さんはちゃんと考えていたのかもしれませんが）。

でもこのときの会話、コミックボンボンの企画者でありプロデューサーでもある安井さんもうしろだったか横だったかで聞いていたんだけど、何も言われなかったから、よしということだったんでしょうね。

数日後、待望のジョニー・ライデン機の背面デザインを小田さんから受け取ると、ランドセルのデザインが……。「?」という顔をすると小田さん、「どうせだからさ、ランドセルも変えちゃった」、私としては、「え〜!?」である。上半分のデザインが変更されおもいっきり仕事量の増えたライデン機をヒーヒー言いながら納品。多分に私の趣味的ながらもジョニー・ライデンは2カ月の連チャン記事となったわけです。とはいうものの、予想外の展開に加え手が遅いのもあって、またまた不完全燃焼と言うか、やり残した箇所があったので、今度は何も言わずに個人の趣味として肩アーマーのスパイクなどに手を加えてさらに改修。作ったら見せたくなるわけで、撮影日にスタジオに持参したんです。すると、それも撮っちゃおうということで、ジョニー・ライデン記事は3連チャン。このころからかな、子供たちにジョニー・ライデンの名前が浸透したのは。コミックボンボンに届くアンケートはがきを見て、なんだか凄い人気になってるんだと思いましたね。

俄然人気の出てきたジョニー・ライデン、3連チャン記事から僅か数カ月で1／144でのキット化が実現しました。自分の責任仕事ということで作例をストレート組みで製作。その後は1／100、1／60、と続けざまにキット化され、当時の『模型情報』の編集長、加藤さんからは、大人気だった黒い3連星の06Rの売り上げを超えたという話を聞いたおぼえがあります。

ひとり勝手に楽しんで作ってた私としては予想外のライデン人気に驚いてばかり。あげくにロボチェンマン（だったかな）のライデン機まで発売され、これも責任（笑）ということで製作を依頼されたときはさすがにちょっとウンザリしてました。その後今日まで、仕事でも趣味でもライデンを作ることはなかったんですが……ついにこのたびMGジョニー・ライデン専用ザクVer2・0の製作となりました。えーと、作例をやるのは25年振りくらいかな？　■

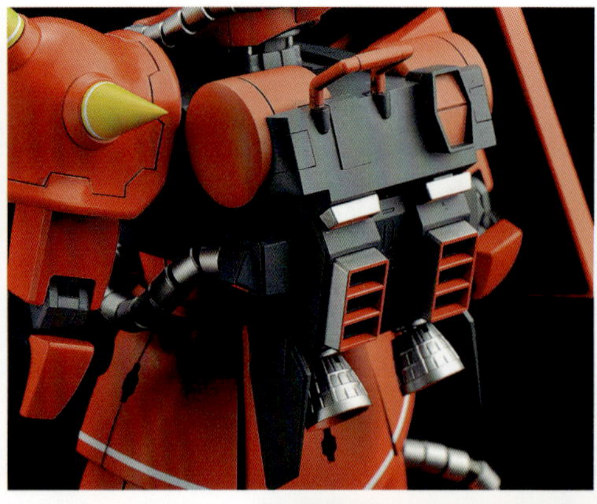

●本機のキットがまだ存在しなかった時代に行なっていた、「設定画に描かれた各部のディテールやユニットの形状をじっくり観察し、それを再現する」というスタイルで、マスターグレードのザクバリエーション最新作である本キットを製作。基本的に内部フレームは加工せず、外装の形状を変更することで微妙なスタイリングの差異を出していることに注目してほしい
●ツノの形状は設定画の鋭く流れるようなラインを再現するためアウトラインを変更。中央に黒い帯を入れたのは草刈氏なりのアレンジ
●頭部のダクトは前下方に垂れ下がっている雰囲気を出すべくパイプの前後で合計1.5㎜延長。同時に首の長さも少しだけ延長して表情を変えている
●胸の形状は中央ブロックの形状を設定画に近づけるべくプラ板を貼って整形、ボリュームが増えたのに合わせて左右の黒いブロックも形状変更した
●太ももを長く見せたかったので、スカートはやや短縮。やや開いた状態でそれぞれのアーマーがぴったりフィットするようプラ板を足している
●グラマラスな設定画の線を再現するため前腕部内側をボリュームアップ
●脚フレアがやや長いように感じられたので、接合部の蝶番状ディテールが1ブロック分短くなるようアウトラインを切り欠き、輪郭を整えた
●足甲中央ブロックの幅を拡大。迫力が増すが、可動の妨げにはならない

MASTER-GRADE 1/100 MS-06R-2 Ver.2.0

伝説その1　バズーカ大好き!

MS-06R-2がザクのくせにドムのバズーカをもっているのは小田さんの発案だったか、自分の発案だったか記憶が曖昧ですが、ジャイアント・バズをもたせることになった要因のひとつは『機動戦士ガンダム 哀・戦士編』のなかでジャブローに降下してきたグフがジャイアント・バズを使っていたことも影響していますね、たぶん。'85年ころに私が本誌の作例としてグフ飛行試験型つくったときにジャイアント・バズを持たせたのも『哀・戦士編』のイメージ。とにかくドムじゃないのにバズーカを持っているのに燃えるんですよ。だからマシンガンはなし！（草刈）

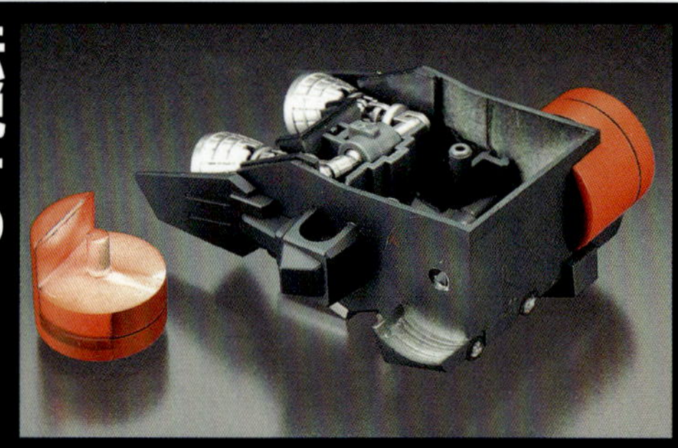

今回作ったキットでいちばんイメージと違ったのがランドセル。上半分をほとんど作り直したらなぜか25年前とほぼ同じ作り方になってしまいました。作業はプラ板をメインに切る、貼る、削るといった基本工作。瞬間接着剤とプラ板を使えば経年変化による変形もまずありません。まずプラ板自体の厚みをゲージと考えて作業法をよーく考えてみます。このランドセルのタンクの場合、プラ板を丸くカットしたものを積層して円筒を作っています。円筒側面にフィットする箱状のパーツはプラ板に同じ直径の穴を開け、穴の縁を活かすわけです。縁を切り出して円筒同様に張り合わせれば円筒側面にピタリとフィットするはず。え？ 難しくないよ。（草刈）

伝説その3 当然設定画が大好き!!

実際に存在するマシンを作るときの参考資料は当然実物の写真。アニメキャラであれば設定書で、ジョニー・ライデンの場合はいまも昔もこのイラストなのだ。作るにあたってとにかくよく見る。25年前私は見逃してしまい、背中のランドセルのタンクの色を黒く塗ってしまったが、正しくは赤。左肩アーマーの横にチラリとタンクらしきものが見えています。うしろ姿が書かれる前からタンクは赤だとわかったはずなんです。ちなみに右腕に書かれた「RB」の文字は、あの有名なエースパイロット、レッド・バロンの頭文字って知ってました？　これは本機のイラストを発注する際の「ジョニー・ライデンはレッド・バロンのようなエースパイロットなんだよ」というコメントの名残です。（草刈）

伝説の続き……で、どうでした？

マスターグレード初期に発売されたMS-06R-2は作ったことがあったものの、今回のキットは内容的にまったくの別物、すんごくパーツが多くて大変でした。とにかくよく動くしパーツの精度は流石。これまで発売された06R系のキットはどれもヒザから足首にかけてのパーツが前後割りになっていてちょっと組みにくい印象だったのですが、このVer.2.0はゲート処理して組むだけで、ほとんど合わせ目なく組めるのがいいところですね。個人的にはあまり可動に固執しないので、もう少し可動部分、可動範囲が少なくても満足できてしまうかも。もしできるなら、もう少しパーツの少ない組みやすいグレードがあるといいな……。歳をとったせいか、パーツ数が多かったりギミックが複雑だったりすると大変に感じることも。こんなとき、昔のモナカっぽいキットにもいいところはたくさんあな、と思うんですよね。（草刈）

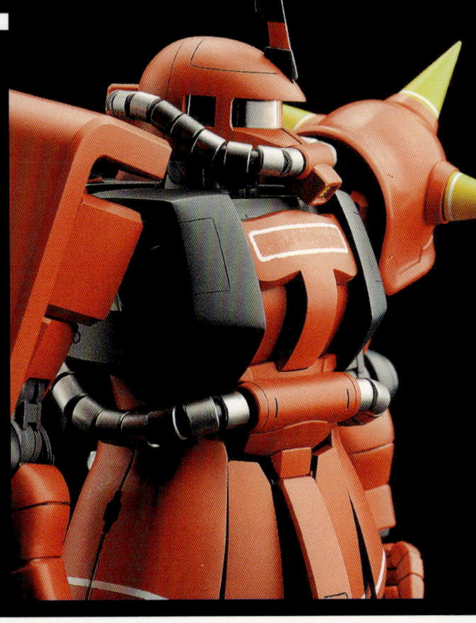

「言ってみりゃ、ライデン機ってアカレンジャーみたいな存在。人気があって当然だよね」

MGザクVer.2.0シリーズで紅白そろい踏みだ!

ジョニー・ライデン専用ザクと言えばもうひとつ忘れてはならないのがこの機体、「シン・マツナガ専用ザク」（MG Ver.2.0 1/100　税込4950円）。もうひとりのエースパイロット、「白狼」ことシン・マツナガが駆るMS-06R-1AのMG Ver.2.0もラインナップされている。スカートの段差、右肩のスリットなどのディテールはもちろんマガジン式のジャイアント・バズも再現

Johnny's Back!!

MS-06 R-2

JOHNNY RIDDEN'S ZAKU II [REAL GRADE]

限りなく精密に外装パーツを分割し「MSのリアル」と可動性能を追求したRG（リアルグレード）シリーズ。このたび、『MSV』屈指の人気キャラクター、ジョニー・ライデンの高機動型ザクがRGシリーズで製品化されました。解像度高めなRタイプザクって案の定滅茶苦茶カッコいい……。「真紅の稲妻」の異名とその真っ赤なパーソナルカラーは30年経ってもまったく色褪せていないぜ！

MS-06R-2 ジョニー・ライデン専用ザクII
RGシリーズ
BANDAI SPIRITS　1/144
インジェクションプラスチックキット
発売中　税込3300円
出典／『機動戦士ガンダム MSV』
製作・文／**たぬき**

Model Graphix
2018年2月号
掲載

▲右肩シールドにはおなじみのウェポンラックを装着可能。ちなみに、HGUC版はジャイアント・バズを下向きに懸架、逆にRG版は上向きに装備するよう説明書で指定されている

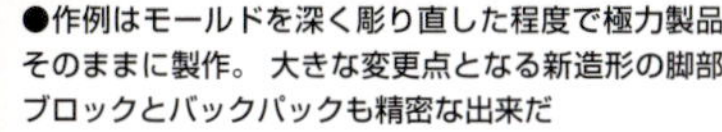

●作例はモールドを深く彫り直した程度で極力製品そのままに製作。大きな変更点となる新造形の脚部ブロックとバックパックも精密な出来だ
●モノアイはHiQパーツのVCドーム2㎜とSPプレートを重ねたものに置き替えている
●腕は個人的なで拳を交換し、手首付け根の赤い部分で1㎜延長。それにともない前腕の黒いパーツの先端も0.5㎜プラ材で延長している。手首軸のカバーパーツは手首と一体感が出るよう薄く加工

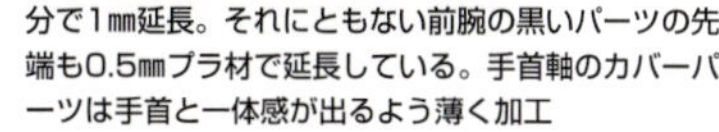

●武装マウントはすべて磁石での接続に変更。右盾裏と右肩用ウェポンラック、サイド＆リアアーマー、武器の持ち手などに極小ネオジム磁石を埋め込んだ

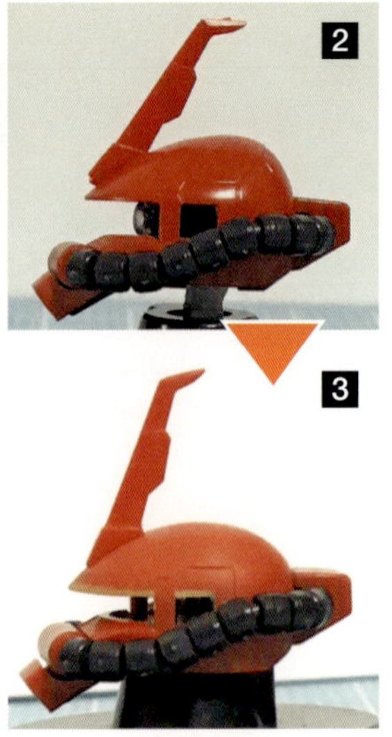

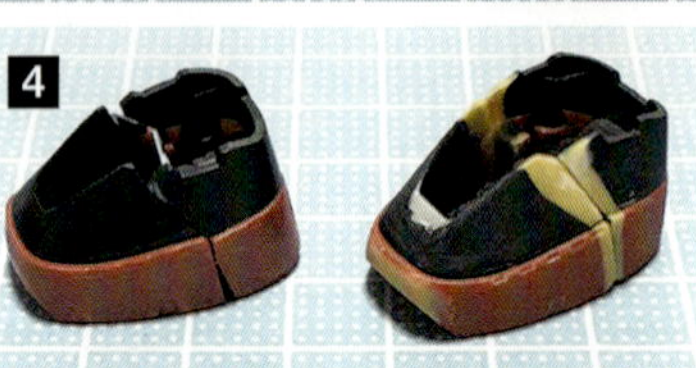

RGを改造するなら最小限に留めるべし

●RGはABS製の精密な可動フレームを内蔵するので、切った貼ったの大胆なプロポーション改修には不向き。可動用に設けられた外装の切り欠きを埋めるなど表面の微調整を中心に工作した

1胸部の肩口ブロックはそれぞれ0.5㎜延長。肩関節を隠しつつ、小さく感じた胸を大きく見せる効果を狙った。また肩関節も胸側に軸接続の部分があるのでその軸棒と受けをそれぞれ切り詰めて合計1㎜程度短縮。首も関節部を切り離し、約1㎜縮めてから真ちゅう線で強引に再接着。この工作により腕と頭がより胴と密着するようになった。腰部スカートアーマーのすき間もプラ板の貼り足しで埋めて大型化している

23頭部は好みで鉢の中央が盛り上がる『センチネル』ザク風の形に変更。またモノアイレールのヒサシ側に0.5㎜プラ板を貼って目つきを悪くしている

45足首が小さく感じたので前後に約2㎜延長。足甲も0.5㎜プラ板を貼り囲んで大型化。つま先可動のための足首側面の切り欠きはプラ板で埋めた

【朗報】1/144 高機動型ザク用水転写式デカールもあるよ!!

1/144の高機動型ザクの水転写式デカールって調達が大変。旧キットのデカールはHGUCやRGと寸法が違うので結局ほとんど使えなかったりする。そんななか、ついに真紅の稲妻、白狼、黒い三連星用高機動型ザクの3種に対応した1/144用水転写式デカールセットが発売に！　作例はバンダイから特別にデカールの試作品を供給してもらい、右肩の「RB」や肘のユニコーンマークなどに使用。フィット感はばっちりだ！

▶ガンダムデカールNo.116 RG MS-06R汎用①（税込440円）。1/144で06Rを作るなら絶対おすすめだ

MS-06R-2 JOHNNY RIDDEN'S ZAKUII

リアルグレードのジョニー・ライデン専用ザクIIを製作しました。発売中のRGザクIIと比較すると脚部など多くの外装が新造形となっています。また、サイドスカートが外れにくく改善されているなど、フレーム本体にも若干の手が加えられており、こまかいところでも進化を感じました。

ただ、RGならではの高い可動性能を実現した反面、可動範囲を確保するための隙間もあり、ここはモデラー的に悩ましい部分だと思いました。作例のテーマとしては最低限の可動を残しながら、立たせたときのカッコよさ、まとまりのあるプロポーションとなるよう改修しています。

さて製作です。主に手を入れたのはぁ外装部分で、そこまで大規模な改修はしていませんが、全身のモールドはすべて彫り直しています。RGのようにディテールの多いキットこそ、キチンと深く彫り直すことで塗り分けた際の別パーツ感も上がるので、できる範囲で彫り直すだけでも見違えます。また、成型の都合上甘くなっている丸モールド類は一段彫り込んでから市販パーツを埋めて立体的にしています。

◆塗装

「真紅の稲妻」の赤色は難しいのですが、今回は朱色に近い赤を採用しました。特記のないものはGSIクレオス Mr.カラー、(G)はガイアノーツ ガイアカラー、(F)はフィニッシャーズです。

・赤1（基本色）／ハーマンレッド＋ヨシムラレッド（F）
・赤2／ハーマンレッド
・赤3／ディープレッド（F）
・黒／ニュートラルグレーV（G）＋マホガニー
・関節グレー1（明）／ニュートラルグレー＋サンドイエロー
・関節グレー2（暗）／エンジングレー
・武器グレー1（明）／ニュートラルグレー＋エンジングレー
・武器グレー2（暗）／エンジングレー
・関節／カッパー
・バーニア／スターブライトアイアン（G）

スミ入れはタミヤエナメル系塗料のハルレッド＋レッドの混色で行ないました。なおABS樹脂などでできている関節フレームですが、まずガイア マルチプライマーを吹いておいてから塗装することで塗膜の剥がれがかなり軽減されました。

今回、初めてRGの改修作例をしました。小さなパーツが多く、しかもこまかく分割されているので少しでも削りすぎるとパーツの合いが悪くなる。そして関節フレームがあるため大きな改造ができない……等々、普段HGUCなどで気楽な改造工作を楽しんでいる自分にとっては少し戸惑う部分もありました。今回は突き詰めた改修はせずに気になるポイントを微調整するに留めたのですが、裏を返すとそれだけ元の完成度が高いということでもあります。あまり考えすぎず、気楽に作るだけでもとても楽しいキットだと思いました。■

ZAKUⅡ
MS-06R-2
402
ZEON
CAUTION

ZAKU CANNON
MS-06K

人気のわりに1/144でリメイクされていないMSVのMSといえば……そう、ザク・キャノン！　そんな折『機動戦士ガンダム THE ORIGIN』の関連企画『MSD』に登場したザク・キャノン テストタイプは、完全なザク・キャノンではないものの、その胸や肩の形状はMSVファンを歓喜させるだけのパワーを秘めていた。そこで今回は、本誌らしくカトキ風のフォーマットに整理された『機動戦士ガンダムUC』ep.４版のザク・キャノンを製作してみた

Model Graphix
2018年4月号
掲載

MS-06K ザク・キャノン
HGシリーズ
BANDAI SPIRITS　1/144
インジェクションプラスチックキット
「HG ザク・キャノン　テストタイプ」改造
税込2200円
(プレミアムバンダイ販売)
出典／『機動戦士ガンダムUC』
製作・文／**Ken16w**

ファン待望のHGザク・キャノン『UC』仕様とすべく徹底改修!!

頭、胸、背、肩は そのままとして、残った部分の スネと腕は……

（似てるパーツの流用で対処！）

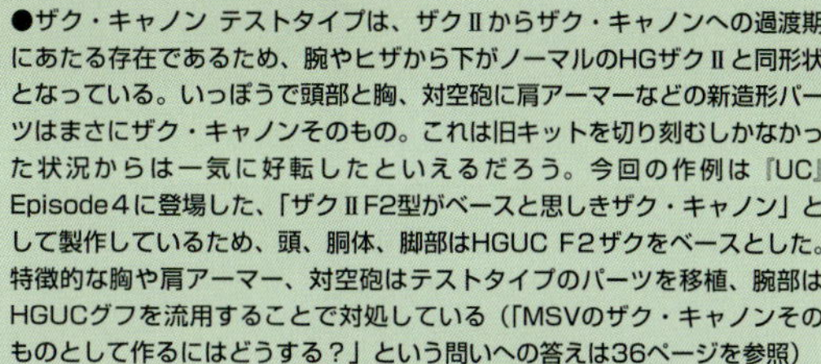

●ザク・キャノン テストタイプは、ザクⅡからザク・キャノンへの過渡期にあたる存在であるため、腕やヒザから下がノーマルのHGザクⅡと同形状となっている。いっぽうで頭部と胸、対空砲に肩アーマーなどの新造形パーツはまさにザク・キャノンそのもの。これは旧キットを切り刻むしかなかった状況からは一気に好転したといえるだろう。今回の作例は『UC』Episode４に登場した、「ザクⅡF2型がベースと思しきザク・キャノン」として製作しているため、頭、胴体、脚部はHGUC F2ザクをベースとした。特徴的な胸や肩アーマー、対空砲はテストタイプのパーツを移植、腕部はHGUCグフを流用することで対処している（「MSVのザク・キャノンそのものとして作るにはどうする？」という問いへの答えは36ページを参照）

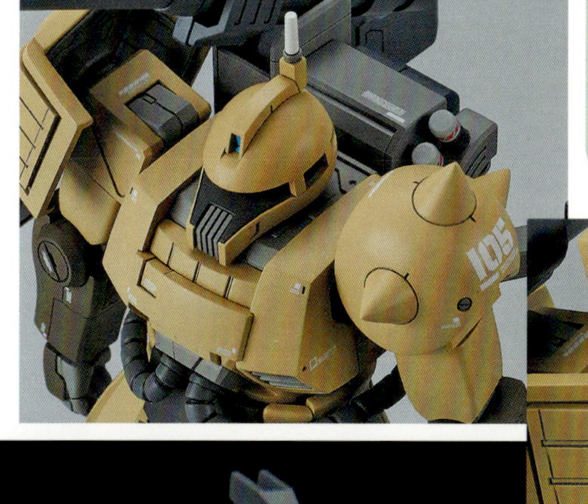

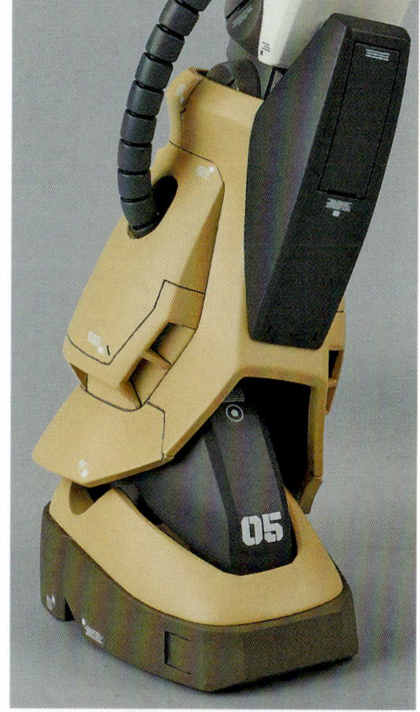

ZAKU CANNON

●『UC』版のザク・キャノンは腰の形がF2ザクのものと酷似している。作例は特徴的な胸や肩、背中の装備はテストタイプから流用しつつ、「F2ザクから作ったほうがスマートで精悍になるから」ということで、腰だけでなく頭や脚もF2ザクから製作してしまった。太もももテストタイプのものは使わず、F2ザクのものにプラ板を巻きつけ、ポリエステルパテでなだらかに整形し四角い断面を再現。ヒザの動力パイプはテストタイプのものをジャンクパーツで延長している

▲パチ組みとの比較。背部対空火器やビッグガンの形はすばらしい出来なのでそのまま活かしている。HGUC F2ザクのものを加工して作ったひとまわり小さい頭部が『UC』版らしさを出している
▶肩ブロックもHGUC №196グフのものを採用。右肩シールドは取り付け基部をF2ザクから移植、取り付け位置も見直してより高い位置に装着できるように変更した
◀ヒジが二重関節構造のHGUC №196グフの腕を流用することで、ビッグガンも問題なく構えられるようになった

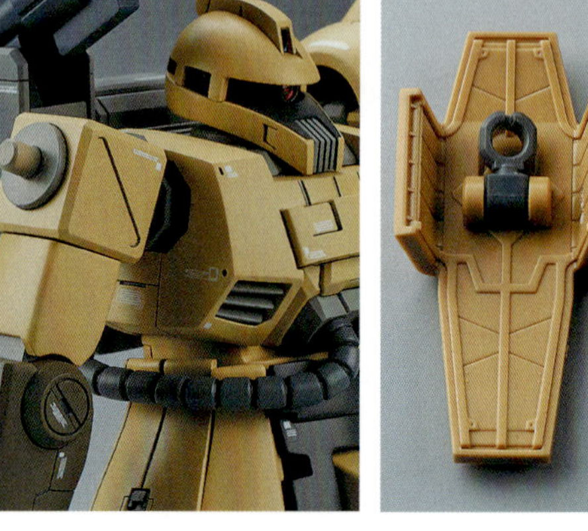

「ザクバリエーション」……なんてカッコイイ響きの言葉なのでしょう。幼いころに作ったMSVシリーズのザク・キャノンが最新HGとして発売です。ザク好きの私としては作らずにはいられません!!

しかしっ、発売告知をよく見ると、プレミアムバンダイで発売されたのは「ザク・キャノン テストタイプ」……はじめて聞く名前です。このテストタイプは、スネ、腕の形状がザクⅡ量産型のままなんですね。うーん、絶妙に作りたいものとは違うのですが、まぁそこはモデラーに挑戦する余地を残してくれているのだろうと、よい方向に解釈することにしました。

製作イメージは、古き良き時代のMSVザク・キャノンではなく、『ガンダムUC』Episode4に登場した機体。カトキハジメ氏のアレンジテイストを感じさせる最新版のザク・キャノンを目指しました。

設定画から読み解くに、テストタイプの製品を改修するよりもカトキテイストなデザインのHGUCザクⅡF2型(F2ザク)を使用したほうがより設定画に近づけられると判断。ということで、芯にはテストタイプではなくF2ザクを使用し、180㎜キャノン砲、ビッグガン、ランドセル、シールドをテストタイプから拝借しミキシングビルドで製作することとしました。プロポーションに関してはF2ザクのままでもよかったのですが、立ち姿がより決まるように若干手を加えました。

◆製作

胸部と腰のジョイント部にテーパー形状(クサビ状)に整形したプラ板を挟み込み、腰が入る(腰を若干突き出せる)ようにしています。またヒザ関節の可動部を削り込み、鳥脚気味になるように加工。この加工は私がF2ザク系を製作するときに必ず行なう改修工程です。ぜひ試してください。

頭部はアンテナをテストタイプから移植、モノアイスリットは全方位を切り欠いてザク・キャノンの形状に近づけました。

胸部は前面の外装をテストタイプから移植。スカートなどはプラ板で延長し、ザク・

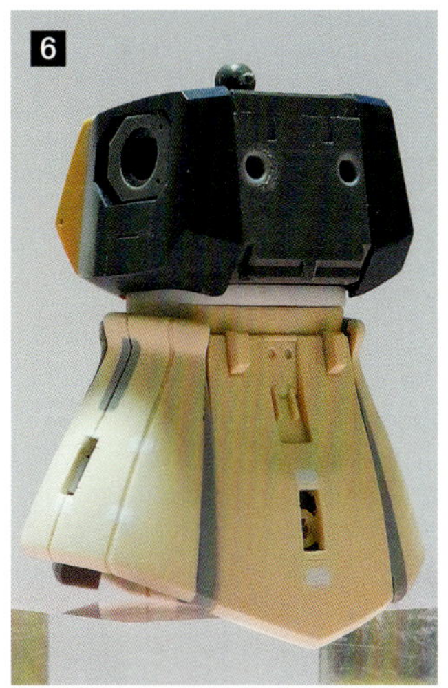

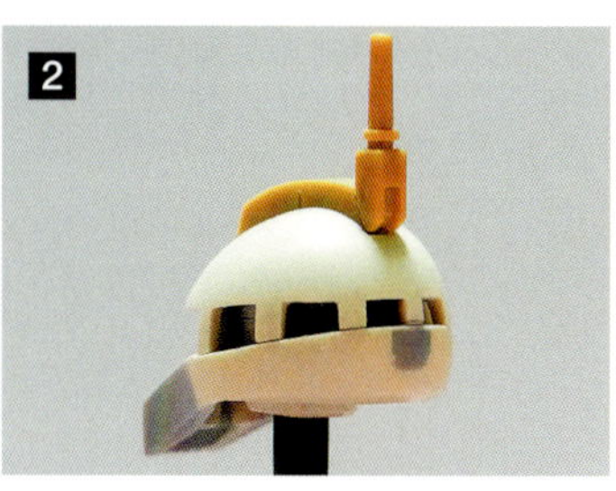

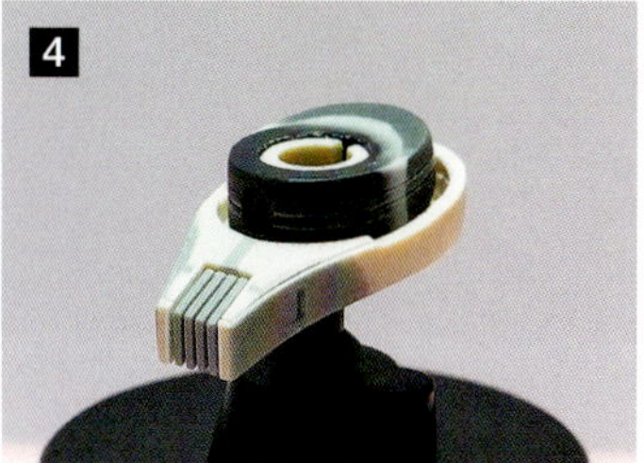

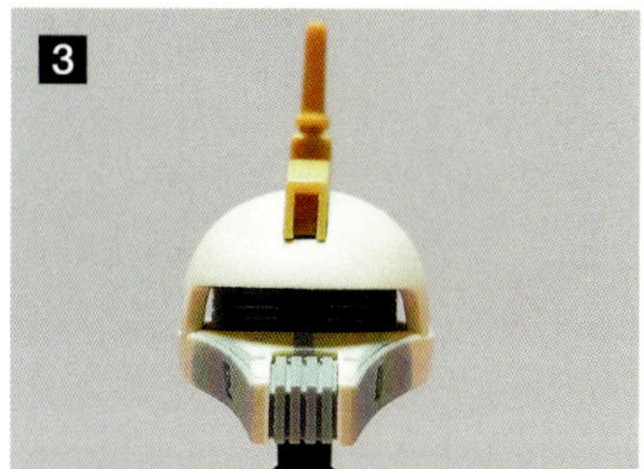

精悍にするための妥協なき精密工作

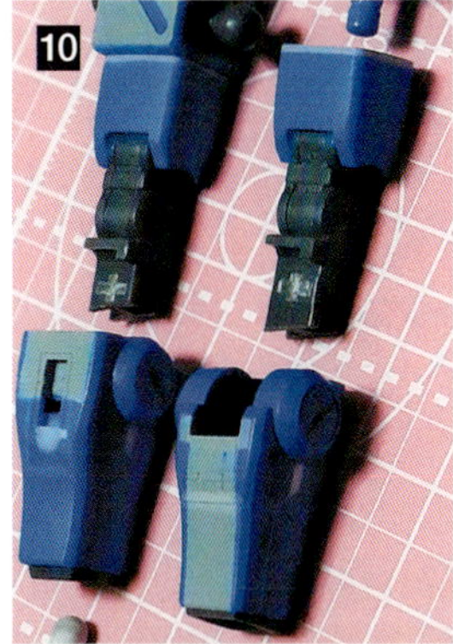

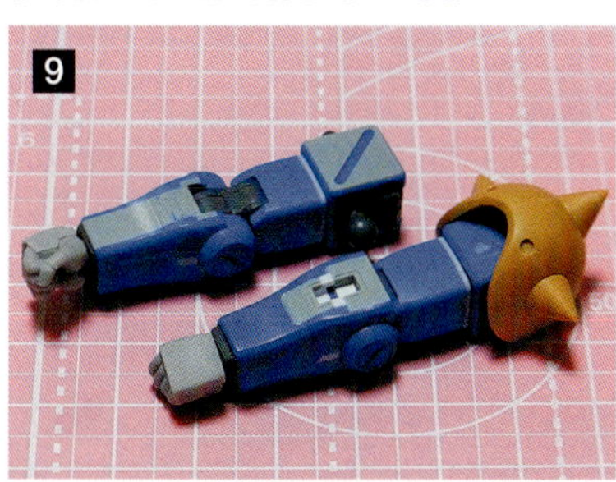

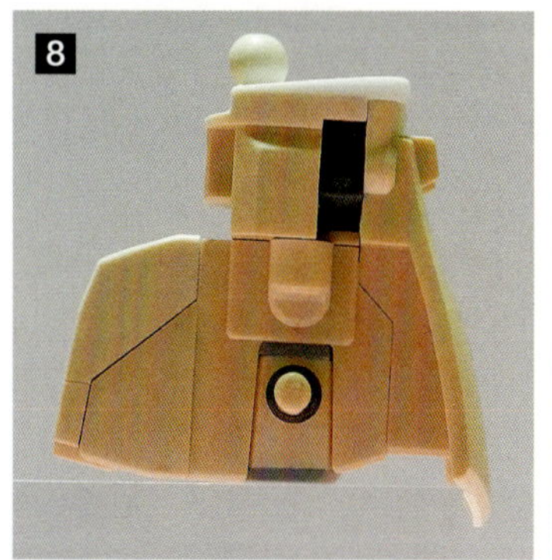

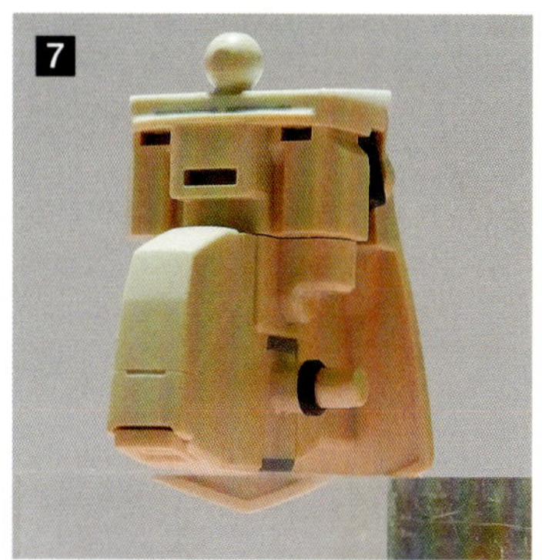

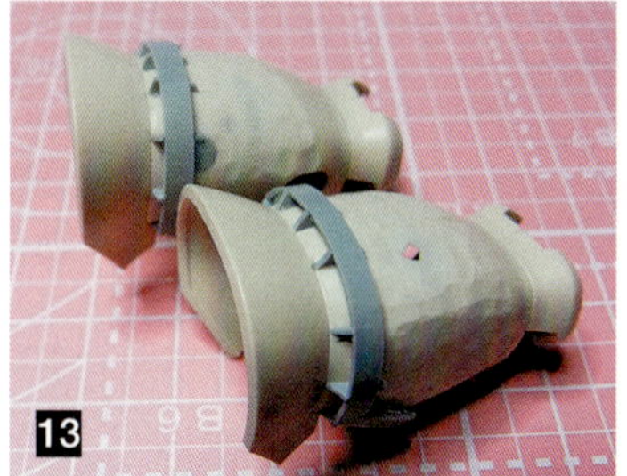

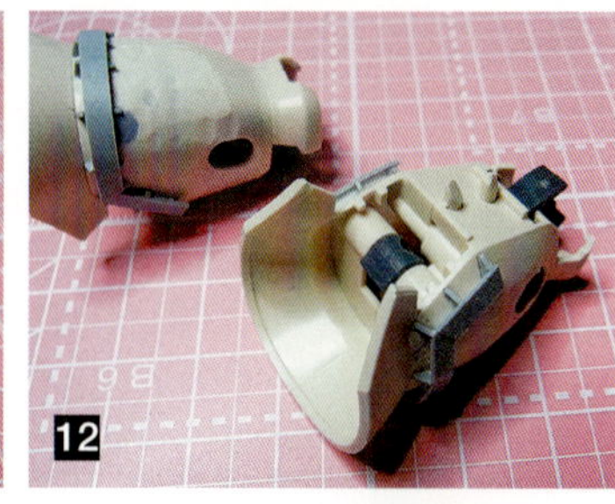

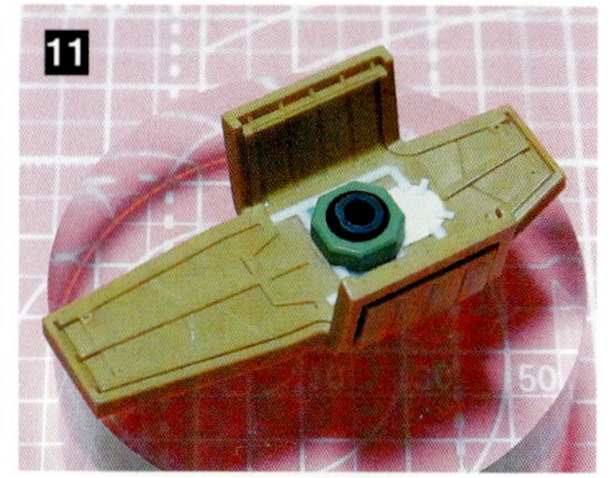

123頭部はHGUC F2ザクをベースとした。トサカ、アンテナはテストタイプのものを流用。キャノンタイプ特有の「後方まで回り込んだモノアイスリット」はF2の後頭部を切り欠いて再現している

4モノアイレールは楕円形に延長し、モノアイスリット部を後方から覗き込んだときも違和感がないようにしている。特徴的な「クチバシ」は厚みの異なるプラ板を重ね合わせ、スリット状にしてはめ込んでいる。頬のラインは、プラ板を貼って形状変更し、頬のダクトもタガネの彫り込みで再現した

56テストタイプのコクピットブロックと胸部外装前面を、F2ザクの胸部に貼り合わせている。結果、テストタイプよりも胸部の幅が狭くなり、よりスタイリッシュな印象になった。胸のダクトフィンは削り込んでシャープに。またフロントスカートアーマーの下端部をプラ板で延長し、フレアもプラ板を貼り付けサイドにボリュームを増している。背中側、胸部と腰との接続部に挟み込んだプラ板に注目。クサビ状にして挟み込むことで、より腰の入った立ちポーズが決まる

78股間ブロックは取り付け位置にプラ板を挟んで1mm下げた。股間軸は片側約1.2mmずつスペーサーを挟み股間幅を調整し、より力強く踏ん張れるようにした

9腕はHGUC No.196 グフのパーツを流用。拳はHDM ザクウォーリア用ハンドパーツ（絶版）を使用

10ヒジ関節のところは、前腕パーツで挟み込みになっているので、前腕との接続部をなだらかに整形することで、塗装しやすいように後ハメ加工した

11右肩シールドは取り付け基部をF2ザクから移植

1213ふくらはぎ下端側のスリットは、プラ板で囲いを作り、分割されたダクトのフィンを新規に造形。おおまかなアウトラインができたらポリエステルパテを盛り付けてラインをなだらかに繋げている。ふくらはぎ上部のダクトはプラ板で製作、ダクトフィンは市販のスリット入りプラ板を使用した

14スリッパは爪先にプラ板を貼り付けて角ばった形状に整形、タガネで彫り込みサイドのダクトを表現した

1516ヒザアーマーはエポキシパテで新造。膝関節は干渉部を削り込み、鳥脚気味に立てるように調整した

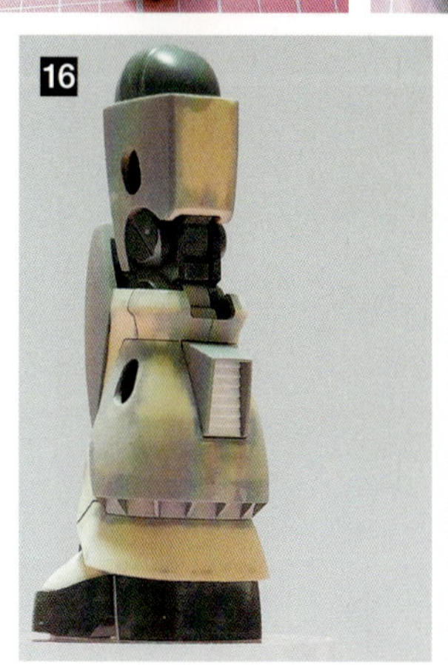

キャノンの意匠を再現しました。

腕はHGUC No.196グフのものが形状的に近いので、ヒジ部分を削り込んだ程度でそのまま使用しました。

脚もアウトラインの近いF2ザクのものを使用し、特徴的なダクトをプラ板とエポキシパテを削って再現。

太もも、ヒザ関節との相性を考えてF2ザクのパーツからの改修としました。

腰、腕にあるハードポイント状のディテールは、友人のコボパンダ君が製作した精度の高い極小ラッチディテールパーツを複製したものを譲っていただき、使わせてもらいました。感謝。

◆カラーレシピ

おもにガイアノーツ ガイアカラーを使用しています。（M）とあるものはGSIクレオス Mr.カラーです。

・ベージュ／217番 FS30219タン＋EXホワイト＋イエロー（M）

・ブラウン／バーチャロンカラー45 山焦茶＋216番 FS34102グリーン＋217番 FS30219タン＋イエロー（M）＋EXホワイト

・ダークグレー／75番ニュートラルグレーV＋バーチャロンカラー45 山焦茶＋EXホワイト

・ホワイト／バーチャロンカラー01 ウォームホワイト＋72番ニュートラルグレーII＋EXホワイト

◆終わりに

今後、このテストタイプをベースとした「MSV版ザク・キャノン設定画により近い形状のガンプラ」が発売されるかもしれませんが、カトキ風なザク・キャノンを再現するならばF2ザクを素体にミキシングビルドで製作するのがいちばんなことは変わらないでしょう。それくらいHGUC F2ザクのキットポテンシャルは高いです。この記事を見て、ザク・キャノンVer.Kaを作ろうと思っていただけたらうれしく思います。ぜひともお好みのザク・キャノンを製作してみてください。■

ザク・キャノン おかわり!! MSVファン垂涎の イアン・グレーデン機で作っちゃおう!!

Model Graphix 2018年4月号掲載

『UC』版もいいけど、『MSV』のザク・キャノンも見たいよ！　というMSVファンの皆様、お待たせしました。昔懐かしいイアン・グレーデン機のカラーリングの作例もご用意いたしましたよ。基本的にやっていることは『UC』版ザク・キャノンの作例と変わらないのですが、こちらのほうがいくぶん工程を減らしているのでマネして製作しやすいはず……がんばってね！

◀イアン・グレーデン機は『MSV』で設定された機体で、2本の頭部アンテナ（ラビットタイプ）と緑色のカラーリング、そしてスパイダーのエンブレムが特徴。HGザク・キャノン テストタイプの頭や胸まわり、太ももなどはそのまま使えそうだが、ポイントとなるのが腕部とヒザから下。本作例　はHGUC№９のグフから腕を、HGUC F2ザクからヒザ下を流用している

MS-06K ザク・キャノン イアン・グレーデン機
BANDAI SPIRITS　1/144
インジェクションプラスチックキット
「HG ザク・キャノン テストタイプ」改造
税込2200円（プレミアムバンダイ販売）
出典／『機動戦士ガンダム MSV』
製作・文／**堀越智弘**

●腕のスパイダーマークは「ガンダムデカールDX05 一年戦争／ジオン系」から。クモが手足を伸ばしたような意匠となっている胸から腰にかけての白線はモデルカステンのラインデカールを貼り付けた。このデカールはさまざまな太さの白線を収録しているのでマスキングより手軽に再現できる
●イアン・グレーデン機のカラーリングはオリーブグリーン系とビリジアン系の２種類が見受けられ、紙媒体やゲーム、バンダイの塗装見本などで発色のカンジがいろいろ。今回は濃い緑で塗装してみることにしたが……いかがかな？
●腕外装は旧バージョンのHGUCグフだが、中身をくり抜いてテストタイプのヒジ関節フレームを仕込んだ。肩はHGプロトタイプグフのパーツがちょうどよいサイズだったので採用したが、HGUCグフのままでもよいだろう

MS-06K IAN GRADEN CUSTOM

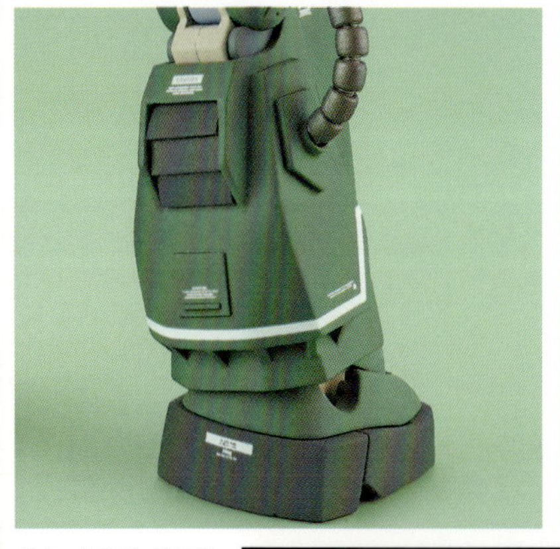

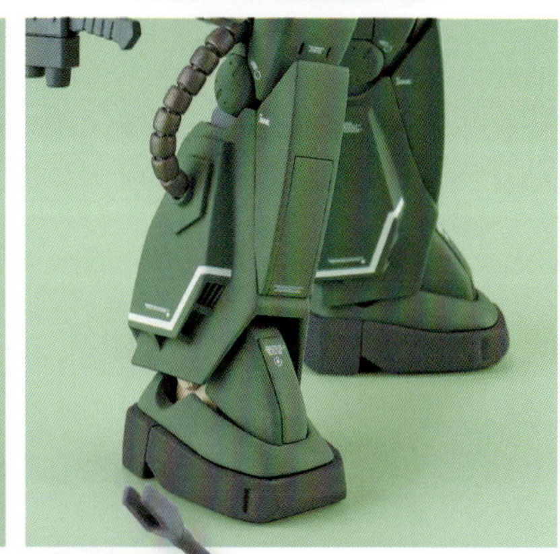

●キットのパーツのままだと肩関節のポリキャップが露出する。ここは意外と目立つので0.3㎜プラ板でポリキャップを覆って隠した

❶まずプラ板でヒザ当てを製作。側面、丸ユニット直下やふくらはぎのバルジを削ってプラ板を貼り込む
❷画稿を見て微調整。スリッパをプラ板で角ばらせる
❸アウトラインができたら、ふくらはぎのところのダクトの仕切り板とフィンを細切りのプラ板で造形
❹うしろ側。ふくらはぎはまるごとプラ板で新造した
❺ふくらはぎの面を出して、プラ板の箱組みでヒザ裏のダクトを造形。ダクトフィンは旧キットから移植した

やはりHGUC F2がヒザ下の素体になるのね

●MSV設定画の胴体はよく見るとかなり角ばっている。そこで左右の肩口ブロック正面に0.3㎜プラ板を貼って鋭角化。さらに胸のダクトが小さいのでくり抜いて大型化している。フンドシブロックもプラ板で大型にし、フロントアーマーは下側をプラ板で3㎜延長
●太ももはテストタイプのキットパーツのまま。ただし、横にロールさせた際モモの上部が股間と干渉するのでその部分を削り込んだ
●ポイントとなるスネは、HGUC F2ザクのスネブロックを採用することに。F2ザクはフレアの部分が比較的スクエアな形状なのでザク・キャノン改造のベースにはしやすい（あくまでベースにしかならないが……）。結局前面部分以外のアウトラインをすべてプラ板で作り換えることとなった

ザク・キャノン テストタイプは、『MSD』で設定されたザク・キャノンのプロトタイプ的存在なんですね。しかし、やはりMSV世代としてはザク・キャノンそのものがほしい！ テストタイプは腕部やスネ部分がザクⅡのままなので、そのあたりを中心にサクッと改造していきます。

製品の後頭部は、側面あたりがグフのように丸みを帯びています。ザクらしいストンとした形にしたいので、瞬間接着パテでアウトラインを変更。サブカメラがちょっと小さいので、0・3㎜プラ板で大型化し、アンテナはひとまわり大きい旧キットのザク・キャノンから流用しました。モノアイガードはカンナがけして薄くします。

胸部の動力パイプは1㎜のアルミ線を芯にしてモビルスプリングとMSパイプ01に置き換え。脚部の動力パイプも同様です。

キャノン砲は小ぶりなので砲身をウェーブ製のテーパー付き丸棒に変更し延長。バックパックはキットのままですが、スモークディスチャージャーは3㎜プラパイプで作り換えました。ビックガンの取り付けフレームの肉抜き穴も埋めています。

◆塗装

イアン・グレーデン中尉機の機体色は諸説分かれるようですが、今回はMGザク・キャノンの完成見本の配色に準じました。使用した塗料はすべてGSIクレオス Mr.カラーです。

・緑色1／15番暗緑色＋16番濃緑色
・緑色2／緑色1＋色の源イエロー＋色ノ源シアン
・グレー／40番ジャーマングレー＋13番ニュートラルグレー少量
・ダクト／39番ダークイエロー＋色の源イエロー少量
・フレーム1／22番ダークアース＋クールホワイト＋13番ニュートラルグレー少量
・フレーム2／72番ミディアムブルー＋クールホワイト少量

武器類の色は新発売のタミヤ ラッカー系塗料 日本海軍グレイのLP-13、14、15を使用しています。■

MS-06K ザク・キャノン
BANDAI SPIRITS 1/144
インジェクションプラスチックキット
RG MS-06F 量産型ザク、
1/144 ザク・キャノン改造
出典／『機動戦士ガンダムMSV』
製作・文／**岡 正信**

RG ザクをしゃぶり尽くせ!
フレームを活用してみよう！ の巻

RG（リアルグレード）シリーズは、内部フレームによる高い可動性能が特徴のひとつ。それならそのフレームを使えばどんなキットだって可動範囲が広くなる!? ということで、RG量産型ザクが発売されたんだからザク・バリエーションも可動範囲を拡大しちゃってみよう！

Model Graphix 2011年10月号 掲載

1/144RGザクのフレームをMSVモナカキットと合体!!

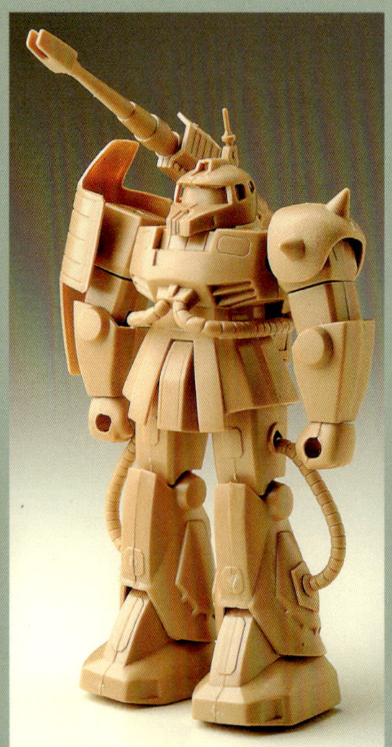

●RGザクのフレームはとにかくよく動く！ ので、これを使えば世の中の1/144スケールで「ザク」と名の付く模型はみんなよく動くようになるということなのだ！ つまり「1/144汎用ザクフレーム」として活用するのだ

めっちゃ動く!!

逆パターン！ 世の中の“ザク”を使って RGザクをジョブチェンジ!!

●「せっかくカッコいいRG量産型ザクがあるんだから、コレを使って●●ザクや××ザクをカッコよく作りたいっ！」という人もいるでしょう、いや、いるハズです。そういうときにRGのフレーム構造は便利。関節位置や各部の長さなどのベースが決まりやすいし、他のキットを使用すれば作り起こす必要も少なくなるということ。形状出しが大変なスネなんかも、被せてしまえば一発さ！

◀パチ組みとの比較。外装の約90%はMSVの旧キットを使用。頭部や腕部はフレームとのバランスも考慮して小型化。動力パイプと左肩スパイクのみRGザクから流用。手首はブリックワークスの「80's POWER HAND Sサイズ」。RGザクの手首はさすがに小さすぎて合いませんでした（悔）。可動性能が上がって、足をグッと踏み込むことができるようになっただけで印象が大きく変わっているのがおわかりかな？ 関節も密度感が高くなって「いいね！」

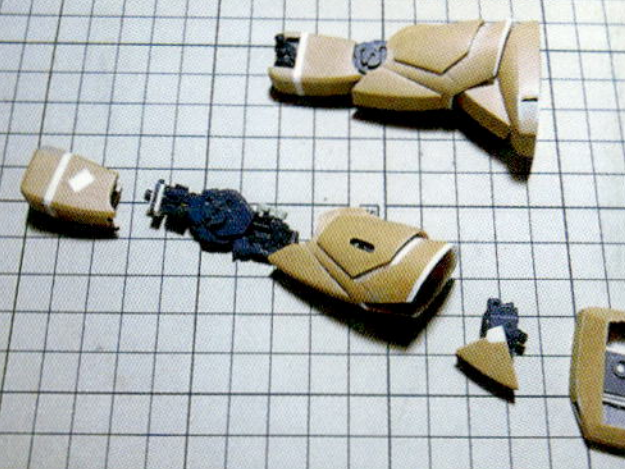

▲フレームにそのまま被せるだけではスカスカで固定できないので、内部ディテールのパーツを利用したり、ケタをプラ板で作ったりしてフレームを固定します

◀ホラ！ 大きく屈伸できるように!!

祝！ MSV再販!! つーことで、旧キットをRGの上に被せてみた！

久しぶりのMSVシリーズの再販、それはまるで「ザクコレクション⁉」といったラインナップで、しかもRG量産型ザクと同時期の出荷。これはもう言わずもがな、ということで、一丁被せちゃってみましょう！ そんなわけで、ガンプラはときどき再版をチェックしてみるべし、なのだ。

▶MSVの設定画の雰囲気を出したいなら旧キットはもってこい。フレームを移植してビシッと立たせれば何十年も前のキットとは思えないほどカッコよくできあがるのだ

被せる旧キットはこれを読んで選んでね

MSVの旧キットといえばこの本、おなじみ岡プロが1／144旧キットを全種製作しているから、カタログとしても使えつつ、ポージングや関節のバランスのとり方を追求して、どうすればカッコよく見せられるかまでまるわかり。もちろん設定画も載ってるぞ

▲『MSVモデリングカタログ1/144+α』（大日本絵画刊 本体3800円+税）。MSV製作のお供にぜひ

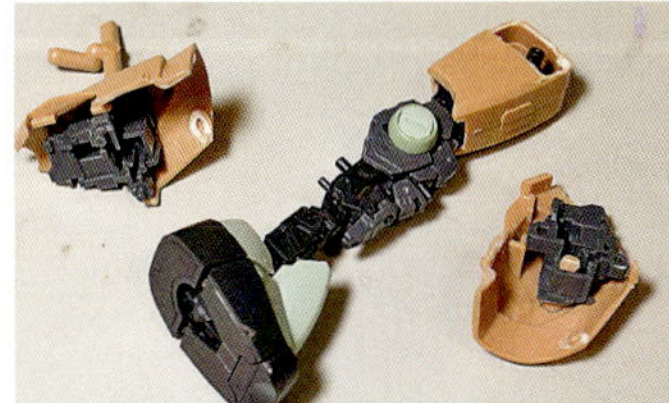

▲Let's Try。RGは芯となるMSジョイントにメカディテールパーツを組んでいくので、ディテールパーツに外装を固定すればあとハメも簡単！「RGって実質3重構造やねんな！ コレや！」

◀攻略法が見えればあとは工作のみ。「モナカだから被せられる。モナカキットの新活用法やね」

▼まずは考えてみる。本当にモナカキットを着せられるのか、着せるためにはどうすればいいのか。「意外に各部の尺はそんなに違わへんねんなぁ」

1/144 MS-06K ZAKU CANNON

Model Graphix 2016年7月号掲載

MS-06K ザク・キャノン
BANDAI SPIRITS　1/144
インジェクションプラスチックキット
「1/144 MS-06K ザクキャノン」改造
出典／『機動戦士ガンダム MSV』
製作・文／サル山ウキャ男

なぜミキシングビルド?・だって、できそうなんだもの

'08年にMGザク・キャノンが発売されたときは「ついに！」と喜び勇んだものだが、これだけ『UC』のHGUCが揃ってくると1/144で並べたくなるのは贅沢？　ここでは、HGUC未発売のザク・キャノンを既存HGUCパーツのミキシングビルドで作れるかを検証だ！　チャレンジするはミキシングビルドマスターのサル山ウキャ男氏。使用パーツ選択のポイントは、あの「ザクのバリエーション機」にあり。

▲トリントン基地襲撃部隊の1機として登場したザク・キャノン。本設定画は旧設定画よりもシックな色味に変更されているほか、よく見ると腰アーマーの形状などにザクF2タイプの意匠が見て取れるのがニクいところ
▼腕にHGUCグフを使うのはこっち系では定番だけどザク・マリナーは気づかなかった人も多いのでは？　それにしてもカラフル!!

これら複数のキットから似てるパーツをかき集めればできなくはない(楽じゃないよ／笑)

●胴はHGUCザクマリナーを使用。腰はHGUCザクⅡF2型。ヒザ裏ダクトはザクマリナーから削り取って使う。左肩はHGUCザクⅡのフチを削り落として使用。太ももはHGUCガンダムMk-Ⅱ（No.193）。ヒザ下はF2型。いずれのパーツも小加工が必要となってくる

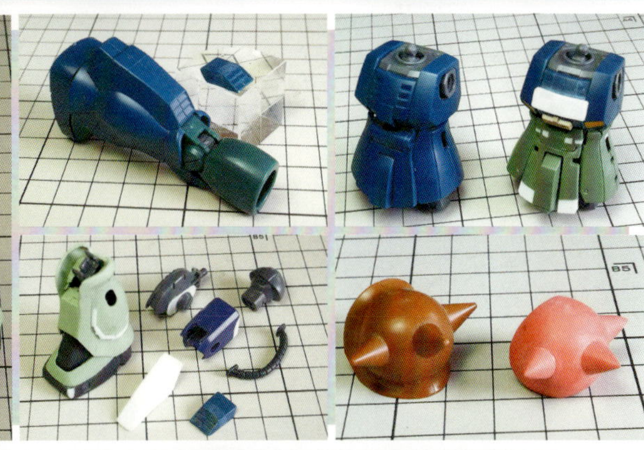

つい考えちゃうのが「組み合わせたらできないか」そこには"キー"になるキットが存在する

▲F2ザク、グフ、旧ザクの3体を混ぜてあとは旧キットも使えば『UC』のザク系MSVは作れちゃいそうな気がするけど、もちろんやってみるとそんなに都合良くはいかない。そこで今回投入されたのがザク・マリナー

「コレとコレを組み合わせれば、まだキットが発売されていないアレになるんじゃないか……」というのはモデラーならだれしも考えること。古くからあるみんな考える例で言うと、「ジム・カスタムとジム改を組み合わせればVer Kaガンダムが作れる（はず）」とか、「グフ・カスタムと普通のザクがあればF2ザクが作れる（かもしれない）」とか……。まあ、そうはいっても結局はつじつまが合わないところを大改造しないといけないのでたいていは完成しないのだが、こういうのは考えているときがいちばん楽しいのでいいのだ（雑誌作例では、完成していないとさすがに怒られそうなので必死に完成させるけど／笑）。

ところで、こういうミキシングビルドの組み合わせには「キー」になるキットが存在する。使用する部分は少なくてもそれがないとミキシングが成立しない、というアイテムだ。先述の例ならジム・カスタム（胸）やグフ・カスタム（肩アーマー）がそれにあたる。ここで製作したザク・キャノンの場合は、ザク・マリナーがそのキーとなるキットだろう。現状では『UC』のカトキラインにもっとも近く、しかもニュートラルな形状で、ディテールはまったく違っていても使い勝手がよいのだ。（文／森慎二）

1/144 MS-06I ZAKU CANNON

●バックパックは旧キットを使用したが厚みがあるので3㎜ほど前後を薄く、砲は製品を2個ぶん使い砲後半部を円柱状に。スモークディスチャージャーはコトブキヤのシリンダーパーツで代用。ビッグガン基部にもポリキャップを仕込んでいる

どうもサル山です～。今回はなるべくパテは使わず、既存HGUCのパーツと少しのプラ板で、「中級者以上なら頑張れば作れる」ような作例を目指しました。

◆頭部

ベースはザク・マリナー（以下マリナー）、ダクト部はまず1㎜プラ板を左右に貼り、サイドから見て設定のカタチにカット後、中央のダクト部をプラ板で箱組み。頭頂部の連邦MSっぽいカメラはガンダムMk-Ⅱ №193（以下Mk-Ⅱ）から流用。その上のアンテナはMSV旧キットのです。

◆胴体

胸部はマリナー。中央部はマリナーのパーツを左右ブロックより一段低くなるように平らに削ったあと、中央ブロックをプラ板（5×17㎜ほどの湾曲した長方形）で作製します。動力パイプ基部は旧キットのパーツを薄くしたもの。左右ブロックの連邦ぽいダクトはドリルとナイフで開口後、またまたMk-Ⅱから外枠を削って使用。プラ板で作ってもいいんですが、手っ取り早くカチッと揃ったパーツが作れます。

腰部はF2型ぽく見えるのでHGUCのザクⅡF2型を使いました。フロントアーマーをプラ板で5㎜ほど延長しています。

◆腕部

腕部は旧HGUCグフを使用。旧キットのザクキャノンの盾は設定画よりは丸みがありますが、あえてキットベースで。シールド上下を若干起こしたあと、フチにプラ板を貼り厚みを出します。手首、とくに握り手は金型の抜きの方向の制約から親指の関節ラインが斜めになってますが、一度埋めて彫り直すとけっこう見違えますよ。

◆脚部

あたらしめのザク系のキットではあまり角張ったフトモモのものがないのでいろいろ探した結果、Mk-Ⅱを使用。スネはF2をベースにしますが、まずヒザ関節の丸を一度切り離して位置を変更、Mk-Ⅱの大腿の内側は桁を削り落とし、ヒザの部分を関節の丸に合わせて削ります。旧キットのヒザ当ては少し小さいのでプラ板の箱組みで、少々大きめに切り出したあとスネパーツと擦り合わせます。

いちばん手間がかかったのがスネ下部のダクト部。いろいろ考えたすえ、1㎜板の細切りをダクトのラインに合わせて貼ったあと、瞬間接着剤＋硬化スプレーで無理矢理ラインを合わせていきます。足首はちょっと角張ってるので、エッジ部にプラ板を貼りつけて整形しました。■

MSVから30有余年……いまならもっとカッコいい"タコザク"が作れそうじゃない!?

『MSV』という豊かな時代を経験した者たちには、それぞれに当時うまく「料理しきれなかった」思い出のガンプラがあるはず。それを「いまだからできるミキシングビルド」で新たに蘇らせてみませんか？　という提案です。今回は『機動戦士ガンダム サンダーボルト』にもゲスト出演したこの機体を、「ビルダーズパーツHD」を使って再生してみるぞ。

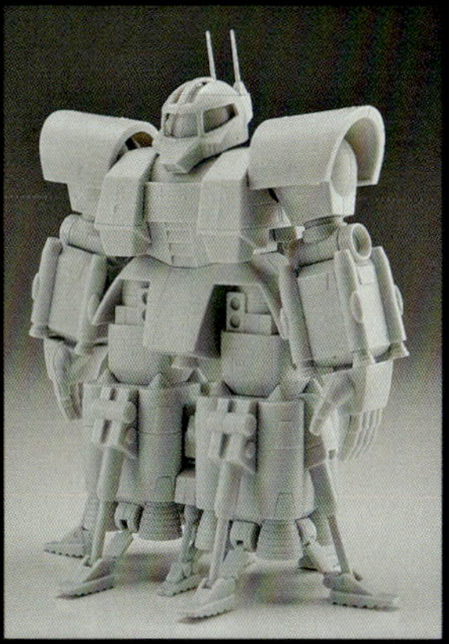

▲MSVシリーズの1/144「高速機動型ザク」は'84年発売。「カタチのいいバーニアが豊富に付いてるので見つけたら買っとけ」的キットとして名を馳せたが、ランディングギアの可動、非常にこまかいパーツ分割などそれ以外にも見るべき、語るべきところが多い名キット。今回はバンダイの改造パーツ「ビルダーズパーツHD」シリーズをフル活用してディテールを追加、さらに各種HGキットとのミキシングビルドもあわせて関節を増やしたりスタイリングを調整。「仮想HGUC」モデルとして製作してみることにした

MSN-01 サイコミュ高機動試験用ザク
BANDAI SPIRITS　1/144
インジェクションプラスチックキット
「高速機動型ザク」改造
発売中　税込660円
出典／『機動戦士ガンダム MSV』
製作・文／小森章次

Model Graphix 2016年9月号 掲載

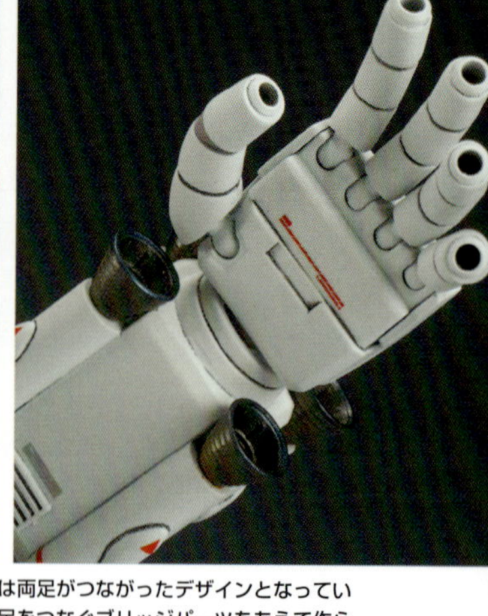

●設定上は両足がつながったデザインとなっているが、両足をつなぐブリッジパーツをあえて作らずハの字に立たせられるように改変。ブリッジパーツに存在していた中央ランディングギアも省略
●残りのランディングギアはダンパーをプラパイプに置き換えた以外はキットのまま。先端の可動ギミックもキットのものが活きている（納品後にランディングギア基部の正面と左右のパーツを付け間違えていたことが発覚。トホホ）
●肩装甲はキットパーツの裏側に0.3㎜プラ板を2枚貼り重ねて厚みを出した。上腕はHGUCドムのパーツ。プラ板を貼って大型化して使っている。前腕部の着脱ギミックを持つHGヴァッフのヒジ関節に置き換えることで、ヒジの可動範囲拡大&前腕部が着脱可能に。オールレンジ攻撃だぜ！
●肩関節はHGUCギャン№197、手首はHGUCジオングなど近年のキットと交換することでスタイルの向上と可動範囲拡大を兼ねている

PSYCHOMMU SYSTEM ZAKU MSN-01

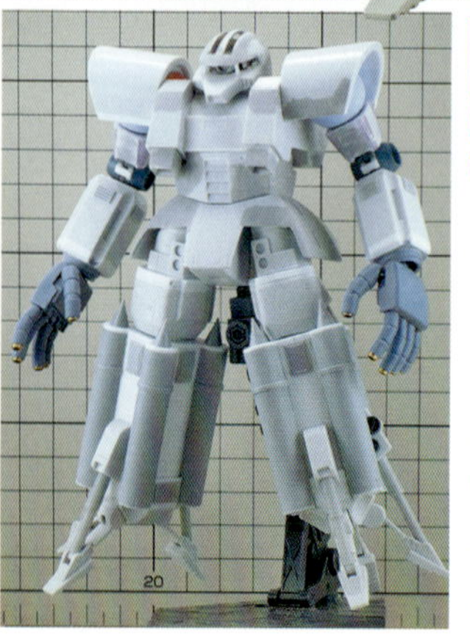

◀胸と腹を切断し腹をプラ板で3㎜延長、左右の肩口ブロック（ロケットエンジン部）は、胴体中央との接着面で2㎜幅詰めしている。肩口ブロックの背面側はプラ板の積層でいかつく見えるようにボリュームアップした。キットはいまの目で見るとタテ方向に短く見えるので、胴体と脚部の延長がおすすめ工作となる

精密ディテールパーツ 新色で一挙発売!!

ガンプラの公式改造パーツとしてバンダイが展開している「ビルダーズパーツHD」。精密な彫刻はもちろん、対象年齢を15歳以上に設定したことでパーツ厚も薄いうえ、塗装の便を考慮したパーツ分割、塗装しやすいPS樹脂の採用などの理由から、とくにコアなユーザーから支持されている。

7月より、通常ラインナップの成型色を変更した「新色」が一挙新発売。ニーズに合った成型色を追加することで無塗装派ユーザーにも訴求していく狙いがあるようだが、人気から品薄になりがちだった同シリーズが事実上再び店頭に並ぶということで、塗装派にもとてもありがたい話である。店頭で見かけたらすぐに確保しておこう。

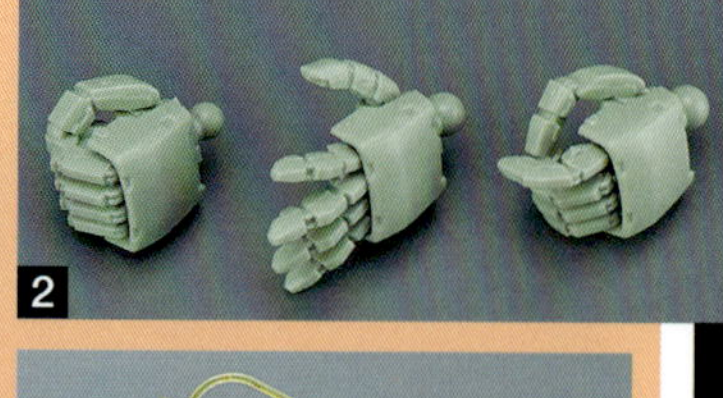

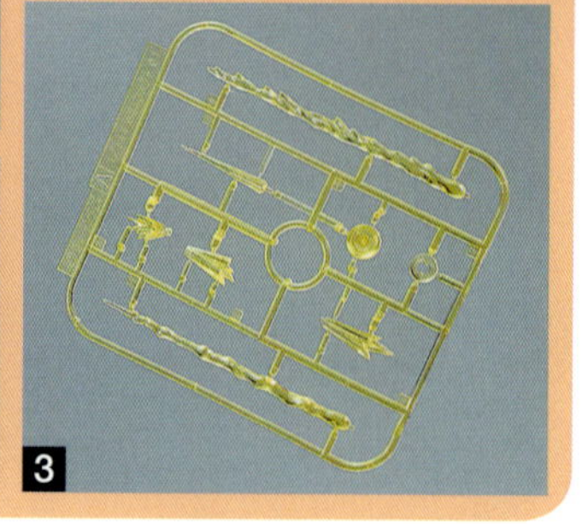

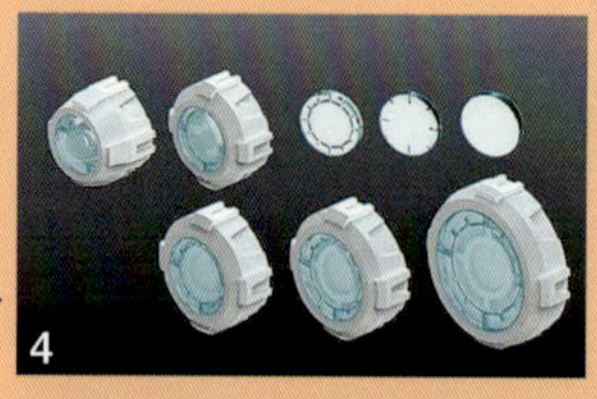

1従来品のMSハンド02（ジオン系）。プレーンなライトグレーで成型されているが、ダークグレーバージョンも発売中。2こっちが新発売のMSハンド02（ジオン系）ザクグリーン。おお、ザクの色！　RG量産型ザクⅡとかに塗らずに取り付けられるのね。3従来品は透明クリアーで成形されていた1/144用MSエフェクト01もクリアーイエローの成型色で再登場。4透明度が高く美しいMSサイトレンズ01（ブルー）。5その新色はレッド。そしてイエローも同時発売される（価格はいずれも税込550円）

ビルダーズパーツHDをフル活用してみました

アンテナ：MSブレード01

■近年のガンプラはアンテナに安全対策のフラッグが付いている。これを切り飛ばしてエッジを成型する作業のなんとまぁ面倒なこと……その手間をかき消してくれるのがMSブレード01（税込550円）。フラッグなしのシャープなアンテナなのだ

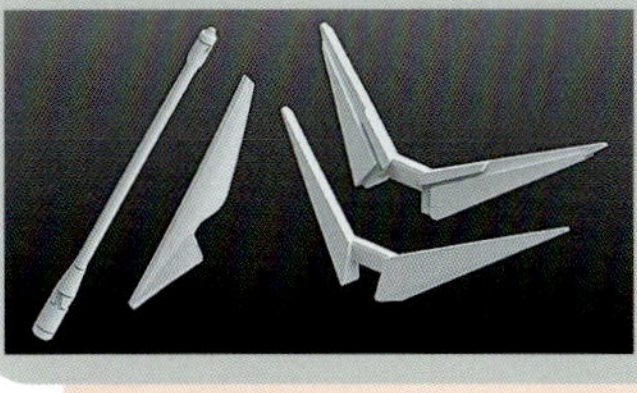

モノアイ：MSサイトレンズ01（ピンク）

●モノアイを強調したいならMSサイトレンズ01（税込550円）。クリアーパーツ製のレンズ部とハイディテールな彫刻を施された基部からなるセットで、各サイズが付属するほか、ピンク、グリーン、ブルー、そして新色のレッド、イエローなど各色取り揃えられている

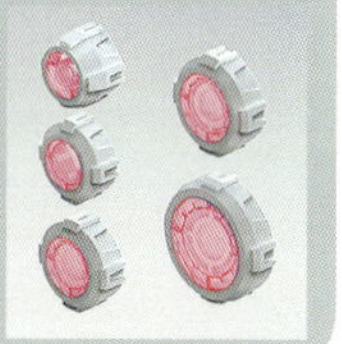

角形ノズル：MSバーニア03

●角形ノズルでさえもフォローしているビルダーズパーツHD。胸ノズルはMSバーニア03（税込660円）にドンピシャな形のものがあったのでありがたく使用した。合わせ目の処理とフチの厚みの問題を一挙に解消できるので超オススメ

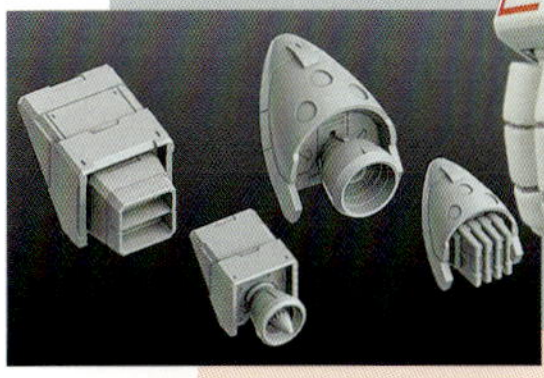

腕バーニア小：1/144MSバーニア01

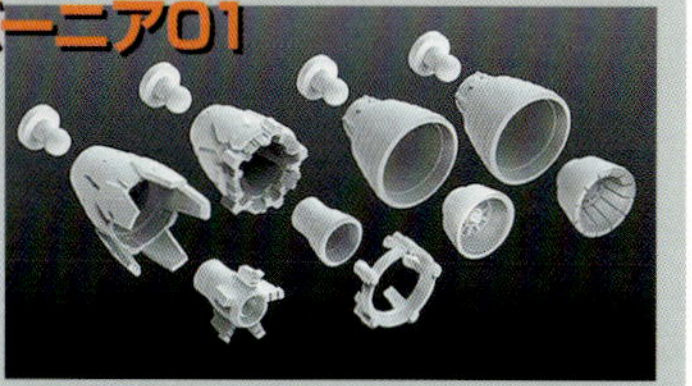

●キットの肘関節周囲のノズルは先細りの形が、腕を飛ばしてオールレンジ攻撃をするならば前腕部推進器の説得力が欲しい、ということで1/144用MSバーニア01（税込550円）のベル型ノズルに交換

パネル：MSパネル

●間を持たせたいところに貼りたいのがMSパネル01（税込550円）。クセのない形状が多いのがありがたい。そのまま使うのではなく、底面をヤスってパーツの厚みを調整してから貼ると1/144ガンプラにさらにフィットするだろう

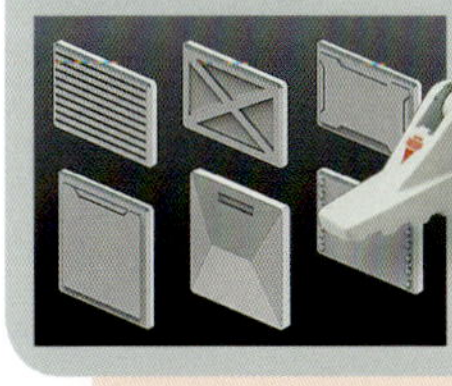

脚部タンク：MSタンク01

●ヒザ下エンジンユニット四隅の円柱状に張り出した部分は、MSタンク01（税込660円）のパーツを接着。ちなみに膝付近の円錐は1/144用MSスパイク01（税込550円）がとてもシャープなのでそのままポン付けした

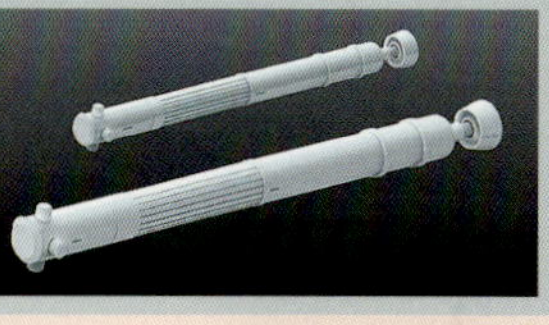

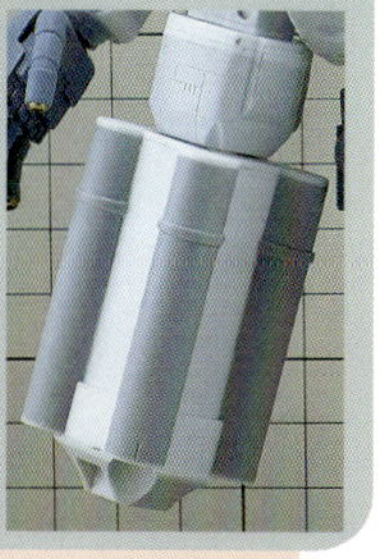

バーニア：1/100MSバーニア01

●足や背のスラスターは当時の水準からするとよい出来だが、さらにこまかい彫刻のMSバーニア01に置き換えてみた。使用したのは1/100用（税込660円）。驚くほどピッタリのサイズでフチの厚さも気にならない程度だったのでとくに加工はしていない

動力パイプ：MSパイプ01

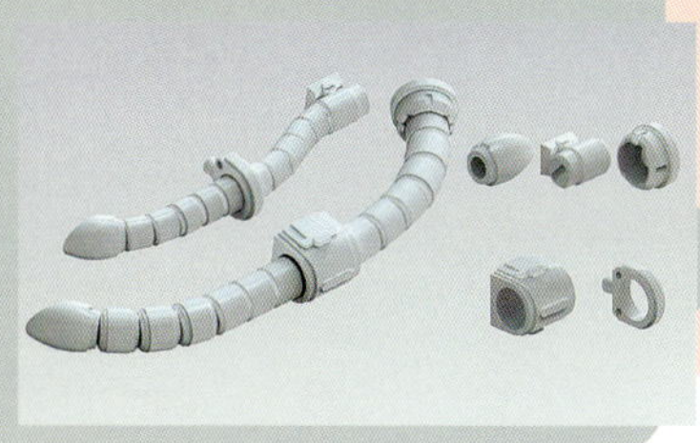

●背の動力パイプはMSパイプ（税込660円）の小さいパーツを片側7つ、計14個使用。輪切りのパイプがたくさん付属するので好みの長さが作れる

結論。ビルダーズパーツHD、これは使えるぞ!

ビルダーズパーツHD、正直に言うとディテールにクセがあってちょっとなぁ、という先入観がありまして……。しかし今回「タコザク」を素材にアフターパーツをふんだんに使ってアップデート、というふうに使ってみるとすんなりフィットしてくれました。食わず嫌いはダメですね。

◆製作

頭部は内側をくり抜き、内部にHGヴァッフの頭をはめ込みました。目は、天面と正面の2箇所にMSサイトレンズを装着した嘘モノアイ仕様です。首は1／100MSタンク01のパーツA13を使用。頭部外装は接着後、モノアイスリットの下側を切って3㎜ほどスリットを狭く加工。

太ももにあたる部分は中央のディテール部分で切断後、3㎜延長ついでに横ロールのポリキャップも追加します。スカート部の接続はボールジョイントに変更。ロケットブースターはそのままだと寸詰まりで小さいのでプラ板とMSタンク01で作り直しました。まず1㎜プラ板で20×20㎜の正方形と10×43㎜の長方形の箱組みを作ります。その四隅にMSタンク01のA10とA17のパーツを接着すれば、長いヒザ下ができます。

◆塗装

すべてGSIクレオスMr.カラーです。

・白／クールホワイト＋40番ジャーマングレー少量

・グレー／31番軍艦色＋13番ニュートラルグレー

・濃いグレー／40番ジャーマングレー＋クールホワイト少量

・スラスター／28番黒鉄色＋8番シルバー少量

赤ラインはラインデカールを使用してます。太いラインは20年前に買ったもの（たぶんウェーブ製）。細い赤ラインはガンダムデカールのジム用などからかき集めました。最後にバーニアの焼けをタミヤウェザリングマスター（Dセット）で表現して完成です。ビルダーズパーツHDで旧キットをサクサク改造……これで押し入れの在庫も激減でしょう（ホントか!?）。■

みんな
もっと
ゲルググを
語ろうぜ!

強い？弱い？

次世代傑作機？　凡庸な量産機？　はたまた一年戦争を敗戦に導いた駄作機？

Model Graphix 2019年1月号掲載

ガンダム好きでゲルググを知らない人はいないでしょうが、ゲルググについて深く考えてみたことってありますか？　普通なら人気がある題材ならばこそ特集するわけですが、今月は「なにげなく忘れ去られてない？」ということで唐突にゲルググの特集を敢行！　掘り下げてみると謎いっぱいで思った以上におもしろいゲルググ、これからは皆でもっとゲルググを語っていこう！

一年戦争の謎

MSゲルググ

▲▶超個性派揃いの水陸両用MS群。4機種も要るのか、などと言われることもあるが、使われ方や性能、見た目のストレンジさなどがきちんと振り分けされていて、それぞれに個性的な魅力を放っている

▶▼とくにキャラクター性が強烈なのがジオングとギャン。ジオングの首が外れて口からビーム！ には当時のファンもビックリ

▼ガンダムはこのなかでは異質だが、ヒーローロボットアニメの文脈からすればむしろオーソドックスなデザインだ

▶言わずと知れた宇宙世紀世界MSの基準点、ザク。量産兵器然としたデザイン、ミリタリーテイストなカラーリングでガンダム世界の「リアル」を見る者に印象づける名デザインだ

▼そもそも強いのか弱いのかがわからず、ザクとキャラが被っているようでもあり逆にデザインの個性が勝ちすぎているようでもあるゲルググ。劇中でもシャアが搭乗したわりに目立った活躍もなくいつのまにかジオングに乗り換えられてしまう

▲▶名脇役として個性を発揮したのがグフとドム。ヒートロッド、ホバー移動といったキャラとしてのギミックをしっかりと備え、ランバ・ラル、黒い三連星と搭乗者も渋くカッコいい

▶量産型としての「弱さ」を体現したデザインのジム。いかにも子供向けヒーローアニメロボット然としたRX-78-2と宇宙世紀世界の「リアル」な世界観を繋ぐ鎹（かすがい）でもある

＊ここでの位置づけはあくまでキャラクター性についてのイメージ分布なので「ジムはズゴックに瞬殺」などというツッコミはなし……ということでひとつ（笑）

一年戦争のMSをカテゴライズしてみると……

瞬殺だったし。ビーム兵器に対抗できるのはビーム兵器を搭載したMSだけでしょ。宇宙空間で動く的に対して実体弾ってほぼ当たる気がしない……。
凡　ドムがダメなら、いっそのことギャンを量産したほうがよかったのでは……。
駄　自分が連邦兵だとして、向こうからギャンが大挙して攻めてきたらちょっと引くな（笑）。それなら、いっそビグ・ザムを量産すれば最強！
凡　たしかにビグ・ザムはジャブロー攻略のための切り札……って、いまは一年戦争最強はどれかを決めてるわけじゃないでしょ。また話が逸れてる。
強　ビグ・ザムって一見強そうだけど、ガンダムにブスっと一撃やられて轟沈。そのガンダムに拮抗した戦いを見せたのがギャンで、次世代量産機採用競争でそのギャンに勝ったのがゲルググなんだから、やっぱりゲルググは強いんだって。
駄　採用競争でゲルググにギャンが勝ったからって、性能的にゲルググがギャンに全面的に勝っていたとは限らないでしょ。現実世界でも性能では劣るけどコストが安かったり生産性がよいから採用される例だってあるだろうし。ツィマッド社とジオニック社とMIP社の技術が結集した次世代機！　っていうけど、実際のところは3社が結集しないとMSは開発できないほど一年戦争末期のジオンの国力は疲弊していた、とも考えられる。
凡　ギャンは独特すぎて、ギャンと比べられてもあまり説得力がないんだよなあ。ネタとしてはおもしろいんだけど、あまり説得力はないというか。そもそもギャンって白兵戦用でしょ。局地戦用MSなわけで、そんなのを汎用性が問われるであろう次期量産機候補にしたツィマッド社がそもそも意味わからないというか、結局ビーム兵器の開発が間に合わなかっただけなんじゃないかという。その、ガンダムとギャンとゲルググの比較論って、けっきょく堂々巡りになるからやめとこうよ……。
駄　それに乗ってたのマ・クベだし。もしランバ・ラルが生きててギャンに乗ってたら超強そう。
強　それなら、ゲルググにもランバ・ラルが乗ってたら強そうじゃない？
駄　いや、それならスレッガーさんが乗ったジムのほうが強そう。
強　いや、それならセイラさん最強。
駄　いやいやマチルダさんこそ最高。
凡　完全に一年戦争でどのキャラがいちばん好きかって話になっちゃってるんですけど……。■

で、ゲルググって強いの？弱いの？

激論！「ゲルググは傑作機？凡作？駄作機？」

まずは「ゲルググは強かったのか？」について覆面座談会を開催。謎が多いゲルググ、実際のところどうだったのかについていろいろな視点からディベートしてみたぞ。アナタは強い派？　それとも弱い派？（この際どうでもいい派はなしということでひとつ／笑）

ゲルググ駄作派（以下駄）　アニメ劇中でギレンも「ゲルググの動きがない」って言ってるくらいで、ア・バオア・クー戦のときって、ゲルググって全然活躍してないように見えるよね。やられた機体がプカプカ浮いてたりはしたけれど……。

ゲルググ凡作派（以下凡）　そうそう。だいたい、ゲルググが強ければ、ア・バオア・クーは陥落しなかったんじゃないかと。

ゲルググ強い派（以下強）　いやいや、あれは学徒出陣のパイロットばかりだったせいで、ゲルググの性能自体が低かったわけじゃないでしょう。ガンダムに対抗できるように作られた次世代機なんだから。

駄　そうはいうけど、連邦のジムに乗ってたパイロットだって、生まれて初めて乗るＭＳであるジムが配備されてからア・バオア・クー戦に到るまでってたった数ヵ月だったわけだから、操縦技術にそれほど差があったとは思えないけどなあ。それに、アムロだって学生からの徴用でしょ。

強　アムロとゲルググの学徒兵を同列に語るのはやめようよ（笑）。それと、数が少なすぎたんじゃないの。ほとんど量産できないうちにア・バオア・クー戦になっちゃって、それでジムに数に押されて負けた。ジム並みに量産できてれば戦局は変わっていたはず。

駄　そうかなあ。シャアが乗ってすらガンダムに歯が立たないし、けっきょくのところララァが撃墜されてしまったのってゲルググのせいなんじゃ……。そう考えると、その後の地球を壊滅させるかどうかにまで到ったアムロとシャアの因縁って、ゲルググが弱かったことにすべて起因するといっても過言ではないような。ゲルググがもっと強ければララァを護ることができたのでは？

凡　それを言ってしまうと物語自体が成り立たなくなっちゃうじゃない。まあたしかに、シャアが搭乗したMSのなかではゲルググってすごい影が薄いよね。とくに活躍もしないし、派手にやられもしないで、いつのまにかジオングにバトンタッチっていう微妙な立ち位置。いちばん役に立ってたのは、ララァが乗ったエレカを護ったとき……？

強　シャアが乗っていたゲルググは試作機だったから不具合がいろいろあったんだって、きっと。たった数カ月で開発から量産までこぎつけてあの性能って、むしろすごいでしょ。

凡　あの量産のスピードはたしかにすごい。ジムの量産スピードもすごいけど。それはともかく、そもそもゲルググって見た目以外に特徴がほとんどないんだよな……。ビーム兵器搭載にしても、敵方のジムも装備してるわけで、同じになっただけでアドバンテージとは言い難いような。

駄　ビーム・ナギナタってクルクル回転したときに自分の脚を切りそうで怖い。

凡　そこは置いとこうよ、話がややこしくなるから。

強　いや、違うんだって！　シャアのゲルググが奮わなかったのは、あのころのアムロがすごすぎるだけなんだって。だって、見えてない敵も打ち落とせるんだよ。ノールックで脇の下から撃って当たっちゃうのはもはやチートでしょ。アムロのガンダムに勝てなかったことと、量産機としてのゲルググの強さは別の話にしておこうよ。アムロは覚醒したニュータイプなんだから、あのときのアムロのパフォーマンスを基準にして強弱を判断していこうとするとよくわからないことになっちゃうでしょ。

凡　それはたしかにそうかも。といいつつ、ガンダムの教育型コンピューターのデータがジムのシステムにも反映されていただろうから、アムロの分身が乗り移ったとも言えるジム最強!?

駄　ガンダムはたった１機だから地球連邦軍はジムだけで一年戦争に勝ったようなものだよね。

強　ジムが強かった、というところは認めてもいいけど、だからゲルググが弱かったとはならないでしょ。ガンダム＝ジムに対抗できるように開発されたのがゲルググということなんだし。

駄　対抗できるように開発した、ということと実際に対抗できたかは別なんじゃないかな。後継機みたいのもないでしょほとんど。

凡　ガルバルディとかはいるけどね。

強　後継機があまりいないのは、ゲルググ自体の性能がよくてずっと使い続けていたからなんじゃないかな。実際、『ZZ』でもゲルググを改修したリゲルグが出てきたり、U.C.0090年代後半のラプラスの箱を巡る戦い（『機動戦士ガンダムUC』）でも袖付きがゲルググ使ってるし。20年近く使い続けられる高いポテンシャルを持った機体だったんだよ、ゲルググは。

凡　アクシズ系のネオ・ジオンや地球の残党軍は、資源や開発設備がなかったから仕方なく使い続けていただけなような気もするけど……。それに『ＺＺ』にはザクとかアッガイとかも出てくるからなあ。その理屈だとそれらもすべて強かったってことになっちゃうんじゃないの。『UC』でもMSVとか古いMSがいろいろ出てくるしね。

駄　だいたいジュドーは戦い方がちょっとアレだからなあ。リゲルグと闘ったときも、コア・ファイターを抜いた上半身と下半身を岩にくっつけといて、コア・ファイターで奇襲とか……。もっとちゃんとしたエースパイロットがＺＺガンダムに乗ってたらリゲルグでは歯がたたなかったのでは……？

強　いやいや、ジュドーはハマーンのファンネル落としまくってるし。

凡　いつのまにかジュドーは強いか弱いかに論点がすり替わってるがな（笑）。

強　リゲルグみたいな新世代機にも通用する強化型に改修できたのはゲルググだけなんじゃないかな。

凡　そうかー？　ドワッジとかもいるけどな。

駄　たしかにリゲルグは強そうだったけど、アレってほとんど別物じゃない？

凡　「リファインド・ゲルググ」略してリゲルグって話もあるから、基本はゲルググなんじゃない？　デザイン的にも肩とバックパック以外はほぼゲルググそのまま。コクピットは新世代に改修されてるけど。

強　リゲルグもそうだけど、ジオン系のエースパイロットって好んでゲルググに乗るよね。ジョニー・ライデンしかり、アナベル・ガトーしかり、シーマ・ガラハウしかり。エースパイロットがダメな機体をわざわざ選ぶわけはないだろうから、それだけいい機体だったということなのではないかな。

駄　シャアも乗っててあの調子なんですけど……。

強　そこで、そもそもシャアってそんなでもなかった説。「赤い彗星」なんて言われてるけど、それっておおむね連邦にMSがなかった時代のことで、陰謀ばっかり巡らせてて、パイロットに成り立てほやほやのアムロには圧勝してたけど、そのあとはあまりいいとこないじゃない？　だからシャア基準でゲルググの性能を測らないでほしいというか。

駄　こら、そんなこと言ってるとシャアファンに怒られるぞ。ちゃんとズゴックでジム貫いたり、ジオングでガンダム追い詰めてるでしょ。

凡　今度は話がシャアが強いか弱いかになってるし……アムロとシャアの話になると場が荒れるので脇に置いておいて、ガトー機はA型ゲルググみたいだからそうでもなさそうだけど、ライデンとかシーマは改修機だよね。B型（高機動型ゲルググ）とかM型（ゲルググマリーネ）は強そう。

強　そうなんだよね。ノーマルな初期型、A型ゲルググがそんなに強かったかというと、たしかに疑問がある。でもB型はかなり強かったんじゃないかと思うんだよね。推力重量比ってあるじゃない。これが高いほうが機動力が高い、みたいな。設定重量と総推力からいろんなＭＳの推力重量比を計算して比べてみたことがあるんだけど、B型ゲルググって推力重量比が１を超えていて、0.9台のガンダムやジム、さらに言うとジェガンなんかも超えちゃってる。リゲルグに到っては、サザビーより推力が高いのね。

駄　それなら、一年戦争で無理矢理ロールアウトさせた時点では、じつはまだ未完成だったってこと？

強　それはありえるよね。じつはB型が本来の設計仕様だったけど、終戦前に間に合わせるために量産仕様はスペックをワザと落とした的な。

駄　それじゃあやっぱりゲルググは弱かったってことになっちゃうのでは……。

強　B型は強いからいいの。A型は世を忍ぶ仮の姿。

凡　なんだよそれ（笑）。

駄　それなら一年戦争の時点に限ってずばり言っちゃうと、リック・ドムがいればゲルググって不要だったんじゃないの……？

強　リック・ドムは実体弾のジャイアントバズがメイン装備だから、宇宙空間の戦闘で強かったとは到底思えないんだよなあ。キャメル艦隊もガンダムに

ゲルググ特集なのにいきなりリゲルグ
しかも完成してないって……どういうこと!?
ゲルググってホント難しいんだって!
リゲルグにすればイケる! と思ったんだけどね……（横縞）

「肩はキュベレイのテストベッド」的発想で、
なるべくゲルググ本体は
そのままいこうと思ったんだけど
そんなに簡単じゃなかったね（横縞）

●設定ではキュベレイのバインダーを参考に設計されたということになっているリゲルグの肩のウイング・バインダー。作例では、もうひとひねりして、「キュベレイのバインダーを開発するための試作を搭載したゲルググ」という体で、バインダーがキュベレイのように展開するように製作。1/100のリゲルグはガンプラでは未発売なので、バインダー部はもちろんスクラッチビルドだ

●全体的には大改造のように見える、というか大改造ではあるのだが、ゲルググ本体に限って見ると、胴体をJ型準拠にして細部ディテールに手を入れ頭部を平たくした以外はわりとキットのまま。横縞氏らしくないが、それはゲルググだからなのだ

掟破りの未完成掲載――から見えた ガンプラでゲルググを作ることの難しさ。

MS-14J REGELGU

特集しょっぱなからいきなり掟破りの未完成。カッコいいリゲルグの完成品作例を期待していた読者の方にはゴメンナサイなのですが、この途中状態にはゲルググをガンプラで作り込むことの難しさがわかりやすく詰まっています。完成品は日を改めてということで、ここでは横縞氏にゲルググの難しさを語っていただくことにしましょう。

MS-14J リゲルグ
BANDAI SPIRITS　1/100
インジェクションプラスチックキット
MG ゲルググ Ver.2.0改造
出典／『機動戦士ガンダムZZ』
製作・文／**横縞みゆき**

●ゲルググを1/100ガンプラで作ろうとすると、選択肢は旧キット／初代MG／MG Ver.2.0の三択。旧キットをいま本気で作るのはキビシイとなるとMGから作るしかない。MGはかなりアレンジされているうえに、そのまとまりがよいので、そこからモデラーなりに変えて手を入れていくのはかなり難易度が高い

あえての旧キットか、アレンジ強めのHGUC以降か。忘れ去られてきた「ゲルググの最適解」はいずこに？

編　で、どういうことなんでしょうか？

横縞みゆき（以下横）　いやね、リゲルグならいけると思ったんだけど……。

編　「なら」って……？

横　ゲルググってなんにもなかったんだよね、オレのなかに。こうしたらいいというか、こうしたいというか、そういうのが。

編　いきなり核心にきますね。

横　嫌いなところならいろいろあるんだけど（苦笑）。まずスカートの形が煮え切らないでしょ。顔がブタ鼻だし。

編　そこを言っちゃうとゲルググ全否定になっちゃうじゃないですか（笑）。

横　でもモデルグラフィックスは、新井ちゃん（新井智之／TOMO）の昔の作例の時点からブタ鼻なくしちゃってるじゃない。

編　ギクッ。

横　ザクならいろいろあるんだよ。こうしたらいいとか、こうしたいとか、ここはこうじゃなきゃヤダとか。逆にありすぎて完成しなくなるんだけど（笑）。ゲルググはゲルググとして作り込んでいこうとすると、頭のなかがモヤッとしてて手が止まっちゃう。「横縞流に自由にカッコよく作ってください」って言われちゃうと全然手が動かない。だからリゲルグにすることにしたの。まあ、初めはZZ35周年に合わせて、みたいなのもあったんだけど、ほら、完成しないからタイミング逃しちゃって。

編　じゃあ、一年戦争のゲルググとして作ってください、ということだったら？

横　たぶん断ってた（笑）。一年戦争のジオン系MSを1／100で全部揃えたいっていう野望はあるんだよね、ゾックどうするの？　みたいなのは置いといて。でも、ゲルググは難しい。頭の中での「脳内オレ設定」みたいなのがあいまいで安定しないんだよ、ゲルググって。それで、別のところにネタが込められるリゲルグならいけるかなと思ったわけ。だからほら、ウイング・バインダーとバックパックとかはほぼスクラッチビルドだけど、ゲルググ本体は胴をJ型準拠にしたのと部分的にラインを変えたくらいでほとんどいじらなかった……というかいじれなかった、かな。今回、MG Ver.2・

MS-14J REGELGU

●バインダーはヒートプレスで原型を作り、シリコーン型でレジン複製。内部のゴチャメカが見せ場になるが、設定のままだと下から覗いたときにしか見えないので、キュベレイのように可動／展開できるようにした。そのせいで作業量は3倍4倍と増えていった……
●バックパックはプラ板の箱組み＋流用パーツで製作。設定画が描かれたころは放熱フィン的なディテールが流行っていたが、現在放熱フィンで間を埋めるとちょっと「?」な感じなので、元の意匠の印象を残しつつ情報量を増やそうと試みているところ
●腕部にはリゲルグ用追加武装を追加するが、ゲルググとリゲルグでは関節の向きが90度違うのが困るところ。リゲルグはヒジの丸いディテールが前を向いてないとしっくりこないので形状変更している

MS-14J REGELGU

0のゲルググを使ったんだけど、正直あまりすることがないというか。NAOKIさんの作例（本誌13年8月号、『ガンダムアーカイヴスプラス シャア・アズナブル U.C.0079-0093』掲載）では初代MGの胴体にVer 2.0の頭と手足を組み合わせていたと思うんだけど、初代MGからの移植作業をはじめると一生完成しなくなっちゃうなと思って（笑）。Ver 2.0は本当にすごくよくできてると思う。もちろんアレンジの好き嫌いはあるだろうけど。

編 たしかに。ザクのときはほとんどキットの原形留めていなかったですものね……といいつつ結構いじってません、これ？

横 胸の幅が広いから8㎜くらい一気に詰めてる。それから頭は薄く平べったくした。

編 結局いろいろあるんじゃないですか。

横 そこはゲルググとしてどうこうというよりは、形状的とかバランス的な好み。尖ったところがイヤなのでヒザとかの先を落としたりとか。とんがった意匠ってあまり機械っぽくないなあって思うんだよね。最近のメカだとわからないけど、一年戦争のMSはツノみたいなところ以外は尖っててほしくない。あと、これは作画の都合から来ているような気もするんだけれど、ゲルググって関節がジャバラなんだよね……。

編 これ模型的には悩ましいですよね。

横 ジャバラはイヤなので、なるべくジャバラにしなくてすむようなパーツを作ってる。MG Ver 2.0はジャバラのところの処理を本当にうまくやってるよね。

編 そういえば関節がジャバラのMSってほかにいないですよね？

横 珍しいよね。最後のころはMSの作画に影を入れるのもやめていたから、作画に線を入れて影の代わりにし出したのが、ちょうどゲルググが登場したあたり。ジャバラだったら関節のメカを描いたり塗り分けたりしなくていいじゃない。身もフタもないけどそういうことなのかなあ、って。

編 ところで横縞さんは、ゲルググは強かった派ですか？ 弱かった派ですか？

横 性能的にはいい機体だったんじゃない。ギャンとの競争に勝ったわけだし。ギャンってジオンのガンダムだと思ってるから。オレの脳内設定だけど。

編 ジオンのMSっぽくないですよね。

横 ギャンはオンリーワンのカスタム機っぽいからいろいろ考えようがあるよね。ギャンって強そうだし好きなんだけど、ゲルググってカッコいいというよりはカワイイ（笑）。オレのなかではゾックとかに近い位置づけ。ただ、ゾックは活躍しなかったおかげでいろいろ考えやすいんだけど、ゲルググはシャアが乗ってなまじ動いちゃったからむしろあとからいろいろ考えにくくなっちゃったところはあるかもしれない。ザクが全部持っていっちゃったあとの出がらしみたいなところがあるよね。

編 ドムも水陸両用もキャラ濃いですしね。

横 出尽くしたところで出てきたんだよね、ゲルググって。ジオングまでいくとビックリドッキリメカで楽しいんだけど。まあ、ZZの時代までリゲルグみたいなのが残ってるわけだから、ゲルググは結構いい機体だったんじゃないかとは思う。でもゲルググの脳内設定が安定しないから、リゲルグもふわっとしてるんだよね。じゃあ、リゲルグっていつできた機体なのか？ とか。

編 アニメに登場したのはZZの時代ですけど、そのときにできたのか前からあったのかよくわからないですね。

横 リゲルグって、とってつけた感はある。当時の資料にはずばり「キュベレイ」との関連が書いてあったりして……肩のバインダーってまんまじゃない、キュベレイの。肩に3本スリットが入っていたり。

編 たしかに。いま気づきました（笑）。

横 だから、キュベレイの試作機として考えると遊べるのかなって。ゲルググの基本ポテンシャルが優秀だったとするとテスト機としても使えただろうから、ウイング・バインダーが有効かをテストする機体、とかね。今回はそんなノリで考えていったわけ。

編 ……で、いつ完成するんでしょうか？

横 ぎくっ。いや、薄くてでかいパーツの複製が本当に大変でさ。来春……くらいまでにはなんとかしたいな〜。

編 まだまだ先は長そうですね（苦笑）。■

じつは壮大な計画が……

「作り込んだジオンのMSをすべて1/100で並べる」という横縞氏の壮大な野望の一環でもあった今回のリゲルグ。雑誌にリゲルグとして掲載できたらその後はそっと普通の肩に付け替えてゲルググとして……という目論見だったもよう。というわけで、じつはリゲルグがまだ完成してもいないのに1/100ギャンも製作を進めていたりする。進行状態はご覧のとおりで、「ほとんどスクラッチビルド」というふうに見えるが、基本はキットの大改造。左右のパーツを同じように工作するのは大変なうえ精度も出ないので、レジンで複製しているのだ。以前掲載した1/100ザクの作例（'本誌'01年7月、『ガンダムアーカイヴス 一年戦争編』掲載）もこのギャンも、パーツ原形が残らないくらいノリノリで形状に手を入れているが、これがゲルググとなるととたんに……ゲルググって難しいのだ。

かなり大変なことになってます

▲今回のリゲルグに使用したシリコーンゴム型の山（奥のガンダムが1/100）。左右同じ形のパーツを作らなくてよくなるかわりに、薄いレジンパーツはすりあわせが難しい！

そして、半年間のさらなる苦闘を経て……ついに完成をみたリゲルグをご覧あれ！

雑誌特集掲載時は掟破りの「途中状態での掲載」となった横縞氏のリゲルグ。その後も予想どおり製作は難航を極めましたが、本単行本刊行に合わせてなんとか完成にこぎ着けることができました！ うーん、やっぱりゲルググは難しい!!

まにあった……のか？（笑）
『ガンダムアーカイヴス』のためになんとか完成!!
やっぱり「ゲルググ」系MSは難しい!!
完成披露!!

●『シャアが乗っていたゲルググをキュベレイ開発のテストベースとして改修した』というオレ設定で、キュベレイ完成後にサイコミュ関係機器などを外して一般兵用にデチューンした状態を想定。なので、肩バインダーは展開するように製作していて色はあえてのシャアゲル色。バインダーと内部メカはフルスクラッチビルドで、ここだけでMS一体ぶんくらいの工作量だ

バインダーはスクラッチビルド&レジンキャスト複製ででっちあげ!

MG Ver.2.0大改修+肩バインダーのスクラッチビルド 1年かかった渾身のゲルググバリエーション、ここに完成披露!

編 というわけで「来春完成予定」のところ、あっさり夏も終わったんですが。

横縞みゆき(以下横) ぎくっ。

編 時間かかりましたねー。今回は間に合わないんじゃないかとドキドキしました。

横 いや～、腰をやっちゃってさ。ホラ、いまもテーピング……。

編 脱いで見せなくていいですから(笑)。腰はモデラーの職業病ですよね、お大事に。で、何にそんなに時間が……? 特集のとき全体形はおよそできてたじゃないですか。

横 結論から言っちゃうと、レジン複製が失敗だったかも。あたりまえだけど歪むし縮むし……修整がホント大変だった。キットベースの本体がビシッとできているぶん、それに合わせようとしちゃうと精度とかディテールとかが……ね。ヒートプレスにすればよかったのかなーとか。

編 それはそれで精度とかあとの後工作的に大変なことになりそうですけどね。

横 最近、ディテール工作をやってるうちに構想してたことを忘れちゃうんだよね。で肩がバックパックに干渉するようになったりして、開くように作った意味ねーぢゃん、ってなって直したりとか。塗装直前の段階で左右の片側にしかディテール工作してないことに気づいたりとか。

編 ダメすぎてツッコミにくいです……。そういえば以前、サシカエでノーマルのゲルググにもできるように……とかなんとか。

横 ぎくぎくっ。よく考えたらもう一体作るのに近い手間がかかるからやめちゃった。そのかわりこの単行本用にMGドワッジ(102ページ～掲載)に汚しを追加してきた。

編 あ、あのとき間に合わなかったからってすごいあっさり仕上げで納品されたアレ! 「続きは単行本でね♥」みたいなのカンベンしてくださいよ(笑)。ところで、ついにMGドワッジ改発売ですね。

横 ……ホントにMGになるとは。なんかアレ作っちゃうとあがっちゃうような気もするんだよねー。今回の教訓で、もういつまでに作るとか予告しない!

編 そこ、そんな力強く宣言されても(笑)。気長に待ちます。■

MS-14J REGELGU

●MG ゲルググ Ver.2.0のよいところは活かして……って、模型的な見せ場がほとんど内側でひっくり返さないと見えない（笑）。それにしてもリゲルグはまさに“スラスターお化け”、パイロットはGに耐えられるのか!?

●ゲルググ系機体のスカートは悩みポイント。ゲルググJふうにするとカッコよくアレンジしやすいかもしれないが別ものに……今回はディテールを追加しつつあまり大きな形状変更はしなかった

ゲルググ最強説

MS-14B ジョニー・ライデン専用ゲルググ
HGUCシリーズ
BANDAI SPIRITS　1/144
インジェクションプラスチックキット
税込2200円（プレミアムバンダイ販売）
出典／『機動戦士ガンダム MSV』
製作・文／**アーリーチョップ**

エースが駆るジオン系機体といえばやっぱりゲルググでしょ！これすなわち「ゲルググ最強説」

ガトー専用機しかり、ゲルググマリーネ シーマカスタムしかり、リゲルグしかり……ジオン系のエースパイロットが好んで搭乗する機体といえば、やっぱりゲルググ!! そんなエース機ゲルググの代表がMS-14B ジョニー・ライデン専用機だ。ゲルググ本来の性能を活かしきることでRX-78-2を上回ると思われる運動性能や火力を得たMS-14B、深紅のエース専用機の魅力をガンプラで堪能しよう！

推力重量比で読み解く「ゲルググ強い説」

MSの強さを比較するうえでの指標はなかなか難しいものがあるのだが、ひとつ大きな参考になるのが推力重量比。これは重量に対する推力の比率の指標で、地上から揚力などを伴わなわず推力だけで離床できるのが推力重量比1となる。完全に「MSの機動力」＝推力重量比ではないが、この数値を比較することでおよその機動力を比較することができるはずだ。

こうして比べてみると、A型の段階ではRX-78-2／RGM-79に遅れをとっているものの、バックパック搭載のB型が本来の設計性能を活かした姿だとするとゲルググは本来かなり優秀な運動性能の機体設計だったようだ。B型の時点でジェガンを超え、MS-14Jリゲルグに到っては圧倒的な推力値を誇り、重量推力比でもサザビーに迫っている。これは強いっていっていいでしょ!?

●UC0090年代まで改修機が生き残ったゲルググ。それこそが基本性能のと運動性能が高かったことの証明なのでは？

	重量	総推力	推力重量比
MS-06S	75.2t (56.2t)	51,600kg	0.686
MS-14A	73.3t (42.1t)	61,500kg	0.839
RX-78-2	60t (43.4t)	55,500kg	0.925
RGM-79	58.8t (41.2t)	55,500kg	0.943
RGM-89	47.3t (21.3t)	48,700kg	1.029
MS-14B	76.8t (53.5t)	79,900kg	1.040
RGM-79R	58.7t (40.5t)	62,000kg	1.056
MS-14J	82.6t (43.7t)	150,800kg	1.825
MSN-04	71.2t (30.5t)	133,000kg	1.867

●RGM-79R（RMS-179）ジムⅡの開発で連邦はようやくMS-14Bを超えることができた……というよりMS-14Bを超えるための仕様設計をしたのかもしれない。MS-14Jリゲルグは、表にないがAMS-119ギラ・ドーガやRX-93νガンダムやを優に超える数値となっている（※上記は公式設定ではありません。本誌が独自に計算した参考数値となります）

MS-14
JONNY RIDDEN
GELGOOG

ゲルググといえばエース機が似合う!

数あるMSのなかでもっとも「エース機」が似合うのはゲルググで間違いなし! エース機の極めつけといえばジョニー・ライデン専用ゲルググですが、HGUCがプレミアムバンダイより発売されています。B型パックパックやロケットランチャーに期待をよせつつ作業開始といきましょう。

本体ははHGUCゲルググと同じで手の入れがいがある好キットです。合せ目消しや後ハメ工作をしたほうがよい箇所がいくつかありますが、簡素で作りやすい構成なので改修し放題です。今回はキットレビューを兼ねてということなので、ポイントを押さえほどほどに手を入れていきました。

全体的なバランスでいうと下半身のボリュームを少し盛りたかったので、腰下を中心にバランス調整しました。スカートとスネのフレアのフチにプラスチック材を貼り下方に延長。また、どっしりとした腰まわりにすべく股間軸幅を2㎜幅増しし、足首関節を加工して2㎜延長しています。スカート・フレア内にある3連スラスターも外装ボリュームアップに伴い大型化。フレア内はプラパイプを加工して2重にしたもので延長し、スカート内は大きめのメタルパーツを用いて高機動型を演出してみました。

腕部は後ハメ加工をすると強度が落ちそうだったので、合せ目のところを段落ち処理してパネルラインに見えるようにし、こまかなディテールを市販パーツに置き換えるなどして情報量をあげました。また、シールドマウント部の穴隠しとしてプラ材でラッチのディテールを自作しています。

頭部はかなり好印象な造形で全体をシャープに整えた程度です。こだわりとして、アンテナのみプラ板から切り出してMSV版のアンテナに変更。モノアイは市販レンズパーツに置き換えました。設定どおりピンクにするか一瞬悩みましたが今回はグリーンで全体の差し色としています。

新規造形のB型バックパックやロケットランチャーは、ていねいに整形や合せ目消しを行ない、銃口やセンサー部、動力パイプやバーニア部をデコレートしてして全体の密度感を上げてみました。

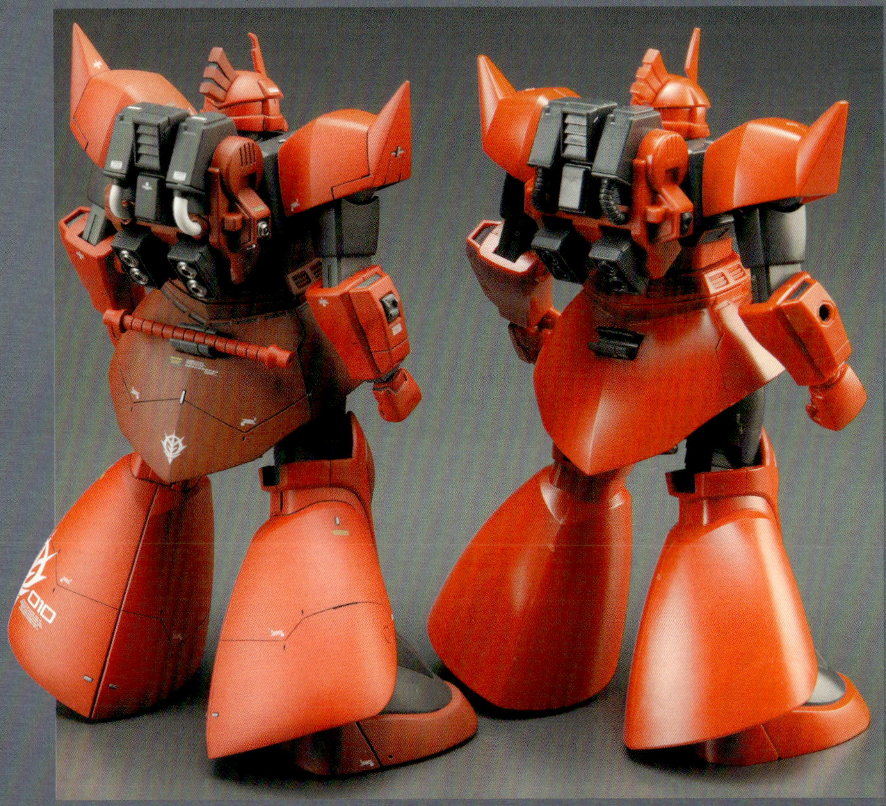

●本体は既発売のHGUCゲルググと基本的に同じ造形だが、量産型やシャア専用とは異なる色分けをパーツ分割で再現。武装はロケット・ランチャー、ビーム・ライフル、ビーム・ナギナタ、シールドが付属する。ビーム・ナギナタの柄は腰に装着できるようラッチが付いている
●作例では、キットを活かしつつも、よりスマートで力強いプロポーションになるよう小改修。エース機らしいカッコよさを強調している
●肩やスカート脚など面積が広いところにはスジ彫りでラインやディテールを追加したが、ゲルググのイメージを崩さないよう抑えめにした
●ゲルググやガルバルディβなど、ジオン系のザク以外のMSはモノアイの色がけこう悩ましい。もちろん設定どおりにするのが「正解」ではあるのだが、模型では本体の色味と考え合わせて変えてみるのもアリだ

ポイントの追加工作でカッコよく！

●ゲルググの末広がりなフォルムイメージを手っ取り早く強調したいなら、スカートと足のフレアを延長してみるのがオススメ。キットパーツをそのままゲージにできるので思ったより簡単だぞ
●HGUCは設定画寄りの少々ずんぐりしたイメージなので、関節部を数mmずつ延長することでスマートなイメージにできる
●市販の金属製スラスター（バーニア）を使うと、パーティングラインの処理工作を省きつつ簡単にディテールをシャープにできる
●キットの状態だと腕のシールド取り付け穴がそのまま見えてしまうので、シールドを取り付けないときのためのフタを作るのはオススメ。軸に径が合うプラ棒を使ってお手軽に工作してみよう

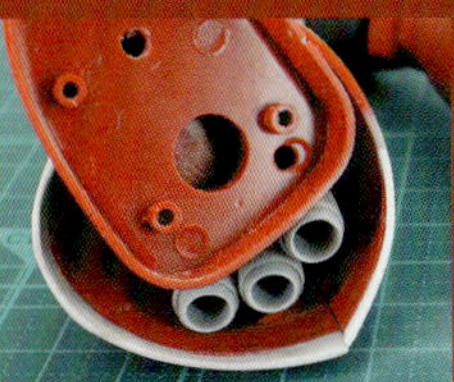

カラーリングは最初からスーパーイタリアンレッドと決めていました。ジョニー・ライデン機ってフェラーリのイメージなんですよね、自分のなかでは。ただ、全体を同じ赤で塗り上げてしまうと途端にチープな印象になってしまいそうだったので、少し暗めの赤も用意して、全体のイメージが変わらない程度に塗分けをしています。

●カラーレシピ
・赤／スーパーイタリアンレッド
・濃赤／スーパーイタリアンレッド＋黒少々
・濃灰／ジャーマングレー＋黒少々
・フレーム部／ニュートラルグレー＋黄少々＋黒少々
・武装／エンジングレー
・バーニア／エンジングレー＋白少々
（以上GSIクレオス Mr.カラー）■

JONNY RIDDEN's GEL

機体の大型化と高推力化は「鶏と卵」？大幅にレイアウトが変わった大型汎用機

ザクとゲルググの機体レイアウトのもっとも大きな違いは推進機の配置。MS-06ザクはバックパックに推進機を配置しているが、ゲルググでは質量が大きくなる股関節と脚部に近い背部スカート内に収めることで、質量を集中化して高機動化を狙っている。無重量空間では重心近くに質量が集中しているほうが少ない推進剤で回転でき機体関節部にかかる応力も押さえられるので機体を軽量強靭化しやすい。大型化したぶんだけ高推力化するのでは推力重量比的には相殺だが、大型化により重心配置の自由度が増せば機体制御能力を上げることができる。

▲大人と子供ほども大きさが違う両機。大きくなったぶん、ゲルググは設計の自由度が上がっていると思われる

ビーム兵器を搭載するためのジェネレーター搭載が多量の冷却器搭載の必要性を生んだ

ゲルググがザクともっとも違うのがビーム兵器を搭載可能なところ。ビーム兵器のMSへの搭載は戦術的には非常に大きな意味を持つが、その反面機体設計にはいろいろな制約がもたらされる。まだまだ発展途上だったゲルググ搭載のジェネレーターでは、大きさこそMSに搭載可能なレベルにまで小型化できていたが、小型化を進めたぶん排熱には難があり、そのため大型冷却器を多数搭載することとなった。

MS-06 ザク

●本格的な人型汎用MSのスタート地点ともいえるMS-06ザクでは、人型として機能させるためのフレーム構造でほぼ全身が占められており、推進機やプロペラントは隙間にかろうじて収められているような印象。MS-06Rなどでは収まりきらなくなった追加の推進機やプロペラントが外側に肥大していくこととなる

MS・14ゲルググとはなんだったのかを考えるには、MS・06ザクを知ることがいちばんの近道だ。なぜならザクの欠点を補ったのがゲルググだからである。

RGM・79登場以降におけるMS・06の最大の欠点は、主武装が質量兵器だったことだ。ザクマシンガンのような実体弾を飛ばす兵器は、相対速度が高速な空間戦では、よほど高精度な予測射撃をし、なおかつ敵が回避運動をしないという条件が揃わないとほぼ当たらない。そこで登場したのがビーム兵器で、射線上に捕らえれば瞬間的にダメージを与えられるビーム兵器はMS空間戦においては圧倒的なアドバンテージとなる。そこで問題となったのがMSに搭載するための小型高出力ジェネレーターの開発だった。MS・06開発時点では機体内に高出力のジェネレーターを収めることができなかったが、MS・14では機体をひとまわり大きくすることで新型高出力ジェネレーターを搭載することに成功する。同時に、新型高出力ジェネレーターの排熱をするために胴体と肩はほぼ冷却器が占めるような構造となり、それがMS・06と印象を異にするデザイン上の特徴ともなっている。

もうひとつの外観上の大きな差異は、スラスターバックパックがないところだ。大型化した機体で機動力を損なわないようにするためゲルググには大幅な推進機増強が施されたが、その際に質量が大きい推進器が重心点に近い胴体スカート内に収められた。このような構造はリック・ドムからのフィードバックとも考えられる。地球侵攻作戦における地上での歩行を重視されたMS・06F／Jと異なり、MS・14の脚部はほぼ推進機そのものといってよい構造で、ここには宇宙空間での機動力を重視して設計されたMS・06Rからの直接的な影響が見て取れる。こうやって見ていくと、MS・14は基本設計はジオニック社、スラスターなどの推進部はツィマッド社、ビーム兵器の開発はMIP社が請け負ったこともあり、一年戦争におけるジオン系MSの集大成的なものとなっており、性能面だけでいえばかなり優秀な機体であったことがうかがえる。

モビルスーツ進化論

MS-06/

MG Ver2.0のフレームから読み解くゲルググがゲルググたる所以(ゆえん)

MS-14 ゲルググ

●外観のデザインだけを見ると個性が強いのか弱いのかいまひとつ判然としないゲルググだが、こうやって考証が練り込まれたフレーム状態で見ると機体の技術的な性格がよくわかる。機体がザクからひとまわり以上大型化されているが、推進機やプロペラント、冷却器があらかじめ人型を構成するユニットの重要な構成部位として配置されていることがわかる。いっぽうで、マニピュレーターや足周辺などはザクの機構がほぼそのまま活かされてもいる

MS-14A ゲルググ Ver.2.0
MS-06F 量産型ザクII Ver.2.0
マスターグレードシリーズ
BANDAI SPIRITS　1/100
インジェクションプラスチックキット
発売中　税込各4950円、3850円
出典／『機動戦士ガンダム』
製作・文／**堀越智弘**

アニメ本編ではほとんど活躍しないし語られなかったゲルググ。そんなゲルググをいまのところもっとも掘り下げて見せてくれるのがMGゲルググVer2.0。設定を精査したうえで、ザクと共用な箇所と構造が異なる部分を見事に作り分けたフレームが内蔵されている。普通に完成させるとほとんど見えなくなる内蔵フレームだが、「ゲルググとはなにか」をもっとわかるために、今回はあえてフレーム単体でザクと併せて製作してみることにした。見れば見るほどにそれぞれの機体の設定がきちんと作り込まれていてとてもおもしろいぞ！

胴体

▲胴体内をほぼコクピットが占めていたザクに対して、ゲルググの胴体はほぼ冷却器で占められている。コクピットハッチの開閉システムはいくつかの仕様があったようだが、MG Ver.2.0では観音開きの形態を再現

腕部

▲ザクにはないゲルググの前腕の張り出し部は、地上やコロニー内での戦闘を行なうためのジェットエンジン補助推進システムであったとされるが詳細は不明。宇宙空間では不要なため武装化されていた例もあったようだ

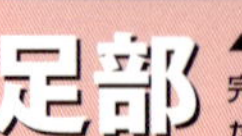

足部

▲足の基本的な機構はザクをほぼそのまま踏襲していて、ザクの歩行機構の完成度の高さを窺わせる。また、すでに地上戦をそれほど重視していなかったジオン軍が足の改良には重点を置かなかったため、大型化に即した補強だけをしてザクの機構をそのまま移したという可能性もある

▲MG Ver2・0の優れているところは、わざと共用のデザインのところを作っている点。そのため、ザクとゲルググの両機で異なる部分がより強調され、機能性が明確に現されるようになっている

●こうやって並べると、リック・ドムの脚部とゲルググの脚部は非常に似通った構成になっている。異なっているのは装甲の配置で、ゲルググはより重装甲化が図られている。プロペラントを大量に搭載したタイプの脚部はMSの弱点のひとつ。全方位から狙うことができて的としての面積も大きいので、脚部を高推力化したレイアウトのMSではそこの重装甲化が生残率を上げるポイントだったと考えられる。その意味で、ゲルググにはリック・ドムの戦訓が活かされているといえよう

●MGドムはシリーズのなかでも比較的初期のアイテムで全身内蔵フレーム再現とはなっていないが、脚部などポイントとなる部分は内部メカが再現されているので、作り込み次第ではストリップ状態で製作することも可能。でも……できればそのまま並べられるMGドムVer.2.0がそろそろほしいぞ！

「リック・ドムがあればゲルググは不要だった」説をガンプラを眺めながらもういちど考え直してみよう

ア・バオア・クー戦を見ているとむしろ活躍していたのはリック・ドムなのでは!? とも思ってしまうが、実際のところどっちが優秀だったのだろうか。ひとつ重要なのは、ア・バオア・クー戦は戦域が極めて限られ固定された「攻城戦」であったこと。実体弾のジャイアント・バズとヒート・サーベルを主武装とするリック・ドムが善戦できたのは、ア・バオア・クー戦が陣地を定めた接近戦であったからとも考えられる。高機動とビーム兵器のメリットをもっと活かせる局面でゲルググが投入されていれば、その評価ももっと違ったものになっていたかもしれない。

MS-14 GELGOOG YOSHIYUKI AIHARA STRIKES BUCK!!

MS-14A ゲルググ Ver.2.0
マスターグレードシリーズ
BANDAI SPIRITS　1/100
インジェクションプラスチックキット
発売中　税込4950円
出典／『機動戦士ガンダム』
製作・文／**哀原善行**

哀原善行がゲルググを真面目に考えた。

どうやって作り込んだらいいかについて、これまでほとんど語られてこなかったゲルググ。そんなゲルググを「とことん真面目に考えてガンプラで作るとどうなるのか？」という難しい問いに今回答えてくれたのが哀原善行（仮）氏。哀原氏のガンプラ作例は、考証と工作が高い次元で融合することで生まれるリアリティーを持ちますが、はたしてゲルググではどうなったか……じっくりとご覧ください。

せめて3倍の機体がア・バオア・クーに投入されていたとしたらジオンは勝てたのか……？

「一年戦争はジムで勝ちゲルググで負けた」性能と数だけでは推し量れない宇宙世紀のリアリティー

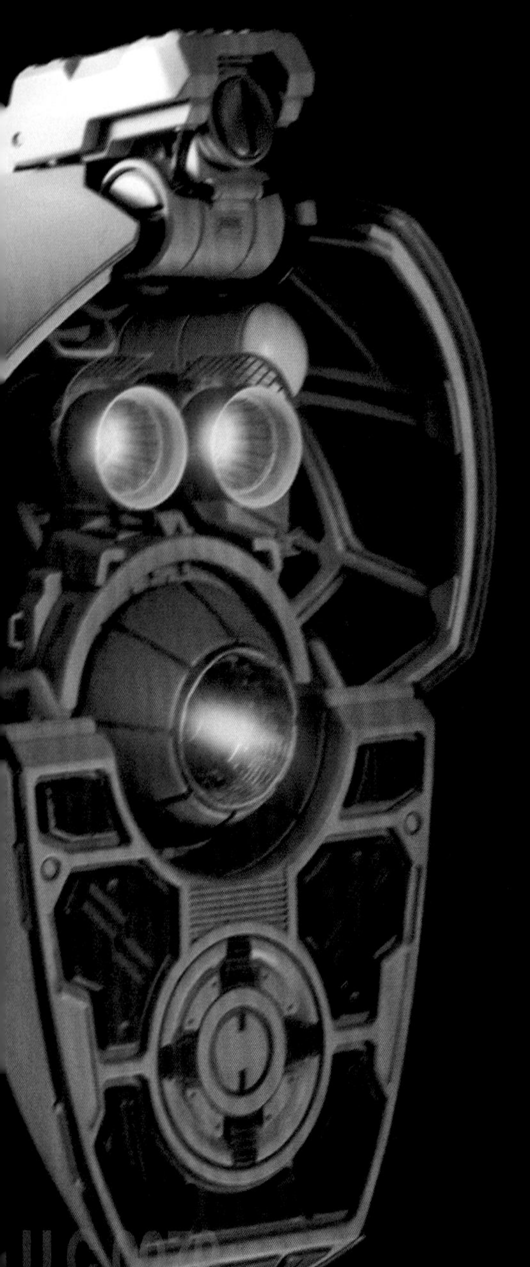

　ゲルググを考える、ということは一年戦争を考えるということだ。アニメ劇中ではほとんど活躍しなかったゲルググだが、一年戦争におけるMS開発史と戦史を評価していくうえではゲルググの存在は非常に興味深く示唆に富んだものと言える。

　「ゲルググのパイロットは学徒兵だったためその性能も活かしきれなかった」という言説があるが、連邦軍だってジムが生産配備されてからア・バオア・クーまではたった半年ほどだった。それまで存在自体がなかった人型MSという新兵器において、連邦の正規兵パイロットにどれほどのアドバンテージがあったろうか。生まれたときからコロニーの宇宙空間で育ったジオン兵は、戦争で初めて宇宙に上がってきたような連邦パイロットよりはむしろ空間戦でのMSの扱いに長けていた可能性すらある。では勝敗を決めた差はどこにあったのか？

　「一年戦争の地球連邦軍はジムで勝った」というのは私の持論なのだが、ジオン軍が機能特化した多機種生産としたいっぽうで地球連邦軍はMSの量産をRGM・79に絞った。アムロが搭乗するRX・78がいかに戦術的な戦果を挙げようと1機で戦争の趨勢は決まらない。一年戦争で地球連邦が勝利した最大の要因は、量産をRGM・79だけに絞りごく短期間で数を揃えたところにあったと思われる。

　いっぽうのジオン軍が多機種生産をした理由は地政学的な要因だったと思われる。ジオンが勝つためには地球にあるジャブローを攻略しなければならない。そのためには、地上用や水中用のMSを開発してそれを地球に降下させる必要がある。地球がホームグラウンドである地球連邦軍にはそれまでに蓄積した軍備があるが、宇宙を拠点とするジオン軍は、新たに陸海空を制圧する兵器を開発投入する必要があったわけだ。これはかなりのハンデ戦である。ジオンはそこがわかっていたからこそ一週間戦争からブリティッシュ作戦といった奇襲的戦略を採ったわけで、これらの奇襲からホームグラウンドである宇宙でのルウム戦に持ち込み、ここでそこでMS投入による勝利をあげる。しかし、勝利条件はあくまで地球の制圧であって、ここで戦況は停滞状態になる。ジオン軍はあせったことだろう。持久戦になれば、サイド3の資源だけで地球圏の全資源を握る地球連邦に勝つことは難しい。そのタイミングで出てきたのが、ゲルググの量産へのゴーサインだった。

　ゲルググは、「ビーム兵器の搭載」「機動力アップのための高推力」「稼働時間延長のためのプロペラント増量」をコンセプトとした次世代制式量産機として設計開発されている。非常にまっとうな仕様要求であり「正攻法」だったといえるし、できあがった機体も要求に応えるものだった。

　MS・14ゲルググは、機体性能を読み解くかぎり、かなり優れた機体だったと思われる。その後ネオ・ジオンで永年にわたり使われ続けたことや、改修型といえるリゲルグの性能を見てもかなりバランスがよい機体だったのではなかろうか。一年戦争時点では大型化した機体に推力が追いついていないところもあったが、バックパックなどを追加することでUC0090ころまで通用する推力重量比と運動性能を実現している。そして、ゲルググが先進的だったのは、「機体を大型化する」という発想にあった。「質量を絞って高機動化」するのではなく、MSの一般化に伴う運用局面の多様化に対応するために大型化するという発想は、UC0090年のMS大型化を先取りしたものでもあった。重心と推力線の近くに推進器やプロペラントを集めるというコンセプトも、その後のMSで一般化されることとなる。ただし、兵器としてよくできていたかということと戦略的な意味はまったく別の話だ。問題はMS・14が開発された戦略的タイミングとそれがもたらす結果である。

　先述したように、国力に劣り勝利条件にこそハンデを負うジオンは奇襲短期決戦にこそ勝利の可能性を見いだして戦端を開いたのではなかったのか。それが、戦況が停滞したところで逆に「正攻法」に打って出たことになる。これは戦略的には大きな過ちだったのではないだろうか？　相手投手が豪速球の本格派だからこそ足でかき回す野球をしてきたのに、試合を決する場面ではいきなり長打狙いの勝負をして空振り三振……ゲルググの開発からはそういったニュアンスが色濃く感じ取れる。逆に言えば、あのタイミングでゲルググを開発することにリソースを割かなければ一年戦争の流れはまた違うものになっていたのかもしれない。「もっと数があれば」と言うのは簡単だが、そんな数が作れる国力であれば一年戦争は起きていなかったかもしれない。

　こうやって考えていくと、ゲルググは一年戦争の「戦争としてのリアリティー」を検証構築していくうえでは、じつはとても重要ピースとして存在しているのではないか、ということに思い至ることとなる。どれが正解かはわからないが、考えれば考えるほどに一年戦争の世界はよくできていておもしろいのである。

（森 慎二）

MS-14 GELGOOG

THE LAST TEST OPERATION AT A BAOA QU 30 DECEMBER

●U.C.0079 12月30日、決戦を目前にして防備を固めるア・バオア・クーにおいて物資を搬入する横でテストを続ける極初期仕様のゲルググを収めた一葉。少数配備されたゲルググはまだ完熟運用中で教導隊へと優先的に回され、戦端が開かれる直前まで運用テストと搭乗パイロットへの操縦法の申し渡しが続けられた

N.B1

MS-14
GELGOOG
THE LAST TEST OPERATION
AT A BAOA QU
30 DECEMBER 30th U.C.0079

リック・ドムとゲルググの違いを立体として再構築する試み

●哀原氏は以前1/100 MGベースのリック・ドムを製作しているが（本誌'01年1月号および単行本『ガンダムアーカイヴス 一年戦争編』掲載）、このゲルググはその延長線上で製作されており、ゲルググの機体としての位置づけや機能性を考えたうえで、リック・ドムとの作り分けに挑戦している。ここでのゲルググのポイントは、高推力化、重装甲化、プロペラント増量、そして冷却の強化。ＭＧゲルググVer2.0は、もともとこういったコンセプトが立体に盛り込まれているが、それらの要素を模型雑誌作例なりにさらに突き詰めている。考証の明確さと模型としての密度感と工作の高いレベルの融合体だ

●逼迫した戦況を覆すための、宙域外から侵攻しての一撃離脱での艦艇攻撃を想定したビームバズーカ仕様を想定。増量されたプロペラントと高機動性能が活かされる場面を考えていったときに辿り着いたのがこの形だった……などといいつつ、緑のゲルググ単体だとかな～りジミになるので模型的なワンポイントとして追加で製作していたりもする。え？ シャア専用にすれば映えるって？

いや～メカとしてリアルに突き詰めるなら、そこはやっぱり量産型で作るしかないでしょ（笑）

MG Ver.2.0全肯定で作る、「ゲルググがゲルググたる所以（ゆえん）」哀原善行のワザで魅せる"一年戦争の趨勢を決めた制式次世代機"

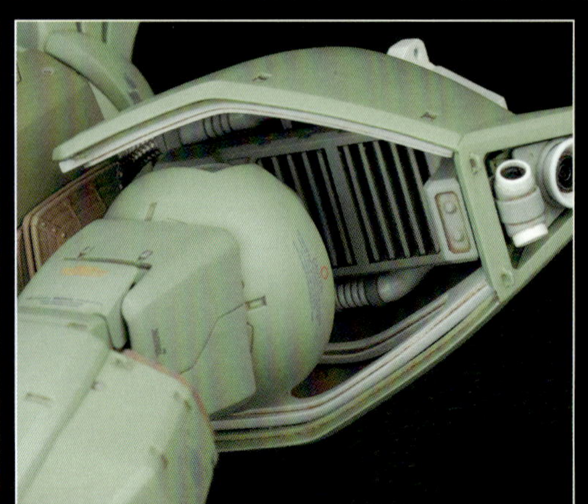

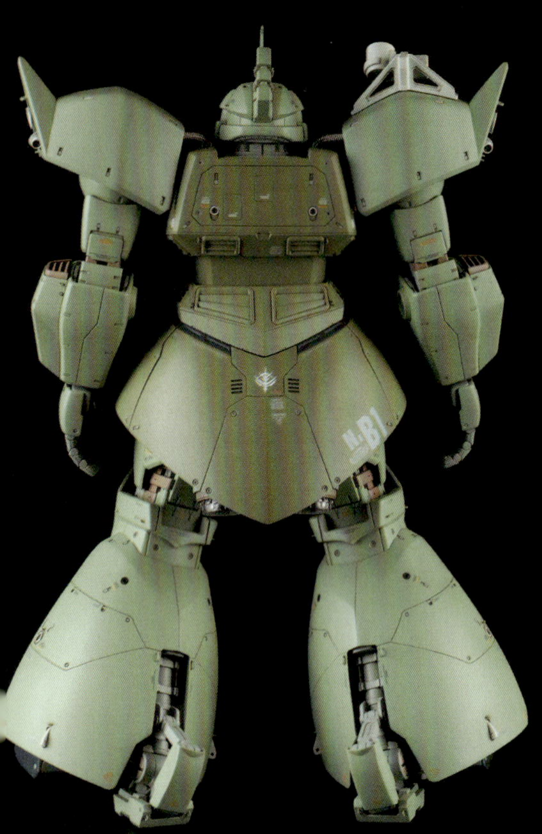

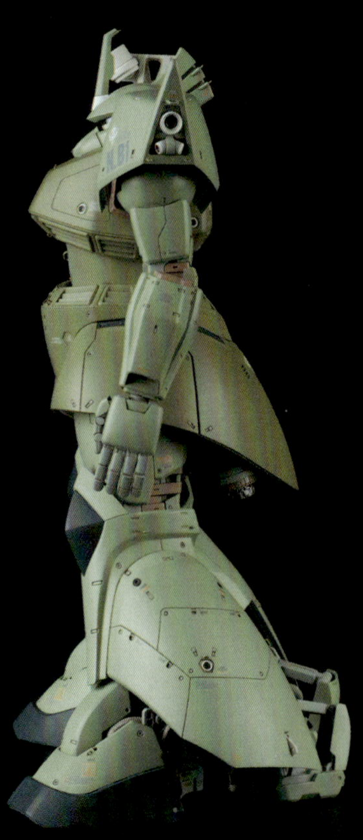

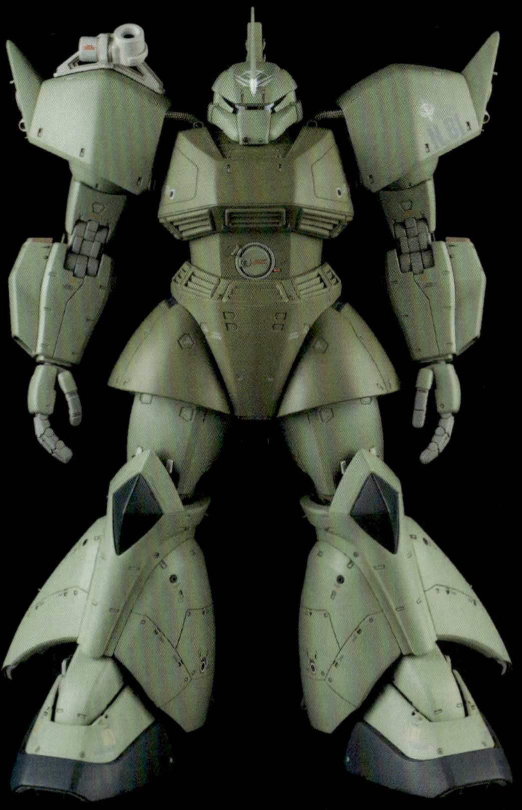

ドム／リック・ドムとゲルググの違いを立体で作り分けるとこうなった!

●ドムは、ホバーのために大型で周囲にエアクッションを装備する。中央のスキッドは停止時に重量を支えるためのもの。リック・ドムは宇宙用なので足はほぼ推進機そのもので、着艦時のためにカカトにガードだけがついている。ゲルググはリック・ドムに近い発想だが、主推進機がより大型化し、推進時と着艦時で使い分けられるかかと部分のアウトリガーを装備。推進と歩行両面での汎用性をより高めたものとなっている

「ゲルググ特集」と言われたら「なぜそこ？」というリアクションが返ってきそうだ。たしかに必然性はないんだけれど、知名度は高いわりに放って置かれたMSだからちょっと真面目に考えて作ってみることにした。

製作の題材として選んだのは、MG Ver 2.0。いまゲルググを作るならば、選択肢としてはこれかHGCUが筆頭だろう。初代MGゲルググは当時はあまり奮わず、モデラーの評判もかんばしくなかったように記憶している（いまとなっては、2.0とは別の方向性の頭部アレンジや内部構造があまりつまっていないことによる作りやすさといったメリットが明確に見えるようになって、2.0とは別の魅力が出てきている）。初代MGゲルググは、ガンプラとして、つまりプロダクツとしてのクオリティは後発であることもあってRX-78やザクよりは高かった。出来がよいのにいまひとつ奮わず……要するにゲルググにはRX-78やザクのような人気はなかったということだ。「知名度が高い＝人気がある」という構図が、そもそも勘違いだったということだ。

さておき、MGゲルググ Ver 2.0のデザインワークは傑作だと思う。一年戦争MSの野暮ったさをみごとに表現しつつも21世紀の現在のロボット造形として非常にスタイリッシュ。ゲルググの場合、スタイリッシュ（カッコいいと言い換えてもいいかもしれない）ということは、すなわち設定画やアニメ劇中の作画には似ていないということなのだが、うまく劇中の「印象」を投影したものとして成立しているのはさすがだ。アレンジをしながらも「誰が見てもゲルググに見える」ということはじつはとてもすごいことなのである。なお、このMGゲルググ Ver 2.0が発売された'07年は、1／20スコープドッグやMGターンエーガンダムといった傑作を連発した年で、「BANDAI SPIRITS開発陣にノリノリの旬が到来した!」と感じさせられた。

今回のゲルググは、先行量産機、つまり「YMS-14」を想定して製作している。いまのところ設定上YMS-14は25機が生産されて、うち1機がシャアに残りはキマイラ隊に配備、などということになっているようだが、今回製作したものはそのなかの1機、ということではない。ガンダム世界では「プロトタイプ＝試作機」というと性能が高いワンオフ機体というような位置付けで理解されることが多いが、現実世界の戦闘機などでは、試作機と先行量産機はその役割も位置づけも異なるものだ。

一般的には、試作機とは制式採用前に軍に採用されるかどうかを決めるために作られる機体で、先行量産機は採用決定後に本格的量産に先立って試作される機体。なぜ先行量産機を作るかといえば、生産ラインを構築したり、パイロットの養成に使用するためだ。たとえば自動車で言えば、すべてのパーツを自社生産している自動車メーカーはない。むしろほとんどのパーツは自動車メーカーが生産しているわけではなく、別のパーツメーカーが生産して納入している。そこはMSであっても同様であろうから、本格的な量産をするには、パーツを発注するために膨大なパーツの仕様や組み立て工程、また、各メーカーの生産能力の把握をする必要がある。そのために、採用のための評価試験をパスするメドが立った時点から作りはじめるのが先行量産機で、この機体で使われているパーツや組み立て法を元にパーツメーカーへのアプローチをはじめる。本格的に量産型を作ってからトラブルシューティングをすると時間とコストがかかるが、このように暫定的で限定的な先行量産機を作ることで短時間で性能が高い機体を量産できるようになるというワークフローである。資源が潤沢ではなかったであろう戦時中のジオンにおいては非常に有効な兵器開発手法だったと言えよう。

先行量産機がはじめに運用に回されるのは教育／評価部隊だ。機体開発に関わったパイロットを講師として教導隊所属の教官の養成を行ないつつ、生産された機体が規定性能に達しているか、予期せぬ不具合はないかを評価試験していく。同時に、機種転換プログラムの作成、機体に沿った戦術プランの研究と立案、実機を使った整備員の養成、運用にあたっての稼働状態を維持

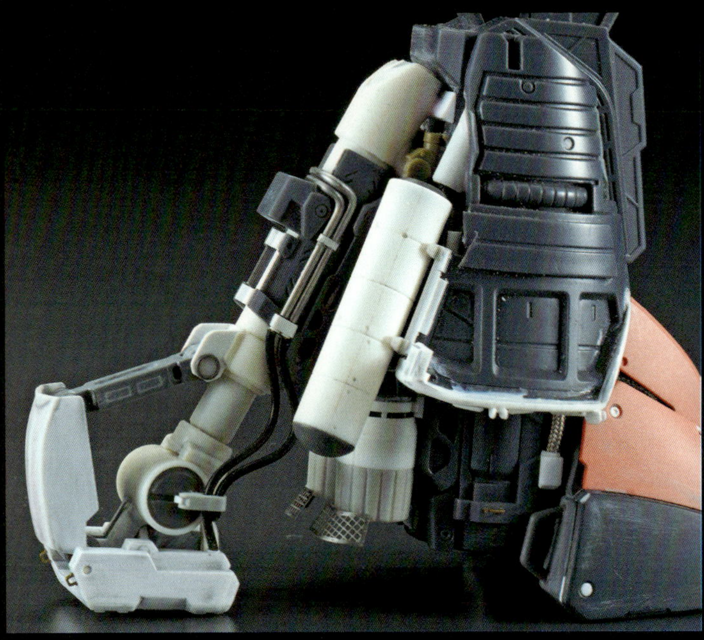

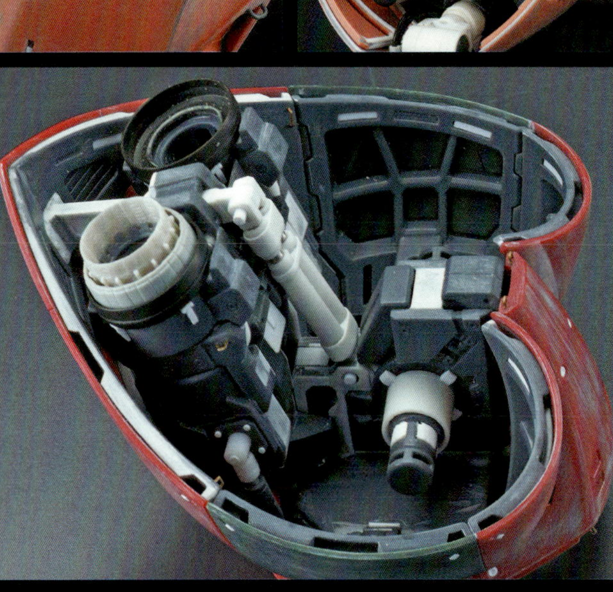

●哀原氏の作例は、完成度が高いためにできあがってしまうとどこまでがキットパーツでどこからが改造箇所かまったく見分けがつかなくなってしまうので途中状態をお見せしよう。考証を形にしつつも、キットパーツと違和感がないディテーリングに落とし込む、これこそが哀原流の「MGゲルググ全肯定」なのである
●ロボットモデルの鬼門であるハンドパーツはほぼスクラッチビルドとなった。丸指で大きめ機体は合うアフターパーツの選択肢がほとんどないのでイメージを突き詰めたいなら自作が有力な選択肢となるのはやむを得ないところ
●脚や腰のフレアー内に的確にユニットを詰めることで、模型的な密度感を上げるだけでなく「外装の形に意味がある」ことを演出することができる。ノズルの推力偏向板をスケールモデルから流用しつつも宇宙世紀のメカとして破綻させない構成力は見事である
●外からでも目立つスラスターノズルを追加するだけでなく、対応する箇所にはきちんとプロペラント（推進剤）タンクが収められている。装甲裏の追加工作も極めて的確だ

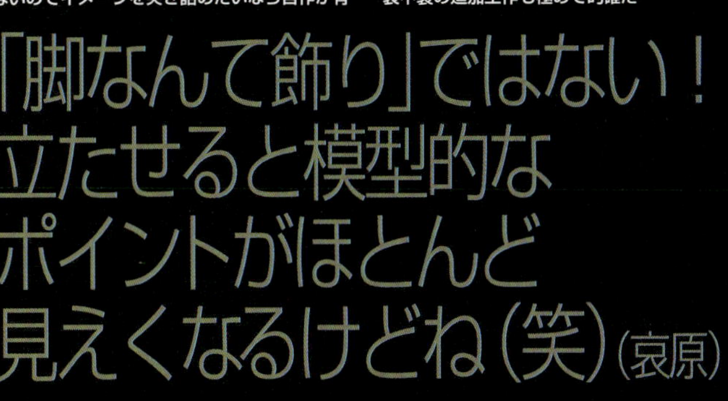

「脚なんて飾り」ではない！立たせると模型的なポイントがほとんど見えくなるけどね（笑）（哀原）

するためのマンパワーの評価や消耗部品の交換サイクルの見極めとサプライシステムの構築、輸送機や艦艇への搭載の際の手順や取り回しの確認と規定の策定、艦載時のMS備品の規定の策定も必要だろう。実際に戦闘部隊に配備されるまでには膨大な仕事をこなさなければならず、軍用機は開発に成功し採用が決まれば即量産、というわけにはいかないのだ。

一年戦争後期のジオン軍において、ゲルググの量産化プロジェクトは軍のリソースを大きく圧迫したことだろう。「ゲルググがもっとたくさん配備されていたら一年戦争に勝てたのでないか」と言われることもあるが、こういった量産機開発に必要な仕事量を考えてみると、むしろ「ゲルググを量産化しようとしたから負けた」のかもしれない。ビーム兵器の採用という仕様からみて、ジオンがゲルググの採用に向けて本腰を入れたのは9月にRX・78の存在がサイド7で確認されて以降であろう。たった3カ月でまがりなりにも量産にこぎ着けただけでもすごいことなのだが、そこで費やされたリソースを艦艇やザクの生産に回せば……とも考えてしまう。

さて、ここからは模型の話。今回のゲルググも見せ場は足となった。以前から「なぜひっくり返さないと見えないところばかり作り込むのか？」と言われるのだが、MSの機能性を現そうとすると足はとても大事なのだ。メッシだって、下駄やビーチサンダルではいいサッカーはできないでしょ。人型であるMSでは、足首から上だけが高性能でも、接地したり推進したりする足が機能にあってなければ性能は発揮できないでしょ、ってこと。レーシングカーだって、サーキットとダートではタイヤやホイールを換えるし、その選択を間違えれば絶対に勝てない。接地したり駆動したりするところはそれくらい重要なのだ。AFVモデルでは、戦車本体と同じくらいの価格の履帯パーツが売られていたりするが、戦車を模型で再現するうえでは接地／駆動する履帯はとても重要なのでそれも当然のことだ。F1モデルでもタイヤの形状は、断面の形ひとつで作品の評価を大きく変えてしまうほど。それにひきかえ、MSの足についてはあまりにも考えられてこなかった。たしかに近年足の裏にディテールが入っていないキットはなくなったが、それはあくまで記号的にモールドが入れられているということで、模型雑誌の作例でも、そこの機能や意味にまで踏み込んだものはほとんど見たことがない。水陸両用MSの足にスクリューが必要と考えたのなら（これはこれでちょっと安直だが）、ほかのMSにもその考えを適用して拡大発展させればいい。でもそこで立ち止まってしまうのだ。そこで、ないのだったら自分がやってみよう、というのが本誌に掲載してきた私の一連のジオン系MSの作例群である。

もはやあまりにも有名なセリフとなった「足なんて飾りですよ」。このセリフは富野監督なりの「人型巨大ロボットがチャンバラする子供向けアニメ」へのアイロニーやリアリティーの表象なのかもしれないが、ガンプラを作る側がこの言葉に安易に乗ってしまうのはとてもリスキーだ。宇宙製世界を宇宙世紀世界たらしめている4大舞台装置は「コロニー」「ニュータイプ」「熱核融合炉」「ミノフスキー粒子」だが、そもそもこれらは20m大の人型兵器であるMSを「実在」させるために用意されたギミックでもある。もちろん物語のためのギミックとしても機能しているのだが、作品の成り立ち的にロボットアニメであること自体が大前提であり、作品世界自体がMSのために作られたものなわけだ。だからこそ自分のような受け手、外側の人間がその世界を借りて模型などで遊ぶのなら、MSが人型で手足があるというところを変えてしまうのは、作品に対する最低限の礼儀を欠くことになってしまうと考えている。「宇宙で運用するゲルググにそもそも足が必要か？」ということには触れない。そのうえで肯定的スタンスでゲルググに向き合ったのが本作例だ。あのセリフは宇宙世紀世界をあそこまで作り上げた富野監督だから言えること。自分は、たとえほとんど見えなくてもゲルググの足を考え抜いて作り込むのである。■

機体への深い洞察と宇宙世紀世界観への リスペクトが生む、ゲルググの「実在感」

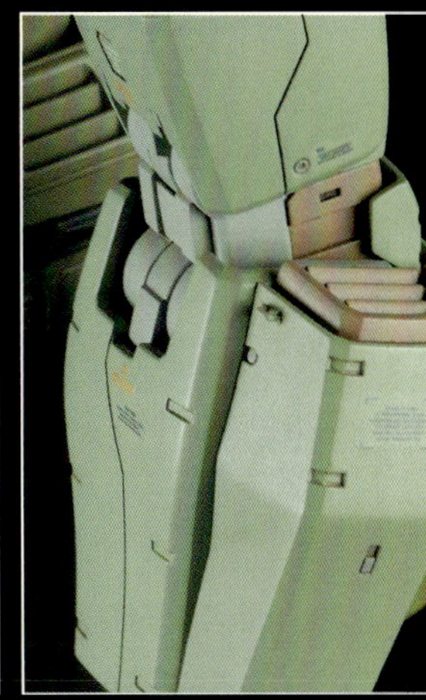

MS-14 GELGOOG

1/100 MASTER-GRADE Ver.2.0 based

●「額に描かれたジオンマークは教導隊の証」という想定。ここにマーキングを貼る発想はなかったけど、これはこれでカッコいい！　とかくネタとなる鼻の穴はセンサー的な処理としている
●肩や脚の随所に追加された小スラスターが機動性能の高さを物語る。各部に追加された取っ手は、人間用ではなく宇宙空間での係留時にワイヤーフックを装着するためのものという想定
●ビームバズーカはMGリック・ドムに付属するものを元に製作。本体肩にラッチを追加している
●外装各部には適度にディテールを追加。この「適度」というのがなかなか難しいのだが、粗密や入れる場所など、まったく隙がない工作となっている。すべてのディテールの機能を想定しているわけではないとのことだが、パネルライン、スラスター、ラッチなど機能を想像させるような造形がなされていて、キットの元のディテールとまったく違和感がないアレンジにも注目いただきたい

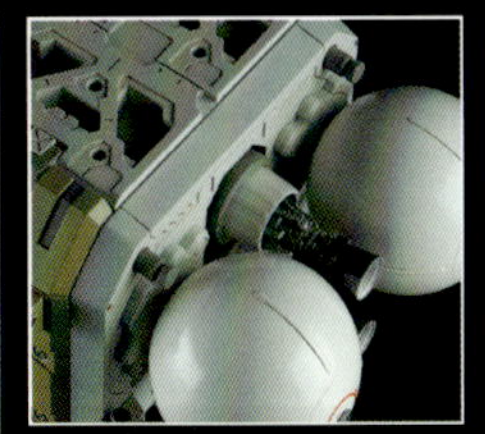

●MGゲルググと比べるとこれくらいの大きさ。わりと小型の輸送船を想定している

世界観を補強する補助艦艇を ついでに流用パーツからスクラッチビルド

戦争で兵器よりも重要だったりするのが兵站、ということでゲルググを考えるついでに輸送船も考えて作ってみたのがこのカーゴコンテナボート通称「Cボート」。劇中では描かれないが兵站輸送あっての軍隊なので、MSと並べることで宇宙世紀世界の奥行きを楽しめるのだ。構造としては、コントロールモジュールとカーゴ、推進部はすべてバラバラのものを組み合わせるようになっていて、荷物が多いときはカーゴ部をどんどん増やせるという想定。球状のプロペラントは伝統に則ってもちろんピンポン球。宇宙世紀艦艇を作るときはピンポン球がひとつのゲージ的なものになっているのだ（笑）

オールザット ゲルググ ガンプラファイル

Model Graphix 2019年1月号 掲載

されどゲルググ、全部集めると意外とたくさんありました! ここで一挙に振り返ってみよう

この機会に改めて数えてみたところその数27。けっこうな数が発売されているゲルググ（およびその派生型）のガンプラですが、ここでまとめて一気に見直してみよう！ よく見ていくと、それぞれに個性的な造形になっていて、立体としてのアレンジの方向性やプロポーションバランスもさまざま。ゲルググを製作するときの参考にしてみてね。

●記念すべきゲルググ初のガンプラ。頭部はかなり平たい造形で、胴のコクピットハッチのディテールはない。頭部のツノは選択式で、シャア専用ゲルググとして作ることもできる

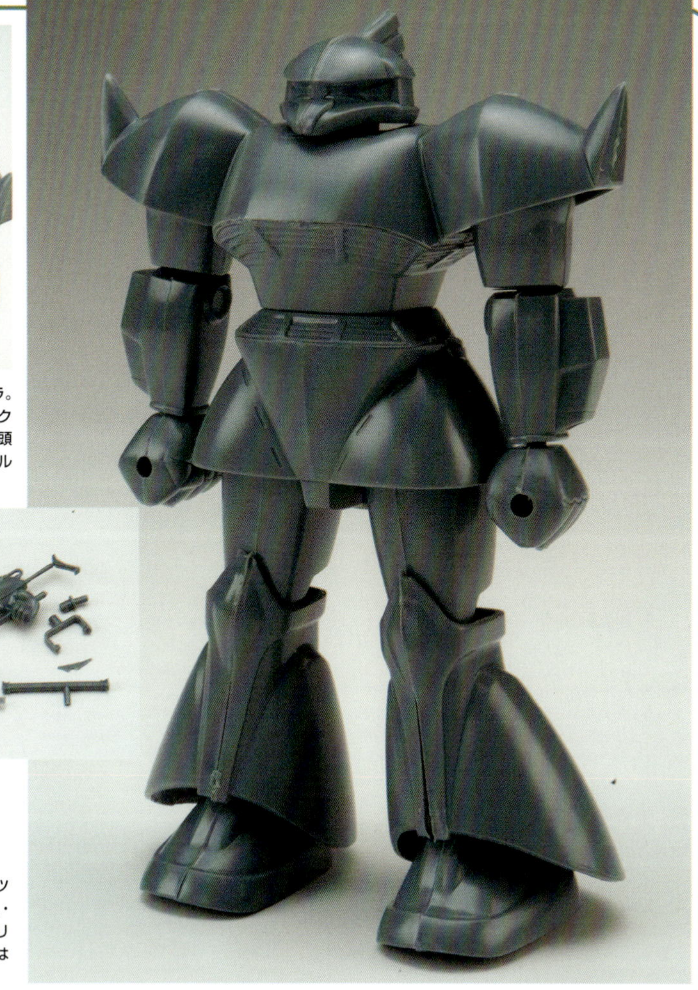

●肩アーマーは胴体と一体パーツになっている。ヒジ関節はボールジョイント状になっている（ポリキャップ内蔵ではないのでそれほど可動しない）。股関節には上下スイング機構を採用

1/144 シャア専用ゲルググ／量産型ゲルググ

シャア専用ゲルググは'81年6月発売、量産型ゲルググは'82年5月発売（各税込550円）。ツノの有無と成型色以外は同じ構成となっている。頭部がかなり扁平なのが特徴で、武装はビーム・ライフル、ビーム・ナギナタ、シールドが付属。ちなみに、1/144の量産型ゲルググと1/100リアルタイプはパッケージの表記が「MS-11」となっているが、その後設定が整理されて、現在はMS-11はアクトザクの型式番号になったということになっている。

●造形的には1/144をそのまま大きくした感じで、背面のシールドやビーム・ナギナタの取り付け部は丸い穴が開いているだけだ。頭部のツノは1/144同様選択式となっている

●肩アーマーは別パーツだが胴体に接着する仕様。ジャバラは胴体側パーツに再現されている。'82年4月には成型色とパッケージを変えてマーキングデカールを付属させたリアルタイプ（税込880円）も発売された

1/100 シャア専用ゲルググ／量産タイプゲルググ

記念すべきゲルググのガンプラ第一弾となったシャア専用ゲルググは'81年3月発売、量産タイプゲルググは1/144シャア専用ゲルググと同タイミングの'81年6月発売（各税込880円）で、成型色以外は同じ構成。近年のオーソドックスな造形と比べると頭部が扁平で足が小さめな印象で、設定画に似ているとは言い難いが、むしろアニメ劇中作画の雰囲気は捉えている感もある。武装はビーム・ライフル、ビーム・ナギナタ、シールドが付属する。

●この1/60から頭部が扁平ではなくなり、足も上下に高さがあるバランスに。その後のゲルググのガンプラのベースとなる造形バランスが確立された

●武装はビーム・ライフル、ビーム・ナギナタ、シールドが付属し、同スケールのシャアと兵士のフィギュアも付属。頭部モノアイは電飾可能で左右にスイングさせられる

1/60 シャア専用ゲルググ

1/60のシャア専用ゲルググは'81年12月発売、量産型ゲルググは遅れて'83年3月に発売された（各税込2750円）。1/60ということで、ポリキャップを採用し電飾ギミックも搭載（麦球と電池は別売り）された豪華な仕様。全体にメリハリが効いた色気のある曲面で構成されていて、設定画に似ているかはさておき立体物として魅力がある造形になっている。マッシブで頭身が低めなバランスではあるが、初めて扁平ではなくなった頭部の形状はとてもよくできている。

●いま見るとパーツ分割や形状などツッコミどころもあるが、この当時足裏にスラスターが再現されるのは画期的なことだった。また、末広がりなデザインラインはここで確立された

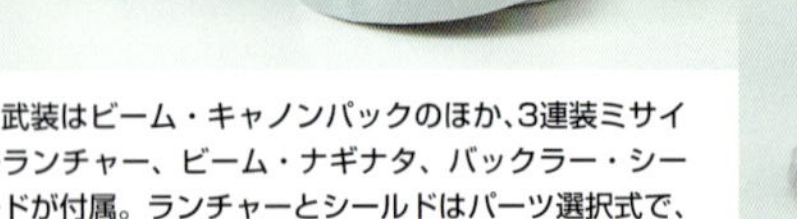

●武装はビーム・キャノンパックのほか、3連装ミサイルランチャー、ビーム・ナギナタ、バックラー・シールドが付属。ランチャーとシールドはパーツ選択式で、平手のほかビーム・ナギナタ用の握り手も付属する

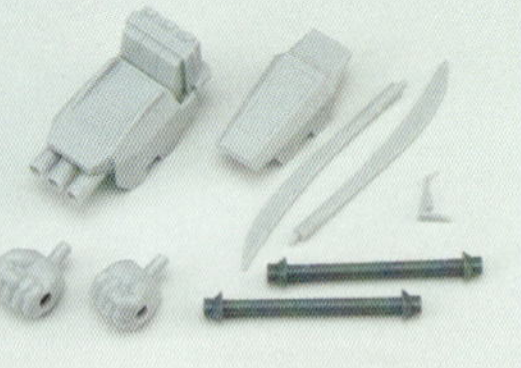

1/144 MS-14C ゲルググキャノン

MSVシリーズの第7弾として'83年6月に発売された1/144 ゲルググキャノン（税込660円）。MSVシリーズはガンプラファーストシリーズの実質的なリメイクであったが、ゲルググでも初めのキットで気になったところが着実に改修されている。足が大きく末広がりになったフォルム、足裏やスカート内のスラスター再現、肩アーマーが引き出し式のジャバラ関節とともに独立して可動するなど、ゲルググのガンプラはここで一気に長足の進歩を遂げた。

●1/144 MSVシリーズのゲルググは、1/60で確立されたバランスをさらにつきつめるようにブラッシュアップされている。アニメ設定画っぽいゲルググを作りたいならいまでもおすすめの名作キットだ

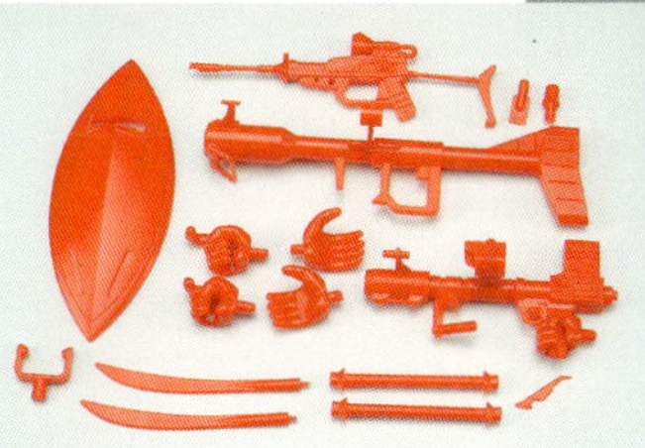

●武装はビーム・ライフル、ロケット・ランチャー、ジャイアント・バズ、ビーム・ナギナタ、シールド が付属する豪華仕様。ハンドパーツも平手、握り手、武器持ち手×3が付属する

1/144 MS-14Bゲルググ ジョニー・ライデン少佐機

MSVシリーズの第32弾として'84年9月に発売（税込660円）。同シリーズの1/144としては最後発となる。ボディは先発の1/144ゲルググキャノンと同様で、頭部とB型バックパック、武装が新造形となった。頭部のツノは選択式で、バックパックを取り付けなければシャア専用ゲルググや量産型ゲルググとして作ることもできる。アニメ設定準拠のゲルググのガンプラとしてはもっとも完成度が高く、ポーズだけ手を入れればいまの目で見ても充分カッコいい、

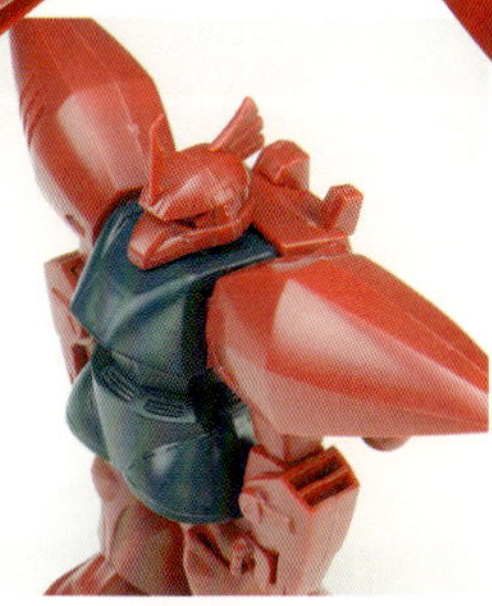

●基本形をMSVゲルググバリエーションと共用にすることでキット化を果たした旧1/144リゲルグ。ゲルググとして組み立てることもできる

●頭部はライデン機と同じ基本形状だが、トサカが反りの大きい形状のものに変わっている。手首は『ZZ』シリーズのガンプラに準拠し指が可動するものに変わっている

1/144 MS-14J リゲルグ

『ZZ』シリーズとして'86年9月に発売された1/144リゲルグ（税込770円）。本体はMSVシリーズのゲルググと同じパーツで、ウイング・バインダー、バックパック、ミサイルポッド、頭部のトサカなどが新設計パーツとなっている。ランナー構成の都合上ゲルググキャノンのバックパックや頭部、肩、ミサイルランチャーなどが一式入っているので、ゲルググキャノンやノーマルのゲルググとして作ることもできるちょっと贅沢な仕様のバリエーションキットだ。

●ゲルググ系機体のガンプラがビシッと足をハの字に開いて立てるようになったのはこのキットから。握り拳も小振りでより自然な造形となり、大がかりなプロポーション／関節改造を施さずともよいようになった

●武装は大型ビーム・マシンガンが付属。足裏の形状も別パーツで再現できるようになっている

プレミアムバンダイ限定販売

MS-14JG ゲルググJ

『機動戦士ガンダム0080』のシリーズ第6弾として'89年6月に発売（税込770円）。J型設定画のマッシブで少々人型を外したイメージをうまく立体に落とし込んでいる。足首の垂直2軸可動の採用や、ボールジョイントの股間軸が軸ごと回転したりヒザやヒジが加工なしで後ハメ可能だったりと、1/144ながらなかなか凝った構成の隠れた秀作キットである。組み立て説明書に掲載されたJ型に寄せて描き直された初期量産型のイラストも要注目である。

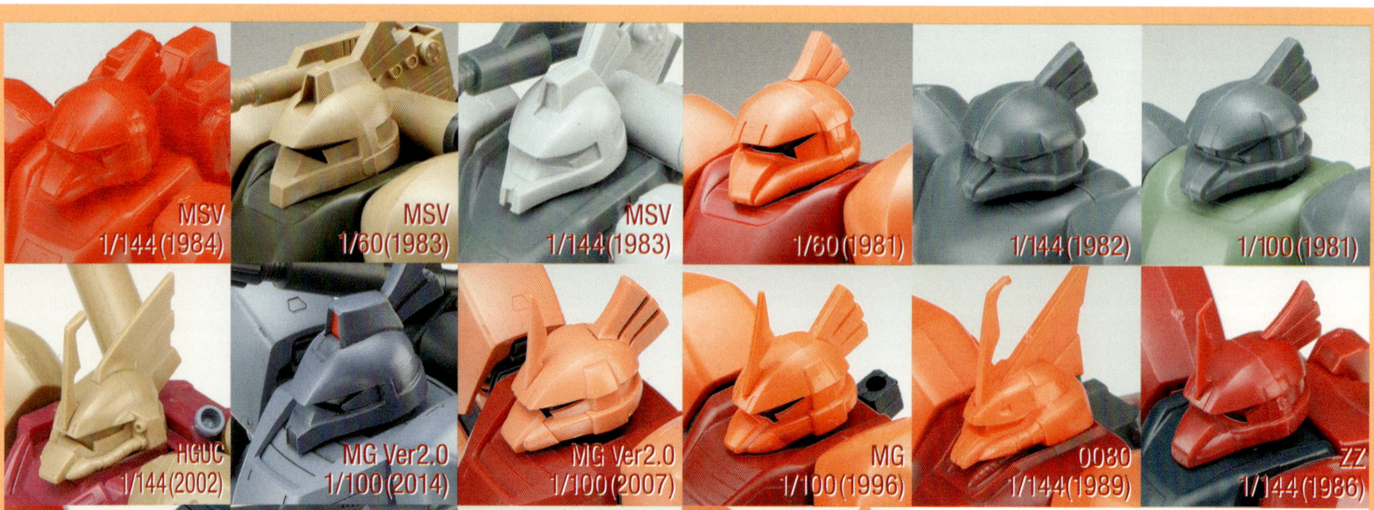

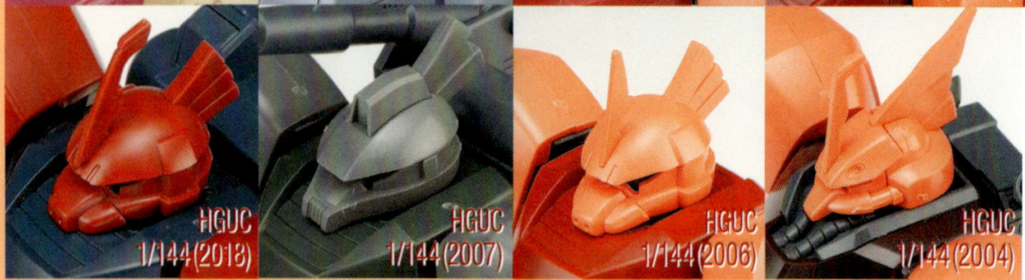

MSV 1/144(1984)
MSV 1/60(1983)
MSV 1/144(1983)
1/60(1981)
1/144(1982)
1/100(1981)
HGUC 1/144(2002)
MG Ver2.0 1/100(2014)
MG Ver2.0 1/100(2007)
MG 1/100(1996)
0080 1/144(1989)
ZZ 1/144(1986)
HGUC 1/144(2018)
HGUC 1/144(2007)
HGUC 1/144(2006)
HGUC 1/144(2004)

歴代ガンプラの頭部一挙比較。ゲルググの頭は解釈がかな～り難しい！

ゲルググの頭部は設定画の解釈にかなり幅があっていまのところどれが正解とはいえない……というか、これまでにガンダムやザクと比べるとそれほど練り込みがなされてこなかったので、いまひとつ「こうすれば絵に似せつつカッコよくできる」という方法論が確立されていない。設定画を読み解くポイントはいくつかあるが、ひとつは額の面の解釈。ここをどうするかはキットによりさまざまで、旧キットとHGUCはエッジがなく丸い表現、MGとHGUCのゲルググキャノンはエッジが立った構成になっている。また頭部全体の横幅と前後幅の比率もキットにより解釈がかなりまちまち。上の写真でじっくりと見比べてみてね。

1/100 MG MS-14S ゲルググ シャア・アズナブル大佐機

MGシリーズのゲルググは、シャア・アズナブル大佐機が'96年12月に発売（税込3300円）され、その後それをベースとして量産型ゲルググ（'97年9月発売 税込3300円）、ゲルググキャノン（ジョニー・ライデン少佐機）（'97年3月発売 税込3300円）、ゲルググ（アナベル・ガトー機）（'03年2月発売 税込38500円）、成型色とパッケージが変更されたONE YEAR WAR 0079版（'05年4月発売）がバリエーション展開されている。

◀アナベル・ガトー機には試作型ビーム・ライフル、B型バックパックが付属する

▼量産型のスカートにはJ型の意匠をモチーフとしガンプラだけの新アレンジで、スラスターやディテールが追加された。組み立て説明書では二期生産型以降の仕様とされている

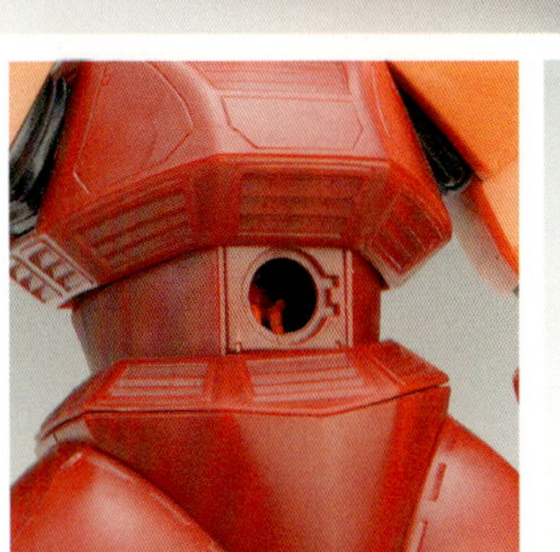

▲シャア・アズナブル大佐機はアンテナが2種付属。また、シャア大佐機、量産型、ゲルググキャノンにもB型バックパックのパーツが付属する

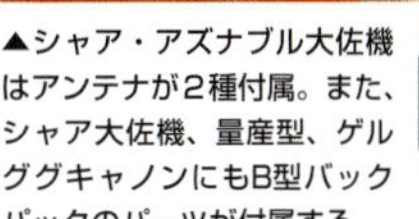

▶ゲルググの模型ではとかく問題となる肩のジャバラは軟質素材で再現。なお、MG Ver. 2.0ではここは放熱フィンという解釈となる

◀脚内はスラスター部分だけでなくフレーム、スラスター基部、パイピングまで立体化。フレアパーツが左右分割になっているので簡単にこのような状態にすることができる。パイピングはメッシュホースが付属する

1/100 MG MS-14S シャア専用ゲルググ Ver.2.0

MGシリーズのリニューアル作として展開されたVer2.0。'07年7月にシャア専用ゲルググ Ver.2.0（税込4950円）、08年4月に量産型ゲルググVer.2.0（税込4950円）が発売された。その後、アナベル・ガトー専用ゲルググVer.2.0（'18年8月発送 税込5500円 プレミアムバンダイ限定販売）、下で紹介しているゲルググキャノン、ユーマ機なども発売されており、今後のVer.2.0ベースのバリエーション展開にも期待が高まるところである。

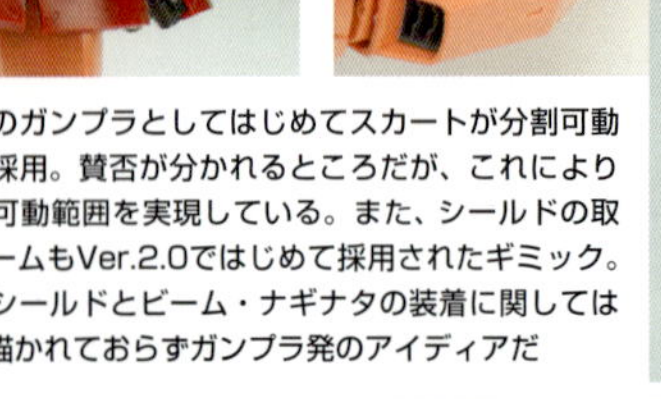

▲ゲルググのガンプラとしてはじめてスカートが分割可動する構成を採用。賛否が分かれるところだが、これにより脚の大きな可動範囲を実現している。また、シールドの取り付け用アームもVer.2.0ではじめて採用されたギミック。ゲルググのシールドとビーム・ナギナタの装着に関してはアニメでは描かれておらずガンプラ発のアイディアだ

▶MGのゲルググ Ver.2.0は、ザク Ver.2.0と並べてこそ真価を発揮する。ジェネレーター／ラジエーター配置、コクピット構造、脚部構造など、共通点と差異が見事に作り分けられており、「同じジオン系でありながら異なる発展型次世代後継機であることを立体で体感できる

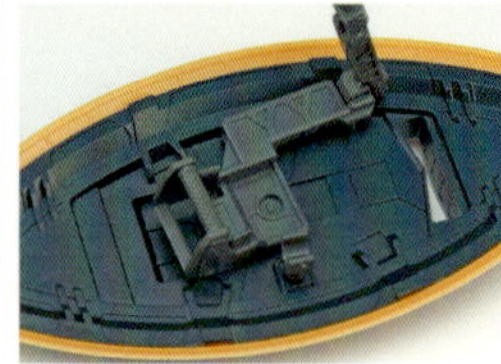

◀量産型はビーム・ライフル（グレネードランチャー／バイポッド選択式）、ビーム・ナギナタ、シールド、同スケールのジオン軍フィギュア2体が付属。ビーム・ナギナタのビーム刃は2形態のクリアーパーツの選択式となっている。ガトー機にはさらに試作型ビーム・ライフルが付属

◀▼シャア戦用ゲルググ Ver.2.0には同スケールのシャア・アズナブル、ララァ・スンのフィギュアとエレカが付属。あの名シーンを再現することができる

●MG Ver.2.0の拡張性の高さとプレミアムバンダイ販売の利点を活かして作られたバリエーション機。多数の武装が付属する豪華な仕様となっている

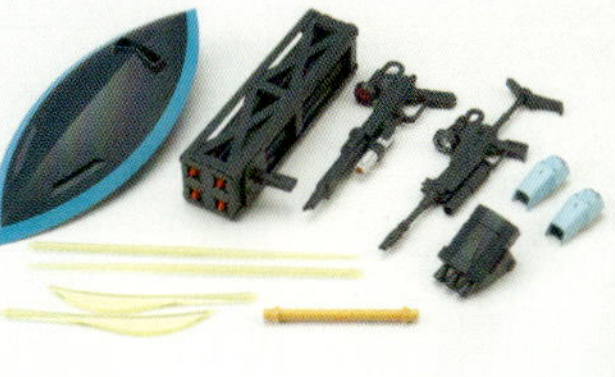

▲脚部は新規造形の増設タンクとスラスターの追加に合わせて装甲形状も変更されている。ユーマ機のパーソナルマーキングを再現できる水転写式デカールも付属

プレミアムバンダイ限定販売 1/100 MG

ユーマ・ライトニング専用高機動型ゲルググ

ユーマ・ライトニング専用高機動型は、『ガンダムエース』誌上連載企画『機動戦士ガンダムMSV-R』に登場する仕様で、Ver.2.0のバリエーションとして'18年1月にプレミアムバンダイより発売された（税込5940円）。頭部、ブースターパック、脚部、武器などが新規造形パーツとなり成型色も変更されている。武装はグレネード・ランチャーを備えたビーム・ライフル、ミサイル・ランチャー、ラッツリバー3連式ミサイル、シールド、ビーム・ナギナタが付属。

お約束のバリエーション機、ゲルググキャノンも勢揃い

●ゲルググのガンプラが発売されたらバリエーションとしてまず間違いなく発売されるのがゲルググキャノン。MGでも初代MG仕様（'97年3月発売 税込3300円）とVer.2.0仕様（'14年7月発送 税込5280円 のゲルググキャノンが別製品として発売されている。Ver.2.0版はプレミアムバンダイ限定販売品、いっぽうの初代MG版はガンプラとしては唯一ジョニー・ライデン機と明記されたゲルググキャノンになっている

1/60 MSV

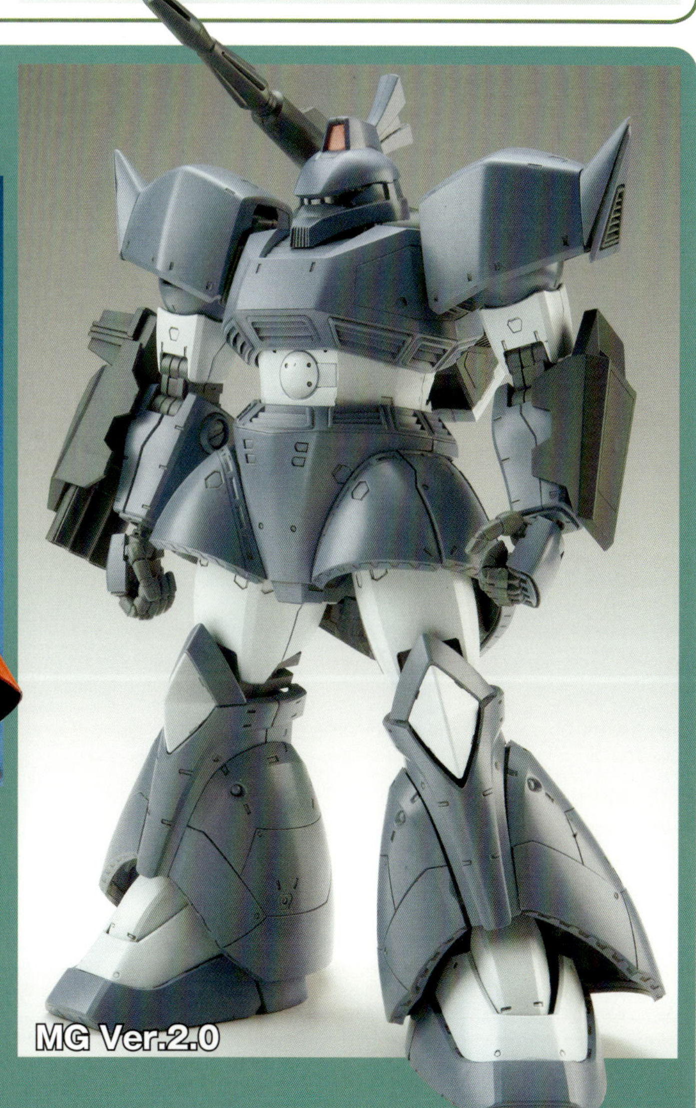

MG Ver.2.0

▶MG Ver 2・0は唯一MSVカラーでの製品化。オリジナルのマーキング水転写式デカールが付属
▲初代MGは高機動型とゲルググキャノンの選択式で、写真のようにキャノン装備でB型頭部とすることも可能。B型頭部のツノはゲルググのアニメ設定画に準拠した形状と「リアルタイプ」を選択できる
◀MSVシリーズのゲルググキャノンは、1／144は本体も含めてすべて新造形のキットだったが、1／60（'83年9月発売 税込3300円）は本体はノーマルの1／60と共用

●HGUCシリーズがはじまってもすぐには発売されないのがゲルググ……No.16でようやく発売されたのはゲルググマリーネ、しかも一般機というのがいかにもだった。マリーネとしては初ガンプラ化だが、HGUCらしく手堅くまとまった好キットとなっている

▲キットの構成は当時のHGUCとしては標準的なもので、スカートと脚フレア内のスラスターを再現し、ヒジ／ヒザ関節にはポリキャップを隠す外装パーツが採用されている。ハンドパーツは丸指を再現したものが付属

1/144 HGUC MS-14F ゲルググマリーネ

HGUCのゲルググシリーズでいちばん初めに発売されたのが、この一般機のゲルググマリーネ（'00年10月発売 税込1320円）。公開当時の『機動戦士ガンダム0083』の1/144シリーズでは発売に到らずガレーキットアイテムの代表格的な扱いのMSだったが、ここでようやく初ガンプラ化とあいなった。プロポーションは設定画というよりは、HGUCのスタンダードな等身バランスに準拠し、武装は90㎜マシンガン、ビーム・サーベル、接近戦用シールドが付属。

●HGUCNo.26として間を空けて発売となったシーマカスタム。こちらも一般機と同じく初ガンプラ化。一般機とはきちんとと作り分けられている

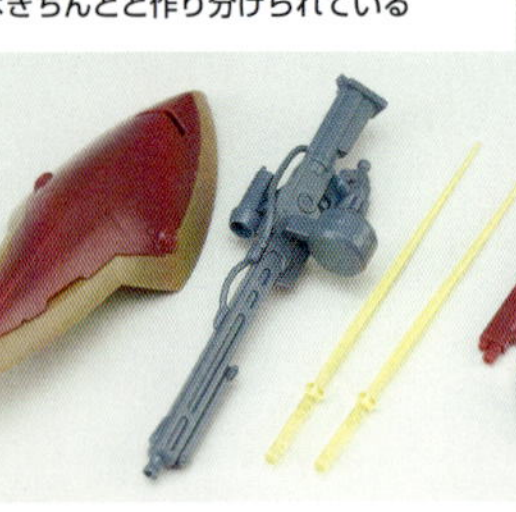

●武装はMMP-80 90㎜マシンガン、MRB-110ビーム・ライフル、ビーム・サーベル、シールドが付属し、ポージングの際重宝する左の平手も付属。ビーム・ライフルはパイピングも再現されている

1/144 HGUC MS-14Fs ゲルググマリーネ シーマカスタム

ゲルググマリーネ一般機の発売からは1年以上あいだをあけた'02年1月に発売されたシーマカスタム（税込1650円）。単なるパーツの色替えと武装追加によるバリエーションではなく、バルカン砲が追加された頭部、J型に近いコクピット部デザインの胴体、フレア部にスラスターとカバーが追加された脚、スラスターとプロペラントタンクが追加さた高機動バックパックなど、全体の半分近くが新造形として設計され、シーマカスタムの特徴をきちんと再現している。

▲武装はビーム・マシンガンが、ハンドパーツは武器握り手と平手が付属。球の中央部が回転するヒジ関節機構を採用し、マシンガンの両手持ちもこなせるようになっている

●旧1/144キットも出来がよかったゲルググJがHGUCとしてリニューアル。よりスマートなプロポーションバランスとなり設定画の雰囲気からは離れたが、力強くカッコいい造形を楽しむことができる

1/144 HGUC MS-14JG ゲルググJ

'04年4月にはHGUC版が発売となったゲルググJ（税込1320円）。旧1/144も出来がよかったが、HGUCのフォーマットでさらにスマートでシャープな造形となり、モノアイや肩の小スラスター、足の色分けもキットパーツ状態で再現できるようになっている。今年9月には成型色が変更され、ハンドパーツやビーム・サーベルが追加されたHGUC MS-14JG シン・マツナガ専用ゲルググJ（税込1620円 プレミアムバンダイ限定販売）も発売となっている。

●HGUCのゲルググでは、スマートな初代MGから、どちらかというと旧キット寄りのボリューミーなポロポーションイメージへと戻されている

▶ビーム・ライフル、ビーム・ナギナタ、シールド、左の平手が付属する。MGでのアレンジをベースとしつつアニメ寄りのスッキリとしたディテール／プロポーションとなった

1/144 HGUC MS-14S シャア専用ゲルググ

HGUCシリーズ開始から7年を経てようやくの発売を果たしたシャア専用ゲルググ（'06年10月発売 税込1650円）。このあたりの微妙な発売タイミングがいかにもゲルググなわけだが、時期が後になったことが幸いしてキット内容は充実したものとなった。肩の引き出し式スイング可動、足首の2軸＋ボールジョイント関節、股関節ブロックのスイング可動など、いま現在の最新のHGUCと遜色ないギミックが随所に搭載された組みやすくよく動くキットとなっている。

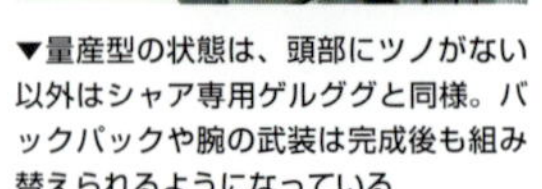

▼量産型の状態は、頭部にツノがない以外はシャア専用ゲルググと同様。バックパックや腕の武装は完成後も組み替えられるようになっている

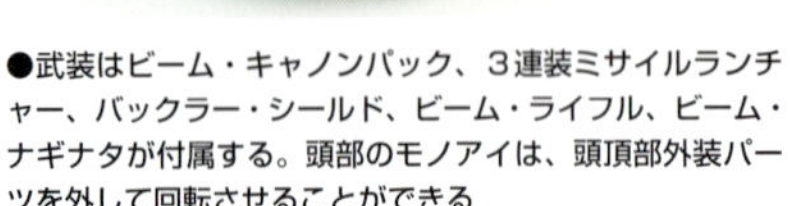

●武装はビーム・キャノンパック、3連装ミサイルランチャー、バックラー・シールド、ビーム・ライフル、ビーム・ナギナタが付属する。頭部のモノアイは、頭頂部外装パーツを外して回転させることができる

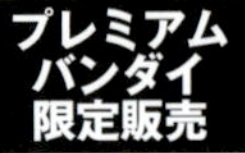

プレミアムバンダイ限定販売

MS-14A ゲルググ／MS-14C ゲルググキャノン

HGUCの量産型ゲルググは、それまでにないパターンとして量産型とゲルググキャノンとのコンバーチブルキットとなった（'07年3月発売 税込1760円）。バックパック、腕のシールドとランチャー、頭部はパーツ差し替え式で完成後も組み替えることが可能で、頭部は、量産型／C型の一般機／指揮官機合わせて4種から選択することができる。HGUC ゲルググは胴体背面は外装が別パーツ化してあるので、完成後もキャノンパックを取り付けられるようになっている。

▶ガトー専用ゲルググ（'13年7月発売 税込1980円 プレミアムバンダイ限定販売）。本体形状はA型と同様で成型色がパーソナルカラーの青に変更されている。新規金型の試作型ビーム・ライフルが付属する

◀HGUCシン・マツナガ専用ゲルググJ（'18年9月発売 税込1650円 プレミアムバンダイ限定販売）。成型色が白に変更されビーム・サーベル2本、マーキングシールなどが追加で付属する

HGUCだからこそバリエーションを並べたいでしょ!

▶『機動戦士ガンダムUC』に登場した袖付き仕様のゲルググを再現したバリエーション（'17年5月発売 税込1870円 プレミアムバンダイ限定販売）。基本形はS型やA型と同じだが、ポイントは袖付き機の特徴である腕のエングレービングを立体モールドの新規設計パーツで再現しているところ。劇中で装備していたビーム・マシンガンも新規パーツで付属、それ以外はシャア専用／量産型と同様のパーツとなっている。胸に入るネオ・ジオンのマーキングと「袖」の色分け用のホイルシールが付属する

●基本形はHGUCのS型、A型と同じで、肩バインダー、バックパック、腕の武装が新規設計で追加されたバリエーション。成型色はリゲルグらしい濃いめの赤に変更されている

▶特徴であるウイング・バインダー内はスラスター基部のメカも別パーツ化して再現されている。ビーム・ランサーも新規設計パーツが付属し、設定どりバックパック下部に懸架することができる

プレミアムバンダイ限定販売 MS-14J リゲルグ

'18年7月に発売されたHGUC版のリゲルグ（税込2200円 プレミアムバンダイ限定販売）。本体部分は基本的にHGUCシャア専用ゲルググと同じだが、関節パーツがABSからKPSへと変更され保持力がアップした。巨大なウイング・バインダーと武装類は新規設計パーツで、頭部アンテナはリゲルグの形状に変更され、新設計パーツの専用ビーム・ライフルが付属する。腕に装備されたグレネード・ランチャーはシャッター開閉状態を選択して再現可能となっている。

▲頭部はツノありとなしのパーツが両方付属。旧キットパッケージのツノがない姿も再現することができる

●基本形はS型、A型と同様で、B型バックパックや武装類が新たに追加される構成のバリエーションキット。成型色はライデン機の特徴である真紅と濃いグレーのツートンカラーを再現

プレミアムバンダイ限定販売 MS-14B ジョニー・ライデン専用ゲルググ

'18年9月についに発売となったHGUCバリエーションの真打ち、MS-14B ジョニー・ライデン専用ゲルググ（税込2200円 プレミアムバンダイ限定販売）。新規造形のB型バックパックとロケット・ランチャーが追加され、ライデン機の色分けも成型色で再現される。B型バックパックのメインスラスターは可動式で、背中から移設されたビーム・ナギナタのジョイントが腰のうしろに付く。またロケット・ランチャーはグリップが可動式なので両手保持も難なくこなせる。

Model Graphix
2009年5月号
掲載

小粒でもピリリと辛い 真紅の稲妻が駆ったゲルググ「立たせ方」でここまで変わる!

MSVはパイロット燃えでしょ!!

MSVのエースパイロットとしてやっぱりはずせないのがジョニー・ライデン。「強化型のMSに赤い塗装を施し、200機弱の敵MSを撃墜」というキャラクターはボンボン世代のハートをまさに鷲掴みにしました。そんな彼の乗機である高機動型ゲルググのキットは、「あのゲルググがめっちゃカッコよくなった!」という印象的なアイテムです。そんな名キットをシャキッと作ればホラ、このとおり!

MS-14B ジョニー・ライデン専用ゲルググ
BANDAI SPIRITS　1/144
インジェクションプラスチックキット
発売中　税込880円
出典/『機動戦士ガンダム MSV』
製作・文/**畠山孝一**

リニューアルキットにして高いプレイバリューを実現

「MSVシリーズは『機動戦士ガンダム』登場MSのキットをリニューアルする役割を担った」ということを説明するとき、とかく引き合いに出されがちなのがザクマインレイヤー、そのゲルググ版がこの高機動型ゲルググです。このキット、ツッコミどころが多った初代1/144キットからプロポーションや可動範囲について劇的な進化を遂げているのはもちろん、ノーマルのゲルググにもゲルググキャノンにも組めてしまうバイプレイヤーなのです。

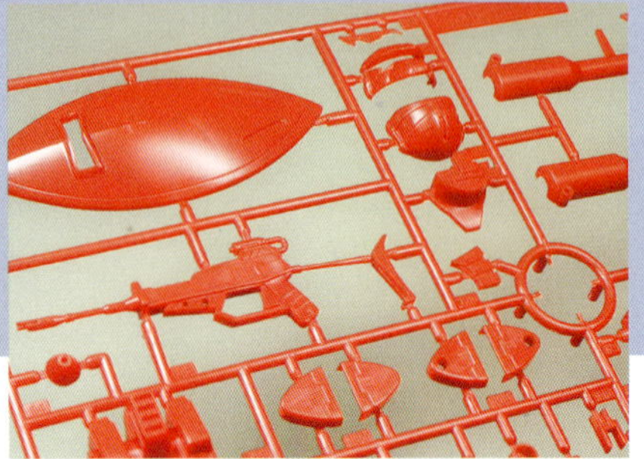

◀キットにはノーマルゲルググ用のパーツ、ゲルググキャノン用パーツも付属し頭部はツノの有無も含めれば4種類が作れる。とにかく選択肢が豊富に用意されたキットで、組み立てたあとでも頭部以外は自由に付け替えを楽しめる。オマケのジャイアントバズを06Rに持たせるとオトクだぞ!

●頭部は段差部分で上下に切り離し、天地で0.5㎜ほど幅を詰めて再接着し、「つぶれ顔」に。モノアイはクリアーピンクの伸ばしランナーから切り出して製作。鼻の穴は0.5㎜ピンバイスで深く彫っている
●ノズルは、すべてのフチに薄々攻撃をかけて、中心を開口。真ちゅうパイプなどを使ってデコレーションした
●肩は球体と上腕の境目を削り込んで、別パーツっぽく加工。手首はキットのパーツをベースに、ランナー等のプラ材を瞬間接着剤で固定してから彫刻している
●ヒザアーマーと太ももの隙間が狭すぎるので、ひざ関節の軸を1㎜ぶん後方へ移設した。足裏はスジ彫りを追加し、ユニット構造を感じさせるディテールを加えている

ジョニー・ライデンという選択

本作例ではパッケージアート（右ページ参照）をリスペクトして、ツノ飾りをあえて接着しませんでした。説明書ではツノを付けるよう指示がありますが、当時店頭でこのパッケージを目にした少年たちはそんなの関係なしに「06Rからゲルググに乗り換えを果たしたジョニー・ライデン級のエースパイロットですら隊長機じゃないなんて、キマイラ隊ってのはどんだけバケモノ集団なんだよ！」と興奮したわけです。

▲独特なバランスのロケットランチャーは本機の特徴的な武装。ディテールも多く、きっちりと整形すればかなりの見せ場になる
▼胸、腰部のダクトはアートナイフなどを使って深く彫り込んだ。フロントスカートの裾は、正面から見てV字になるよう加工している

MS-14B HIGH MOBILITY GELGOOG

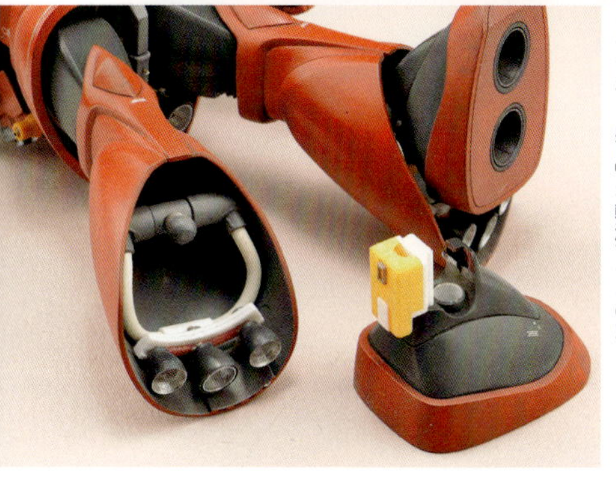

◀本キットのチャームポイントであるたくさんのノズル。周囲にビニールの被膜チューブを配管風に取り付ければ、モナカキット特有の「パーツの隙間がスカスカする感じ」を軽減できるのだ

◀写真は30年前に畠山氏が製作した1／144のゲルググ。ギラギラに光沢のある赤はもちろん筆塗り。銀のハゲチョロも当時を感じさせるポイント！

◆春の彼岸にはモナカを……

今回作例を担当したMS-14Bゲルググジョニー・ライデン少佐機の製作開始から数日後……押し入れから30年ほど前に作った初代ゲルググが発掘されてすっかり感慨に耽ってしまいました。近年のガンプラの猛烈な進化は驚愕のひと言に尽きますが、私の当時の工作力の脆弱さを強力な「ガンプラ愛」に裏付けられた勢いでカバーし、キットを完成させていた若き日々を思い起こすと「ジョニ・ゲル」の工作にもグッと力がこもります。

モナカキットといえば、関節は複雑な動きをさせるのに比例して強度が怪しくなり、各パーツは要接着の挟み込み。さらに仮組みが困難という、最新キットと比べるとひとくせもふたくせもあるキットたちです。

こうなればHGUCのキットを買って作ったほうがラクチンだと思われがちではありますが、木型から製作したことがわかる特有のボディラインや、各キット固有の関節パーツに当時の設計者の試行錯誤を垣間見ることができて強烈に楽しめます（このゲルググなら、肩関節が相当キテます）。

などと言いつつ、股関節の軸は当初キットのものをそのまま使っていたところ、製作後半にボッキリと折れてしまい泣く泣くポリパーツに変更。（仮組みができないので、接着の終わった腰パーツを破壊しての修復作業に涙が止まりませんでした）。

しかしがんばって完成させてみれば、その姿はご覧のとおり。最新キットのコンピュータグラフィックス的機能美にも負けない木型職人たちの仏像彫刻に通じる職人技には「雅」すら感じますね。■

MS-14D デザート・ゲルググ
BANDAI SPIRITS
1/100
インジェクションプラスチックキット
「MG MS-14A
ゲルググVer.2.0」改造
発売中　税込4950円
製作・文／リョータ

▲◀デザート・ゲルググのチャームポイントである左腕に装備されたアームド・バスターは直線的なデザインなのでプラ板などを使って製作。砲身はポリキャップ接続で展開する。設定上はビーム兵器ではなく実弾とのことなので、側面の弾倉から給弾され発射される……というイメージで内部を作っていった。砲身展開時にチラリと弾が見えるのがポイント

『ZZ』では、主役であるZZガンダムのデザインからして急遽変更されたりというすったもんだがあったのは有名な話。そんな混沌のなかで生み出されZZ-MSVとカテゴライズされたMSのひとつ、それがこのデザートゲルググ。『UC』ではデザインが改訂され活躍を見せたが、当然のごとくガンプラは未発売。そもそも『UC』設定画準拠のゲルググのガンプラわけで……パテ盛り盛りプラ材使いまくりで"幻"のゲルググを作るのだ!!

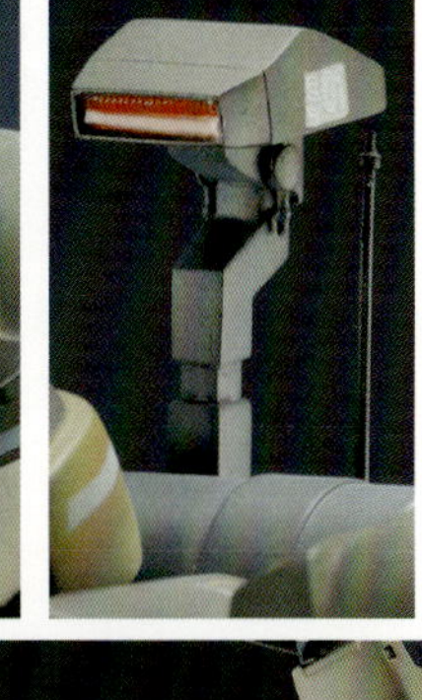

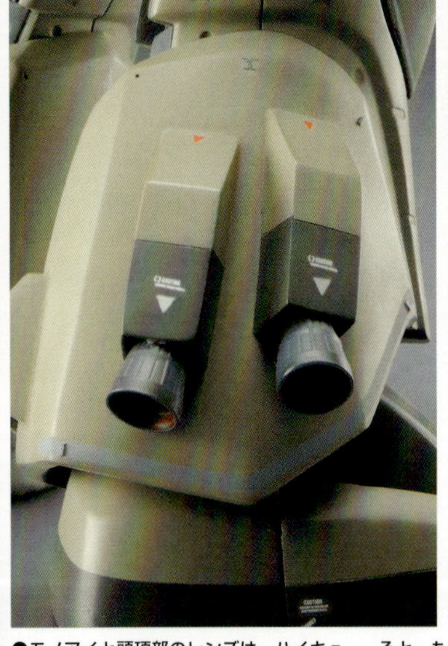

●モノアイと頭頂部のレンズは、ハイキューパーツ製LEDを内蔵して点灯化。ハンダ付け作業が不要でかんたんなのでオススメ
●バックパックはプラ板の箱組みで製作し、アンテナなどをスケールモデルのジャンクパーツを使ってデコレートしていった。適材適所でこうしたパーツを使っていくといい見どころになるので、仕入れておくべし
●バックパックから伸びるスコープにはガイアノーツの透明クリアジェルを使ってクリアーパーツ（風）に。ロケットブースターはプラ棒で自作している
●腕部はゲルググのフレーム以外はほぼプラ板とパテから新造したが、「あとから考えると、もっとキットのパーツが使えた気がする」（リョータ談）。ヒジ関節の形状は『UC』設定画風に変更しハンドパーツはビルダーズパーツHDのものを親指の位置だけ変更して使用（親指が人差し指にめり込んだ造形なので切り離してから再接着した）
●腰部は前部をMG Ver.1.0、後部をMG Ver.2.0から流用している。サイドアーマーはプラ板で製作しており、内部のスラスターは脚に使われているものの流用だ
●脚部もフレーム以外ほぼ新造。足はキットのパーツをベースにポリエステルパテで大幅に形状変更、片面型をとってレジンキャストで複製し、両足ぶんを揃えた

▲サイズの小さいHGUCゲルググを使えば楽に作れるかというとそうではない。スカートの形状・ボリュームやモモの長さなど、デザート・ゲルググの『UC』版設定画のプロポーションに寄せるためには、かえって工程数が増えてしまう

そもそも全パーツがびみょ～に『UC』版ゲルググと違うけど MGVer.2.0をベースに外装部分を大改造

◀▲じつはMGのVer.2.0のゲルググのほうがUCゲルググベースのデザート・ゲルググの印象に近い。基本的にVer.2.0(右側)のプロポーションに準拠しつつ、部分的にVer.1.0(左側)のパーツを使うことで上のようなUC版デザート・ゲルググのプロポーションに近づく(それでも腕まわりはほぼ新造。というか、この途中状態でも普通にかっこいいんですけど～)

MS-14D DESERT GELGOOG

『UC』で初めてアニメに登場 デザート・ゲルググ

▲作例は往年の「ゲルググ リアルタイプカラー」をオマージュした白、赤、黄のラインやコーションで装飾。リアルタイプ～はデザート・ゲルググと色味が近いのですんなりハマるのだ

▼初出はZZ・MSV。SPTやAT風の体型なのが時代を感じる。さまざまなMSを統一感ある体型で描く『UC』の登場に際して右図にリファインされた

▲一年戦争の末期に作られたというデザート・ゲルググ。砂漠戦に対応するために背部に潜望鏡(!)を装備しているほか、左腕には大型のアームド・バスターを装備している。さらに、劇中に登場した機体はザクⅡF2型と同型のロケットブースターを装備していた

▲結局『UC』本編には、ゲルググを除くとノーマルの一年戦争ジオン系MSは登場していないが(ゲルググは袖付きになっている。なお、RX-78はあるところでわずかながら登場する)、新たに設定画から描き直されたMSVたちを見て類推することで、ザクやドム、旧ザクといった機体の姿を思い描くことができるだろう

『UC』MSV大進撃の向こうに透けて見える 一年戦争MSデザインの統一的更新

『UC』は、それまで複数の描き手によりバラバラに積み上げられていった数多の宇宙世紀のMSデザインを、新たに統一感をもって描き直していくという一大事業でもあった。ドム・トローペンとディザート・ザクが同じコマにいても違和感を生じないというのは、元の設定画を改めて並べて見ればわかるが、相当すごいことだ。

この統一においては、どこまで意識されたかはわからないが、設定画とガンプラ間でのイメージの接近も起きている。近年、宇宙世紀MSは元のアニメ設定画と新発売されるガンプラのイメージがかなり異なるのが普通だったが、『UC』のガンプラでは両者のイメージが非常に近くなった。アニメに出てきたMSに近いイメージの立体が簡単に並べられるようになったのだ。こうなってくると、モデラーは「本編には出なくてもUC版のノーマルのザクやドムのHGUCがあれば、ほかのシリーズ作と並べられるし、キットがまだないMSVなんかも比較的簡単に改造で作れるのに」と思ってしまうところである。まずは絵のあるゲルググあたりから……ねえ、ガンプラ化いかがでしょうか?

(文/森慎二)

『RE：0096』始まりましたね。名古屋人の僕にとっては地元のメ～テレ（名古屋テレビ）が地上波で放送してくれることに宇宙世紀ファンとしては感慨深く感じております。当時名古屋の子供は毎日のようにガンダム再放送を見ていたので、ストーリーも皆知っていましたし、当たり前のようにガンプラを作っていました。
　今回の作例はそんな往年のファンも大好きなMSV。旧作MSの活躍は『UC』の大切な見せ場のひとつですが、デザートゲルググも劇中では大活躍!?　でしたね。
　製作にあたり、編集部からはまず『UC』の設定画が渡されました。旧設定画に比べて頭身が上がり、雰囲気としてはep7に出てくる袖付きノーマルゲルググ準拠。そういう意味では完成のイメージは最初からはっきりしています。マスターグレードのゲルググVer 2.0と初代MGを使いながら、奇をてらうことなく正面からキットを使って工作していくことに致しました。
　何事もキットを改造する際は仮組みで全体的なシルエットを常に見ることが大事です。まずはふたつのキットを組んでみて、設定画と並べて改修箇所を見出していきます。……が、気がつけばほとんどフルスクラッチビルドになってしまいました……。結局ほとんどの外装をパテ類やプラ板などで盛ったり削り出したりしていく工作になってしまいました。
　腕部や脚部、胸部はMG Ver2.0のフレームの上から、プラ板でざっくりと骨組みを作り、パテを形状出しして外装を新造。頭部や腰部、肩部などはキットのパーツを活かしつつ、やはり形状が異なる箇所も多いので、プラ板やパテで設定画に似せていくようにします。
　今回、エポキシパテをかなり多量に使いました。最近はセメダイン社より発売されている「金属用エポキシパテ」を愛用しています。このパテは混ぜてから5～10分くらいで硬化しはじめ、盛りつけてからすぐに削り作業に入れるので、今回のように盛り削りの繰り返しでだんだんとカタチを出していくような場合には、素早く作業ができて重宝しました。

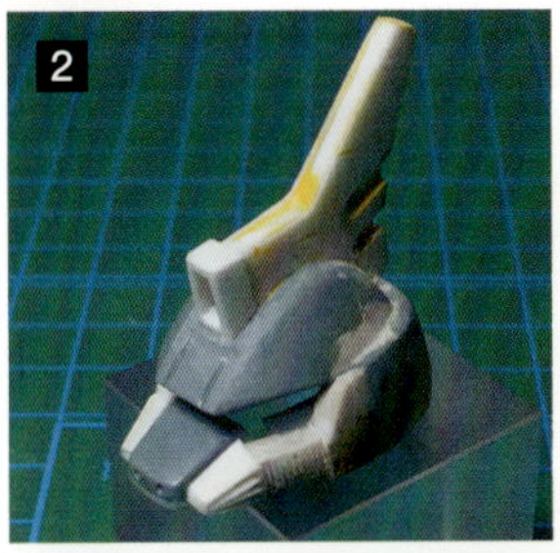

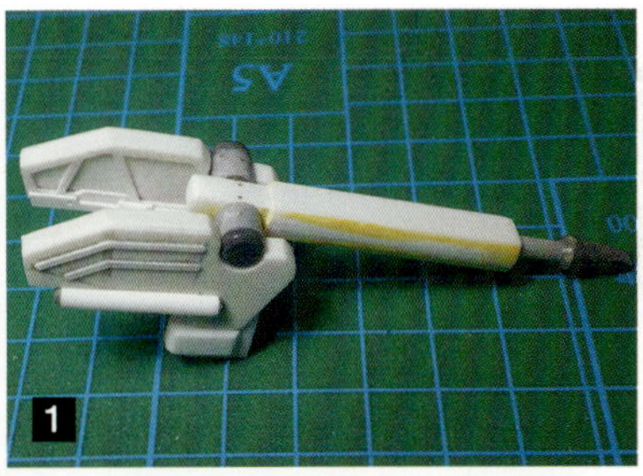

1アームド・バスターはプラ板箱組み。パテの使用は砲身の微調整に盛った程度
2頭部は、より平たいMG Ver.1.0のものを基にプラ材とパテの盛り削りで製作している
3ロケット・ブースターはプラ棒で自作。プラ棒をモーターツールの先端にとりつけて、簡易旋盤として回転させながらヤスリをあててくびれの部分を整形している
45胸、腕、脚はMG Ver.2.0のフレームを土台にプラ板で大まかな形状を出した
6そのあと空間をプラ板で塞ぎ、エポキシパテ、ポリエステルパテで形状を出す。外観ができたら仮組みを繰り返してバランスをチェックして調整。太ももは最終的に5㎜延長している

◆塗装
　濃い緑色は、GSIクレオスのMr.カラー濃緑色（中島系）や灰緑色などにネイビーブルーなどを足しながら調色をしました。腕部などの茶色は'16年2月号のグフ飛行試験型製作時に使ったイエローFS33531に土草色やホワイトなどを足しながら調色していきました。関節はミディアムブルーに赤少量白少量です。
　塗装後の写真を担当編集に見せたところ、「少し単調なのでリアルタイプシリーズ風にしてみては」との提案があったので、いつものデカールワークにラインを入れていくことにしました。
　まず塗装したマスキングテープを幅の細いライン状に切り出し、仮組みしたパーツに貼ってみてバランスを見ていきます。ラインのレイアウトが決まったらマスキングをして、エアブラシを吹いていきます。デカールもサイズの大きいものや赤や黄色といった組み合わせのものを貼りました。
　今回も楽しんで作ることができました！　MSVは作っていてワクワクしますね。■

MS-14の系譜

派生型や改修機はたくさんあるけど後継機はほとんどないゲルググ。なかでもほぼ唯一の直系後継機なのがこのガルバルディαだ。ガルバルディといえば、今年6月にHGUC ガルバルディβが発売されたのでそれを使えば……というわけで本誌恒例のミキシングビルド企画発動。さあキットを活かして作ってみよう！

ゲルググと並べて飾りたい直系後継機をミキシングビルド!

ガルバルディα
1/144　ミキシングビルド
出典／『機動戦士ガンダム MS-X』
製作・文／**朱凰@カワグチ**

Model Graphix
2019年1月号
掲載

唯一と言ってもいい
MS-14直系の後継機。
HGUC5個イチでミキシングビルド

狙いは対ガンダム最終決戦兵器か？ ペズン計画が生んだゲルググ後継機

改修型が長く使われ続けた反面、ほとんど直系の後継機が存在しなかったゲルググ。そんななかで貴重な直系の系譜がガルバルディだ。ガルバルディαは印象的（奇抜ともいう）なMSが居並ぶペズン計画機のなかでもきちんとしたバックボーンを持った機体として設定され、のちにはβとして連邦での採用も果たす。機体コンセプトを乱暴に言うと、「RX-78-2に対抗するビーム兵器搭載のゲルググ」と「RX-78-2に格闘戦で互角に対峙するギャン」を混ぜたらRX-78-2に絶対に負けないぜ!! というもの（乱暴すぎ？／笑）。もしこれが量産されていたら一年戦争最強のMSになっていたかも……なんて妄想しながら頭部を縦長に作ろう！

◀リゲルグは「リファインド・ゲルググ」の略とも言われた、主に推力強化を施した改修型。A型ベース、J型ベースなどいくつかの型が見られる

▲U.C.0120年代に開発されたRFゲルググはゲルググの名は冠しているものの直系の後継機ではない。意匠をモチーフとしているだけだ

▲一年戦争末期に駆け込みで量産されたMS-14。終戦後もネオ・ジオンなどで使われ続けた

◀ゲルググの基本性能にギャンの格闘性能を足したといわれているガルバルディα。戦後は改修されβとなって連邦で使用される

◀ゲルググと次期主力量産機の座を争ったとされるYMS-15 ギャンは白兵戦能力を重視したMS

MS-17 GALBALDY α

設定どおり HGUCを組み合わせたら……できちゃった♥

●作例のコンセプトのキーは、「ミキシングビルドで、できうるかぎりキットの形状を残しつつ組み合わせでどれくらいいけるかを検証」「αに見えないところ（頭、足のフレアや肩等）は最低限改修していく」「完全に絵を再現しようとするとスクラッチビルドになるので、“なんちゃって”でOKとする」の3つ。当初考えていたよりかなりキットを活かしていけたので、ここに掲載した設定画と途中写真と完成形をよ〜く見比べてみてほしい

◀▼今回使用したのは、MS-14JGゲルググJ、YMS-15ギャン、RMS-117ガルバルディβ、MS-14Aゲルググ／MS-14Cゲルググキャノン、MS-14Bジョニー・ライデン専用ゲルググの5つ（すべて1/144 HGUC）。HGUCは関節部のポリキャップが共用のものが多いのでそのまま組み換えられるところが多いが、今回はそのままだと接続できない股関節と肩関節に手を入れている（加工して組み替えたのが下写真）

基本はイェーガー＋ギャン 頭はどうしたものか……

設定上は「ゲルググJ型をベースにギャンの格闘戦性能を盛り込んだ機体」ということで、それにのっとってデザインの記号も胴がゲルググJ型で脚がギャンに準じた意匠になっている。そこで、HGUCゲルググJ型にギャンの脚と肩をつけて足はガルバルディーβに付け替えたら……お！ ガルバルディαに見えてきた!! 問題はあの特徴的（すぎる）頭部。ここはさすがに流用できないので、ゲルググの頭部を無理矢理上下にのばしちゃおう。

MS-17 GALBALDY α

●バックパックはじつはMS-14Bのものをまんまくっつけている。元々の設定で詳細が不明、というのもあるが、時期的に「ちょうどいいのがあるからそのままくっつけちゃえ」的に暫定的に搭載されたのでは、という都合のいい想定である

●肩のデザインは円筒に球面が前後についているのか全体が球なのか設定画を見ると迷うところだが、右肩口の形状の描かれ方と、「ギャンの流れを汲む」という設定から今回は球形とした

●頭部はほぼスクラッチビルド状態。αの特徴を活かしてカッコよくしすぎず同時にHGUCのラインに合わせる、という難題を見事に達成している

某日編集部より1本の電話。「唐突ですけどゲルググ特集なんです！」。お、ゲルググ！作るチャンスなかったから楽しみ♪　とそこで「ガルバルディα作りましょう！」「は？」思わず変な声が出たワケですが（笑）、不安要素を抱えつつ製作を開始していきます。

ギャンの後継機ともゲルググの後継機ともいわれる設定の機体で、もちろんガンプラは未発売なのでミキシングビルドで作っていきます。変にカッコよくアレンジしようとするとゲルググに寄り過ぎて別物になってしまうので、そこをNGのボーダーラインとして製作をしていくことにしました。

頭部は首との接続パーツのみゲルググのものを流用。トサカや上部、鼻（？）はプラ板で作り、パイプはスプリングを使用しています。モノアイレールはパテで別パーツ化し、塗装後にうまく入るようにしました。

胴体はイェーガーのパーツを使用します。上半身は基本キットのままで、背中にバックパックを取り付けるための穴だけ開口しました。フロントスカートはイェーガーを元にフロントアーマーにディテールを追加。リアスカートはガルバルディβのものを、足の接続パーツはギャンのものを移植します。その際に違和感なく付くよう、股間パーツを切り欠いて調整しています。

腕部もイェーガーのパーツを使用します。肩は球形という解釈にしたので、内部にポリキャップを仕込んで無理矢理胴体側の接続軸に合うようにします。ディテールはジャンクパーツやパテを使用しそれっぽく配置しています。ギャンの肩とイェーガーの腕の接続も軸の長さが足りなかったので延長して調整しています。ハンドパーツはF2ザクから流用し、右握り手だけは親指だけ改修したグフカスタムのものです。

脚部はギャンを使い、裾フレアの拡がりを少なくします。パーツを削るのもありだったのですが、内側のフレアが小さいパーツ同士を接着すると楽なので、ギャンをふたつ用意して組み合わせます。その際スネ部分にクサビ型のプラ板を挟みつつ長さを稼ぎ、さらに前フレアの長さも延長しました。足首はガルバルディβのパーツをそのまま使用しています。

バックパックはここは高機動型ゲルググのものをそのままストレートに使用しました。シールドはゲルググのパーツだと大きすぎて、十字に切って小型化するのもあまり現実的ではなかったので、旧キットのゲルググのものを使用。上下に縮め裏側のディテールを作りました。武器はガルバルディβのものそのままです。■

ジオン軍試作モビルスーツ ドム試作実験機

Model Graphix 2016年9月号掲載

YMS-08B ドム試作実験機
HGシリーズ
BANDAI SPIRITS　1/144
インジェクション
プラスチックキット
発売中　税込2200円
出典／『機動戦士ガンダム
THE ORIGIN MSD』
製作・文／**Takuya**

ドムの前身機をより"ドムらしく"アレンジ!

キット完成見本写真

『THE ORIGIN』の世界観をベースとして新たなMS開発系譜を紡いでいく『MSD（Mobile Suit Discovery）』。第2弾として発売されたドム試作実験機は、過去発表されたプロトタイプドムや高機動型試作機、グフ試作実験機といった機体の要素を少しずつ拾いつつも、『08小隊』において初登場した高機動試作型ザクとも関連付けられるなど、ドム・ファミリーの家系図に新たな一石を投じる意欲的な機体となっている。今回はザクとの関連を強く匂わせたキットを、さらに「ドムらしく」ボリュームアップして遊んでみたぞ。

『THE ORIGIN』の世界で紡がれる新たなモビルスーツの開発系譜『MSD』

まず留意しておきたいのは、『MSD』はあくまで『機動戦士ガンダム THE ORIGIN』をベースとして機体バリエーションを展開する企画であり、かつて放送されたアニメ『機動戦士ガンダム』やその劇場版、そしてそれを下敷きとした『MSV』とは直接のつながりがないパラレルワールドな世界観であるということ。とはいえ、公式Webサイトで公開されている開発系統図を見ればプロトタイプドムやグフ試作実験機などの古参『MSV』ファンならばおなじみの面子やTVゲーム出身のイフリートなどもちゃんと織り込まれており、あり得たかもしれないMS開発史のもうひとつの可能性を提示している。『THE ORIGIN』という初代『機動戦士ガンダム』の異伝を契機として、2016年だからこそ紡ぐ、リブートされたMS開発史を楽しむことができる企画なのである。

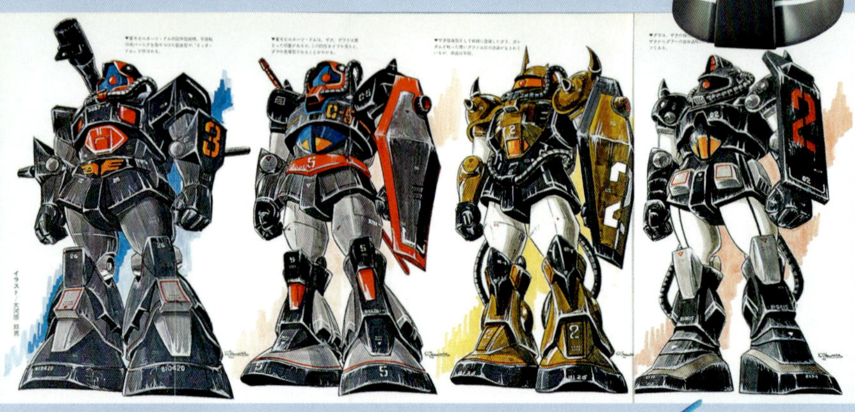

▶『MSV』において語られた、グフやドムに繋がる系譜の試作MSたち。『MSD』で新たに設定されたプロトタイプグフやドム試作実験機が、彼らのエッセンスを巧みに拾い上げて描かれているのがよくわかる

●MS-06RD-4 高機動試作型ザクとのつながりを強調したためか、胸や腕など随所にザクのパーツが流用されているHGドム試作試験型。作例はドムっぽいボリューミーな体躯を目指して腕や胸をプラ板を使ってボリュームアップしている
●キットにはビーム・バズーカが付属している。作例では「やっぱりドムにはジャイアント・バズでしょ！」というベタな発想から、『THE ORIGIN』版ザクのバズーカから改造して試作っぽいジャイアント・バズを製作
●『MSD』開発系譜図上ではYMS-08A 高機動型試作機（上カコミ記事内写真の右端の機体）の後継機と設定されているドム試作実験機。その繋がりをより視覚的にアピールするため、印象的なシールドを自作して装備させている
●ヒート・サーベルは蛍光塗料で塗装。ブラックライトを浴びせるとボワ〜ッと発光するのだ

2
02

ザクからドムへの進化を多層的に
描き出す、モビルスーツ・ディスカバリー

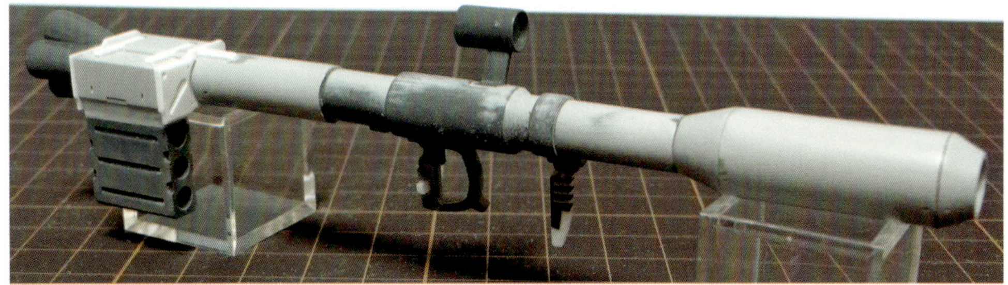

◀ジャイアント・バズはストリームベース・小田雅弘氏による黒い三連星専用06Rザクの作例や、旧マスターグレード06R-1Aのキットに付属していた試作型ジャイアント・バズのデザインを、『THE ORIGIN』風にアレンジして製作。中央部、弾倉、後端部は『THE ORIGIN』版ザク・バズーカの流用

▶新造部分は3Dプリンタを使用して自作。現在コンシューマー機として普及しているFDM方式の3Dプリンタ（糸状の樹脂を溶かしてチュルと出力するタイプ）は、ABSで立体出力することが可能なため、プラモデルのパーツと同様の感覚で加工が可能なのだ。ただし垂直方向に少しずつ樹脂を積み上げる際に発生する積層痕をキレイにならすのはかなり手間がかかる

●これまでも3Dプリンタとカッティングプロッタを用いて、三次元と二次元の二刀流デジタルモデリングを披露してきたTakuya氏。ここでは改めて、カッティングプロッタを使用した二次元デジタルモデリングによるトラス状ディテールの製作法をご紹介しよう。導入する機械の金額や、要求されるPCのスペック的にも3Dプリンタによる立体出力に比べハードルは低いハズ。ぜひチャレンジしてみていただきたい

アーマー裏をカッティングプロッタでドレスアップ！

▲まずはディテールを施したい箇所の形状をトレースするために、マスキングの要領で細切れにしたマスキングテープを隙間なく貼りこんでいく

▲形状のトレースを終えたらマスキングテープを形が崩れないようにきれいに剥がし、プラ板に貼りこむ

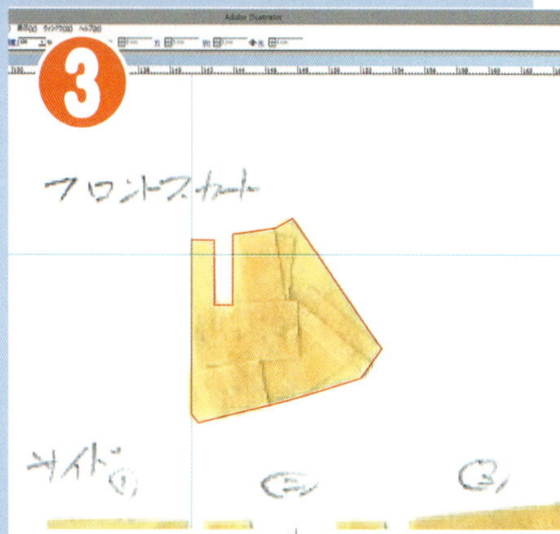

▲形状トレースしたマスキングテープを貼り付けたプラ板をスキャナーでスキャン。PCに取り込んだらAdobe Illustratorなどのソフトを使用して、スキャンしたマスキングテープを元にアウトラインをなぞっていく

▲パーツ裏側の輪郭が描けたら、トラス状のデザインをソフト上で作り込み、カッティングプロッタ付属のプラグインで読み込む。今回使用するカッティングプロッタはグラフテック社のクラフトロボPROで、使用するプラグインは『Cutting Master』だ。引いたパスに沿って、自動的にカットラインを生成してくれる

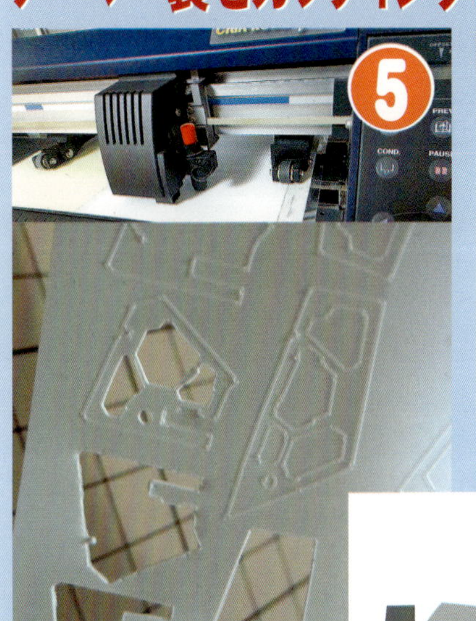

▲カッティングプロッタに薄手のプラ板（厚くても0.3㎜まで）をセットし、プロッタの切り抜き作業を開始。実際には一発でいきなりキレイにプラ板を切り抜いてくれるわけではなく、正確なガイドを引いてくれるといったカンジで出力されるので、よく切れるデザインナイフで改めてなぞって切り出そう。フチは少しプラ板が捲れているのでヤスリがけで処理する

従来のMSVの開発系譜をさらに補完していくような展開のMSD、そのなかの1機であるドム試作実験機を製作しました。胸部や腕がザクそのものだったりドム系なのにほっそりとしたボディラインなので、少しボリュームアップをして通常のドムのイメージに近付けてみます。また、頭部のクチバシ状ダクトはザク系機体なら見慣れていますが、ドムに適用されてしまうどうにも違和感が……。だからといって丸ごと切り取るわけにもいかないので、胸板を前方に厚みを増すことで、下から見るとクチバシが胸に隠れて疑似的に通常のドム顔になるようにしてみました。たぶん試作機ゆえの発展途上な未完成感がこのデザインのバランスなのでしょうが、私の好みとしてはやはりもっと素直にカッコよくしたいよね！ ということでアレンジしています。

このキットでは胸パーツが地上用／宇宙用の選択式となっていますが、ドムといえば陸戦という勝手なイメージで地上用をチョイス。さらに地上用ドムといえばビーム・バズーカより、ジャイアント・バズを持たせたくなるもの……。今回は試作ドムということなので、設定そのものジャイアント・バズを作って持たせるのではなく、06Rザクなどに使われたとされる試作バズーカを作ってみました。『THE ORIGIN』版ザクバズーカのパーツを流用して3Dプリンタで改良部分を新造しています。

系譜図を見るとYMS-08A高機動型試作機からの発展型となっているので、同機体のシールドをそのまま引き続き使用して試験をしていると仮定し、持たせてました。シールド表面の目を引く赤く大きな番号「2」は、カッティングプロッタでマスキング用シールを作成し塗り分け塗装しています。ビーム・バズーカをランドセル右側に縦置きでマウント出来るようにしたのも、YMS-09プロトタイプドムに繋がる外観にしたかったためです。

前後の機体開発系譜を考えながら外観やオプションの武装等を工作していく、そんなモビルスーツディスカバリー（発見）をしていくのは楽しいものですね。■

これまでも本誌ではマラサイを改造したナンチャッテ作例を載せたりしてきましたけど、やっぱりイフリート改の模型がずっとほしかったワケです。で、満を持して発売された1/100、しかも間髪入れず兄弟機イフリート・シュナイドもプレミアムバンダイで販売されるなど、イフリートがいまアツいのです！　今回の作例では、ていねいな工作とコダワリから生まれた専用塗料で、往年の「あのイメージ」を再現してみました。

REBORN
ONE HUNDRED
1/100 SCALE

定番塗料「ガンダムカラー」に異変アリ!? 成型色と異なる「外伝の蒼と赤」塗料で1/100イフリートを塗ってみた

MS-08TX[EXAM]
イフリート改
RE/100シリーズ
バンダイ　1/100
インジェクション
プラスチックキット
発売中　税込3850円
出典／『機動戦士ガンダム外伝
THE BLUE DESTINY』
製作・文／NAOKI

Model Graphix
2018年12月号
掲載

MS-08TX[EXAM]
EFREET CUSTOM

NAOKI氏がカラーを監修するワケ

キットの開発にも携わるNAOKI氏に、同時に専用カラーも監修してもらえれば、市販品そのままで形状もカラーリングもプロモデラーが理想としたものに近くできるのではないか、という思惑があります。成型色では再現できず、またレシピから再現することも難しいような「デザイナーが理想とした色調」を、微妙なニュアンスもそのままに製品化できるのは専用カラーだからこそです。もちろん、成型色に基づいた指定色で塗るのもひとつ正解ですが、これはこれでひとつの解と捉え、指定色で塗るのか専用カラーで塗るのかで変わってくる見映えを楽しんでいただけたらと思います。（GSIクレオス ホビー部　佐藤周太）

ガンプラ製作の幅を拡げるデザイナーズカラー

プロモデラーが監修したガンダムカラーの新境地

GSIクレオスが販売するガンダムカラーは、これまではキットの指定色＝成型色どおりの色味で調色されていた。モデラーが理想とする色味はまちまちだが、まずは指定そのものの色味の塗料を用意するので、それをそのまま塗るか調色ベースに使うかは各自の裁量に任されていたわけだ。

いっぽうこの塗料は、NAOKI氏が色味の監修に加わり、明らかに成型色とは異なる色味となった。その背景には、プロモデラーが監修したほうが塗装派ユーザーもうれしいのではないかという判断や、イフリート改の色味は作品ごとに異なるため、セガサターン版ゲームや往年の大河原邦男氏の設定の色味を再現できるようにしたかった……といった理由があったようだ。これはおもしろい試みで、今後もこのようなデザイナーズカラーが続くのかを担当者に尋ねたところ「多大な反響をいただきましたので、ぜひ次につなげたいですね」とのこと。第二弾以降の閃きにも期待したい。

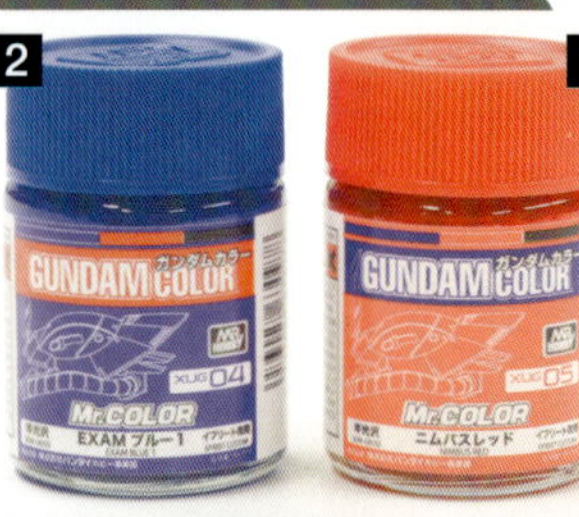

1 ガンダムカラー ニムバスレッド
2 ガンダムカラー EXAMブルー１
（発売中　各税別320円　容量：18ml）

イフリート改を製作しましたが、「基本的な形状やプロポーション」は開発段階でできうるかぎり反映してもらっているので、作例は各部のエッジ出しや断面形状の整形などに注力しています。

で、主題であるカラーリングについて。キットは設定よりも明るい色で成型されています。これはおそらくゲーム本編中のエフェクト処理されたカラーを抽出しているのだと思われますが、大河原さんが描く設定画の深みのあるカラーも捨てがたい。同時に、既存のガンダムカラーは基本的に成型色に合わせた調色がなされていましたが、近年の塗装しなくてもほぼ設定どおりのカラーリングが再現可能なガンプラに対し（塗り分けのチョイ足しなどを除いて）同じ色の塗料を重ねて塗ることにどれだけ意味があるのか？　という問いかけに対し、テストケースのようなカタチで今回の塗料を出させていただいたわけです。今後も引き続きガンダムカラーを作るお手伝いをさせていただきますが、今後はこのようなケースとはまた違うアプローチの展開も考えていますのでお楽しみに。

ちなみに作例は本体の赤とニムバスのパーソナルカラーである肩の赤は意味合いが異なるだろうと思い、微妙にトーンを変えてます。以上、微妙なコダワリでした。■

●拳を新造したほか、スネのフレア端部や肘、肩アーマーなどの端を薄く加工。製品はプロポーション改修をせずとも、厚めに成型されたエッジ処理を行なえばかなり見違える
●ヒート剣のマウントはNAOKI氏がデザインを担当する『ガンダムエース』（KADOKAWA刊）で連載中の漫画版で追加された設定を踏襲している。作例はさらに漫画版に忠実に、キットの指定とは逆さに取り付けた。抜刀する際、握り直さずにそのまま振り下ろすには刀身が外側を向いていたほうが都合がよいだろうという解釈

▼キットのディテールはPlayStation®3のゲーム『機動戦士ガンダム サイドストーリーズ』の3DCGを基に彫られている。色味も『サイドストーリーズ』を参考にしているようで、水色の体に朱色というのが指定色。これはこれでカッコいいが、本機が初登場したセガサターン版ゲームの色味（濃い蒼と赤！）も捨てがたく、作例ではその風合いをオマージュしている

往年の濃いカラーリングはやっぱりカッコいいね

MS-09G ドワッジ
マスターグレードシリーズ
BANDAI SPIRITS　1/100　インジェクションプラスチックキット
税込5500円　プレミアムバンダイ販売
出典／『機動戦士ガンダム ZZ』
製作・文／**横縞みゆき**
デカールワーク／タイガー猫山

MG

▲HGUCをすっ飛ばしてMGでの発売を果たしたドワッジ。プレミアムバンダイとはいえ、よもやドワッジがと驚かされたファンも多いのでは。MGドムをベースとしたバリエーションだが、本キットでは外装だけでなく内蔵関節フレームをアップデート。肩や股関節のスイング機構、太もものロールが追加され、ハンドパーツにはエモーションマニピュレーターを採用、実質的なMGドムのリニューアル作となっている。ジャイアント・バズのほかにヒート・トマホークも付属し、モデラーにはうれしい水転写式デカールが付属する

祝、MG発売。べつにアンタのことなんか好きじゃないんだからねっ！（ツンデレ）

▼右側がすべての発端となった、横縞みゆき氏製作 本誌'86年10月号掲載の1/100ドワッジ改。横縞氏の学友だった螺子頭ボンド氏が同時にドワッジを製作している。こうやって今回の最新MG作例並べて見ると、汚しのカンジやマーキングなどに昔っぽさがあるものの意外と違和感ないのがフシギ。当時の記事でもほとんど紹介されていなかったが、じつはモノアイが電飾&可動式になっていて、胴体内には電池ボックスがゴロンと入っている

1/100作例

'86年デビュー作

1/144作例

これで4体目、1/144も1/100も制覇!!

▲左がHGUCドム発売に際し、横縞みゆきデビュー20周年を記念してHGUC改造で製作された1/144ドワッジ改（本誌'06年4月号、『ガンダムアーカイヴス 第一次／二次ネオ・ジオン戦争編』に掲載）、右は'16年4月号『機動戦士ガンダムUC』特集に掲載されたHGUCドム改造のドワッジ。このように本誌的にはドワッジといえば横縞みゆきなのである（断言）

諸君！ いまこそ33年間の沈黙を破ってドワッジを作る時がきたぞ！

MGドワッジが発売される日が来るなんて……
ドワッジといえばもちろんあの方……横縞みゆき参上！

1/100 MG MS-09G DOWADGE

かなりマイナーなアイテムまで製品化される昨今のプレミアムバンダイですが、さすがにドワッジは想定外!?　とにもかくにもMGドワッジ発売おめでとうなのです!!　そして本誌でドワッジと言えばもちろん横縞みゆき氏。デビュー作のあのドワッジ改から33年、これで1/144も1/100も制覇なのだっ！

横縞さん、これからも末永くドワッジをよろしく！

編　祝！　MGドワッジ発売ということで、ドワッジと言えばこの方、横縞みゆきさんにお越しいただきました！

横縞みゆき（以下横）　いや、だからとくにドワッジ好きなわけじゃねーし！　って恒例のこのくだり、もういまの読者にはさっぱりわけわかんないんじゃ……。

編　前回のUC版ドワッジ作例からでも3年経ってますし、その前は'06年の横縞みゆきモデラーデビュー20周年企画、そしてそもそもの発端は'86年の作例ですからね。でもこれで、デビューから33年かけて1／144と1／100でドワッジ、ドワッジ改を制覇！　こんな偉業を達成したモデラーってほかに誰もいないんじゃ？

横　そもそも誰もそんなチャレンジしないし（笑）。それに今回だって、いきなり編集部からキットが届いてたし……。

編　いや、だって当然作るでしょう？

横　まあ、作るんだけどさ。

編　はじめにドワッジ改の作例を作ったときってどんないきさつだったんですか？

横　ペーパークラフトみたいなプラ板細工で『スター・ウォーズ』のブロッケードランナーを読者投稿したら、いつのまにか（螺子頭）ボンドと組んでドワッジやることになった。それが本誌デビュー作だったのね。

編　旧キットの1／100ドムでドワッジ改作れって、かなりムチャ振りですね。

横　まあ、当時はそれくらい普通だったというかいま見ると恥ずかしいというか、だいたい振ったのアンタたちでしょ……アレ？　そういえばボンドどうしたの？　ドワッジ企画のときはいつも居たのに。

編　MGも発売されて「いやー、オレはもういいでしょ」的な空気感だそうで。

横　空気感ってなんだよ！

編　ついにMGドワッジ発売ということについて、いかがでした？

横　改めていかがって言われても困るんだけど……さすがにMGでは発売されないと思ってたから完全に油断してた。

編　というと、今回締め切りをかなり遅れたのも、その油断が原因だったと。

横　いやさー、久しぶりに塗装しようとしたら、シルバーとかちょっとしか使わないけどないと困る基本色が全部固まっちゃってて。そのうえ、ハンドピースのパッキンが逝っちゃってて、ボタンが押したら戻ってこねーの。そして、マスキングを剥がすと下の色がめりめり剥がれてくるっていう。

編　キター、塗装あるある。

横　ベースになってるMGドムがいいから、今回はほとんどキットのままでいこうと思って作りはじめたんだけど、結局ちまちまとディテール工作をしたりしてたら時間が押してきてそういうことに。

編　今回は横縞さんのガンプラ作例にしては改造少ないなー、と思ったり。

横　よくできてるから、「手を入れないと」ってとこがもうないんだよ。こんないいキットが発売されるようになったんだから、ほかの人に作例頼めばいいんだって、大改造する必要もないんだし。

編　いやあ、ドワッジといえば、横縞さんしかいないなーと。で、横縞さんはこの先作ってみたいドワッジとかあります？

横　だから、特別にドワッジが作りたいわけじゃねーから!!　さすがに卒業でしょ。

編　いやいや、このMGドワッジ改造のドワッジ改ロンメル機とか……。

横　2周目!?　このペースだと2周目終わるころは2050年……って想像つかんわ。そこまでいくとこれはもうドワッジハラスメント、いわゆるドワハラ？

編　そんなハラスメント聞いたことないです……そういえばいま気づいたんですけど、最近塗装していないということは、例の途中のリゲルグ（50ページ掲載）って？

横　ぎくっ。

編　たしか春にはと……桜散りましたが。

横　突然ドワッジ作ってたからでしょ！……がんばります。■

いや、もう手を入れるところなんてないって

と言いつつチマチマ作り込んじゃうんだけどね……（横縞）

●大きなプロポーション改修はせず、ディテールをチマチマといじる方向で製作。「ホントは汚し塗装もしたかった」とのことだが、傑作キットであるMGドムをベースとした最新製品なのでこのようなきれいな仕上がりも似合う
●深い意味はないが、頭部片側のバルカン砲を1門に変更。「頭部バルカン砲の薬莢ってどうなるんだろう……そのままだと撃ったはしから全部ルーバーに吸い込まれていきそう」ということで、排莢口を上側に作っている

1/100 MG MS-09G DOWADGE

●頭部後方のアンテナは'86年10月号に同時に掲載された螺子頭ボンド氏のドワッジ作例をパクって……失礼、リスペクトしてブレード状に改変している
●頭部横の動力パイプはキットのパーツがうねった形状だったので直線的な形状に変更。改造自作したパーツを複製して使用した。1/144作例のときは単にチューブにしてボンド氏に「ちゃんとやれ」と突っ込まれたので……
●ヒザ裏の五角形パーツはいちおう吸気口という脳内設定で形状変更。ホントは哀原善行氏のMGドムの作例（『ガンダムアーカイヴス 一年戦争編』掲載）をまんまパクりたかったけれどできなかったとのこと
●手の甲アーマーは、切断して間にプラ板を挟んで延長。指の付け根関節を覆うようにしている
●脚やスカートなどに白い突起を追加しているが、コレもとくに深い意味や考証はなし。横縞氏が昔からいろいろな作例に施している密度感を上げるためのディテールだ

'86年10月号
右がボンド作ドワッジ

◆なぜ出て来るっ!?

ア・バオア・クーで学徒動員兵のザクを撃つアムロみたいな気持ち？「もういいよ、ドワッジは」と思いつつ何度でも作っちゃう……かわりにリゲルグできてませんけど。

◆あれはよいものだ（基本工作？）

元々のMGドムのキットがとてもよいのでプロポーションはまったくいじってません。過去3回、30年以上に渡っていろいろなドムを無理矢理ドワッジ化してきたヨコシマからすると、こんなに簡単にドワッジがカタチになるなんて……感無量です。といいつつ、さすがに本誌の作例でストレート組みというわけにも……なので、手を入れた部分について説明していきます。

肩アーマーは開口側上部のラインが不自然な印象なので形状を修整しました。それに併せてインナーパーツも変更しています。

手首は、指の付け根の関節が目立つので、手の甲パーツを延長して覆うようにしました。指は材質が柔らかく整形するのに難儀しましたが、スポンジやすりを＃240～800まで順番にあてて処理しました。

足は裏がかなりペッタンコな印象なので、つま先を別パーツ化し、ホバーフィンを深くして、部分的に外側アーマーと足の裏パーツの段差を設ける、というお手軽改造で立体感を（気持ち）アップさせています。

増槽は、小さいほうのタンク取り付け部分がちょっと寂しいので、流用パーツ＆プラ板でデコレートしました。

◆私もよくよく運のない男だな（塗装）

う～ん、いちおう『ZZ』の色設定に準じたつもりですが、色味は好みで変えちゃってます。カラーレシピは割愛しますが、グロスの茶色系が揃うガイアノーツのダグラムカラー、ボトムズカラーは本当に重宝します。今回は締め切り直前にエアブラシが壊れてイロイロと厄介なことに……（涙）。

◆認めたくないものだな（総括？）

キットレビューの意味合いが強いであろう本作例なのですが、けっきょくオレディテールを入れて勝手な作例に……スマヌ。胸部の動力パイプ受け口や巨大化した肩のアンテナは、30年前の螺子頭ボンド先生の作例のパクリ……いやいやリスペクトです。あと、キットのままでは「間」が気になる部分にスジ彫りを加え、プラ板や流用パーツ等でディテールを追加しました。センスが問われる部分ですが、いまだに昔のボンド作例に及ばないという……（泣）。■

HGUCで発売済みのアイテムを最新フォーマットでリメイクする「新生-REVIVE-」。シリーズ第二弾として極初期に発売されたギャンが、No.197として十数年ぶりに新金型で生まれ変わりました。この新生HGUCギャン、とてもよくできていて手を入れるところがない模型誌泣かせの製品でして……そこで今回はちょっと反則ワザ的にいわゆる「近藤版」をイメージしてアレンジしてみました。いきなりちょっとひねりすぎかな……でもカッコいいでしょ？

YMS-15 ギャン
HGUCシリーズ No.197
BANDAI SPIRITS 1/144
インジェクションプラスチックキット
「HGUC No.197 ギャン」改造
発売中 税込1320円
出典／『機動戦士ガンダム』
製作・文／**NAOKI**

Model Graphix
2016年10月号
掲載

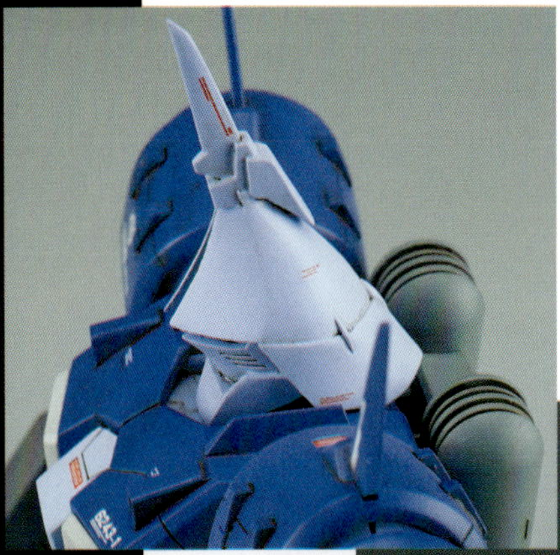

新生したHGUCギャンをマニアックなアレンジで

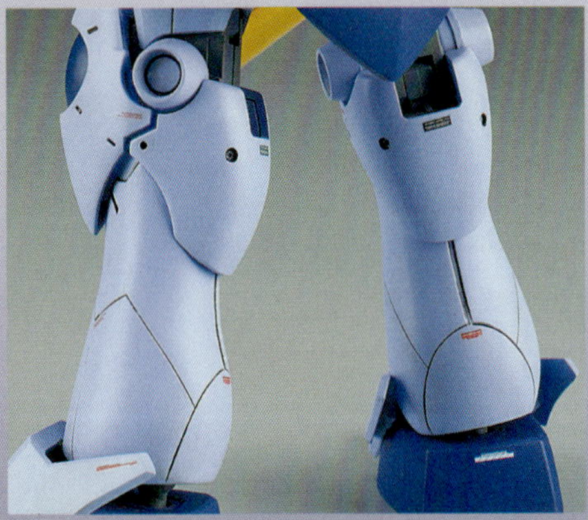

●知る人ぞ知る、といいつつ巷のガンプラ系ブログを見るとスクラッチビルドに挑戦している人もけっこういて、コアな人気を誇っているのが通称「近藤版ギャン」（ギャンEX）。ガンダムタイプのようなアレンジが加えられた胸部、フレアのないスネ、そしてヘルメットを被ったような頭部……と原型機のギャンとだいぶ異なる見た目をしている。作例は、引き締まったスタイルで作りやすいHGUCギャン No.197を元に、ギャンEXのテイストを盛り込んだアレンジで製作した

ギャンEXって？

ギャンEXは、近藤和久氏の短編漫画を集めた単行本『新MS戦記 機動戦士ガンダム短編集』（KADOKAWA刊）などでその姿を見ることができる機体。パイロットはアクシズ在籍時のシャア（単行本だと機体色は素のギャンと同色）、また銃を装備するなどかなり独自色強めで、型式番号も媒体により「MS-15PLUS」「MS-15S」と揺れているなど謎多き存在だ。その頭部形状や細身の外観が特徴的で、同氏のその後の作品でもこのアレンジに則ったギャンを描き続けられ、現在では通称「近藤版」として模型におけるギャンの人気アレンジのひとつとなっている。

最新なギャンの可動を見よ

▼スカートアーマーの分割とともに腰が大きく曲がるので、腰を深く落としたポージングも取ることができる

▶'99年発売のHGUC №2ギャンもよいものだったが、'16年発売のこの№197はスゴい。№2の端正な体型を継承しつつ、関節構造を見直すことで剣戟アクションをとりやすく進化。写真のような突きの姿勢も楽勝でキマる。パーツ分割もこまかいのでギャンキャノンとか派生機の製作も捗りそう。みんなもギャンバリエーション作ろうぜ！

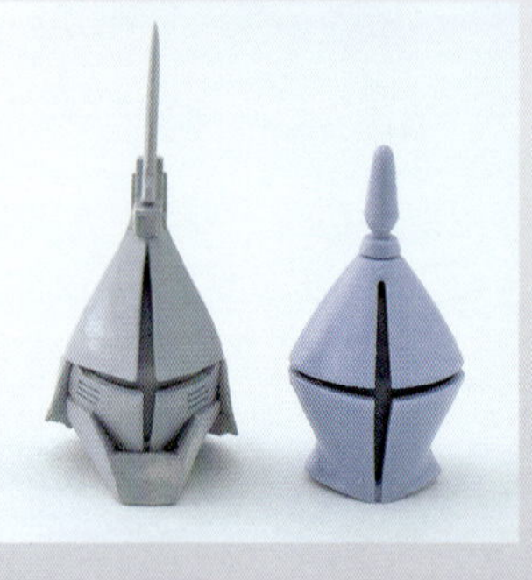

❶頭部はほぼ新造。内部モノアイレールは活かしつつ、ヘルメット部分をキットパーツをベースにパテを盛り削りして製作
❷ひと回り大型化した肩アーマーはキットの球状肩パーツを元にエポキシパテでユニットを追加。球の返しと上部の可動部のスリットに合うダボを作り固定できるようにしている
❸胸もキットの胸前半部パーツC1-7をゲージにして、そこを中心にパテで改造している。高さや幅はキットパーツから変えていない
❹脚部はキットパーツの構造や形状を最大限活かす方向でスネを改造。キットパーツを芯にフレア部分をすべて削ぎ落とし、膝から下をエポキシパテで新造した

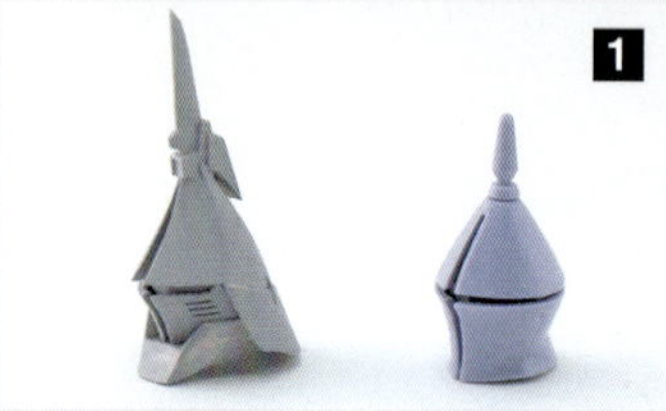

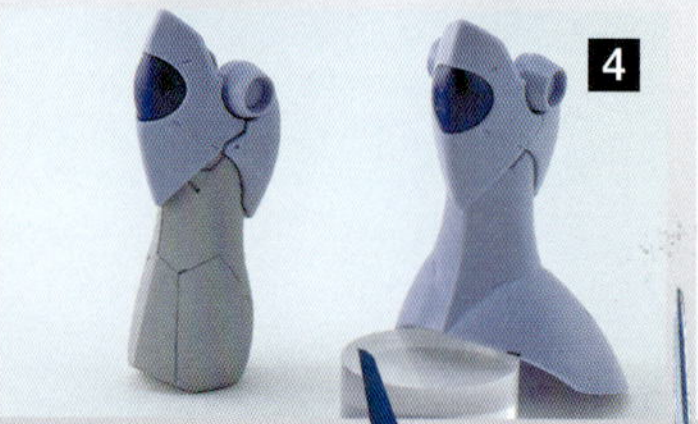

さて今回はHGUCの新生ギャンを製作しました。私もこの製品開発に携わらせていただいたのですが、プロポーション、パーツ形状、パーツ構成ともに完成度が高いまとまりで、たぶんこのまままっとうなキットレビューをしたところで重箱の隅を突きまくるかディテール追加で情報量を増やすか……みたいなことにしかならなさそう。そこで製品の発売から少し間が空いたので、ちょっと毛色の変わったことをしてみました。ギャンといえば初出時はマ大佐専用機、後年ツィマッド社のコンペ用機体と設定され、どちらにせよ派生機の展開がしづらい設定だったことから、バリエーションといえばゲーム『ギレンの野望』シリーズにifというカタチで複数登場するものの、それ以外だとほかのジオンMSに比べあまり見かけません。

そんななか、バリエーションと言えるかは微妙ですが、近藤和久氏が『GUNDAM WEAPONS 2』（ホビージャパン刊）上で描かれた漫画「OPERATION TITAN」に登場したギャンEX、いわゆる「近藤版ギャン」は非常にカッコよく、昔から作ってみたかった機体のひとつでしたので、今回半ば強引に（笑）プレゼンして、近藤版をイメージしたアレンジで製作してみました。

とはいえ近藤氏が漫画で描いたものをそのまま再現しても今回のREVIVEギャンをフィーチャーすることにはならなそうです。そこで「HGという文脈のなかでギャンEXをイメージしつつギャンをアレンジするとどのようになるか?」というテーマを設けてみました。具体的には、キットをベースにしつつパーツ単位でデザインアレンジをEXに寄せることでベースキットを最大限に活かす方向で製作しました。

◆製作

キットの元のアレンジから浮かないようにしつつ特徴的なパーツを追加する作業……たとえば、肩ブロックは本来であれば円柱状のブロックを芯に構成されていますが、元の球形状を活かす方向でアレンジ。肩アーマー外側の円盤状パーツを、キットのパーツ構成を活かすカタチで取り付けています（もともと肩外側のフタパーツA1はカンタンに外せるようになっています）。

脚部もまったく異なる形状ですが、ここもフレアパーツをすべて削ぎ落とし、膝から下をエポキシパテで作り変えてやればかなりそれらしく見えます。足首は甲部分のカバーのみエポキシパテ、プラ板から新造。上部のみスネに当たり可動に干渉するのでキットパーツを削って対応しています。

武器は、漫画だとゲルググJのようなライフルを持っているので、システムウェポン002の付属ビーム・ライフルを使いました。HGUCのゲルググJの付属武器よりも造型がシャープなのでオススメ!

以上、キットを活かしつつなんとなくそれっぽくなったとは思うのですがいかがでしょうか? もし気に入られて作ってみようという方、決して低いハードルではないものの、思ったよりも高くはないはずですのでお試しあれ♪ それではまた! ■

MS-15KG GYAN KRIEGER

MS-15KG ギャン・クリーガー
HGUCシリーズ
BANDAI SPIRITS 1/144
インジェクションプラスチックキット
税込1980円
（プレミアムバンダイ販売）
出典／『機動戦士ガンダム
ギレンの野望 ジオン独立戦争記』
製作・文／**朱凰@カワグチ**

Model Graphix
2018年5月号
掲載

●MS-15KG ギャン・クリーガーは高機動型ギャンを改良した強襲用MSで、MS-15系の最終生産型とされる。ジェネレーターの強化により戦艦すら一撃で沈める威力のビーム・ランスを標準装備。高加速性能を活かした突撃戦法を得手とする

ゲーム『ギレンの野望』を遊んだことのない人からすると「ギャン・クリーガー？」ってカンジでしょうが、「ゲルググの代わりにギャンが制式採用された世界ではギャンが大活躍、そしてゲルググJに相当する最終タイプがこのギャン・クリーガーなんですよ」と言われると興味が湧いてきませんか？ 今回はプレミアムバンダイから販売された「幻のギャン」をレビューいたします。

知られざる「公国軍次期主力MS」

MS-15KG GYAN KRIEGER

ゲルググ最強説？いやギャン最強でしょ！

ジオンがギャンを選んだ世界線。ゲームならではの「ギャンバリエーション」

連邦軍のレビル、ジオンのギレンのどちらかを選んで一年戦争を追体験できるシミュレーションゲーム『ギレンの野望』シリーズ。PS2版ではジオン側を選んだ際の一大イベントとして「ギャンとゲルググ、どちらを採用するか？」がある。正史ではゲルググが主力MSの座を勝ち取るが、ゲームではコンペの結果はプレイヤーの選択に委ねられるのだ。そこでギャンを選ぶと以降はギャンを中心にMS開発が進み、中距離支援のギャンキャノン、海兵隊仕様のギャン・マリーネ、そしてギャン・クリーガーなどの正史には存在しない独自のMSが開発できる（それぞれゲルググキャノン、ゲルググM、ゲルググJに相当）。格闘は強いが射撃武器が貧弱というクセの強い機体が多いギャンルート、当然ゲルググルートよりも難易度が若干上がるが、幻のギャンバリエーション見たさに挑戦してしまうのがジオンファンの性……

『ギレンの野望』ifルート

宇宙世紀「正史」

▶HGBFギャンスロットのかかとパーツを流用することで足首を延長&ハイヒール化。よりスマートな見た目にしている

●バックパックの側面に付くプロペラントタンクが小ぶりな上にデザインがどうもしっくりこないので、断面が円柱状のHG Hi-νガンダムのプロペラントを移植。ゲルググJに倣って配置をバックパックの下側に移設した。●付属のサーベルとシールドのほかに、HGゲルググからビーム・ライフルを流用。本来は装備しない設定のようだが、ジェネレーター出力的には問題なく持てるはず。このへんは模型ならではのお遊びということで

●頭部は面長な印象なのでアゴを削りつつ、頭頂部（角の基部）を削り込んで面長感を調整。モノアイスリットのヒサシ上側はプラ板やパテを盛って厚みを強調し、ヒサシの下部は幅を狭くするように削ぎ落とした。またモノアイ部を開口し、リングパーツ＋メタルボールで立体的に造形している。●モモは付け根のロール軸で2㎜延長。するとモモの外装上部が干渉するので、外装裏側を削り込み。膝関節も鳥足気味に前に倒せるよう干渉部を削り込んで調整した

騎士っぽいスタイルのカッコ良さをブーストする

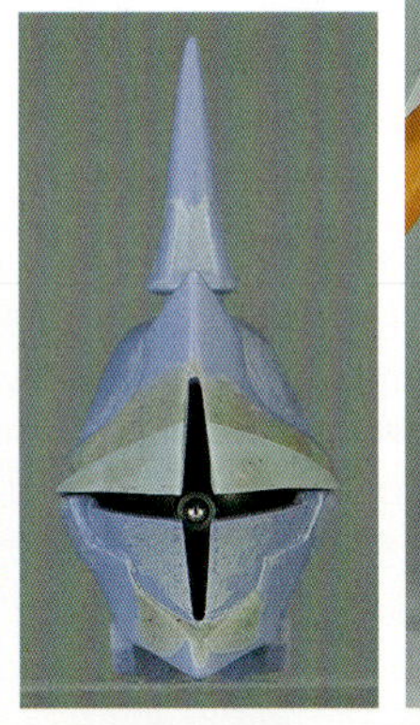

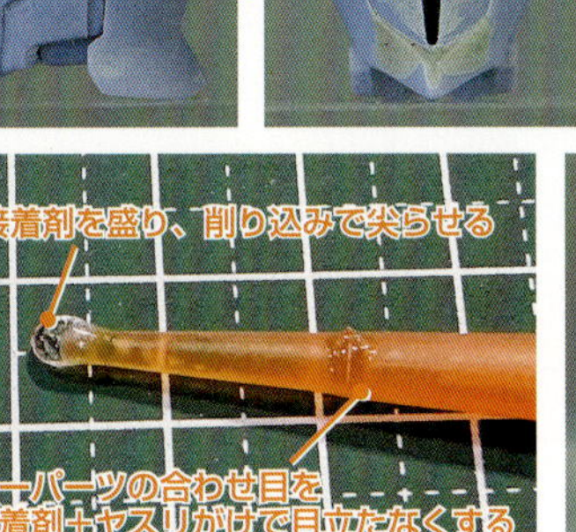

◀面長な印象を緩和するべく、首の付け根ブロック（緑色の部分）を襟元からいったん削り取り、1㎜下げて再接着した（その直下のプラ棒は支え＋ダボの役割）。これにより頭部の改修とあわせて、頭が胴体にめり込んだ見た目にできる。首元の隙間にはビニールチューブを植えてアクセントとした●腹部パーツは軸の延長と側面にプラ板を貼り足して計2㎜延長●クリアーパーツ製のランスは合わせ目を瞬間接着剤や瞬間クリアパテで埋めつつ、クリアーホワイトを下地に吹いて合わせ目を目立ちにくくした。さらに上からビームが発光しているようにグラデーション塗装を吹き重ねた。先端の丸みは瞬間接着剤を盛れば、透明感を保ったまま形状調整ができる

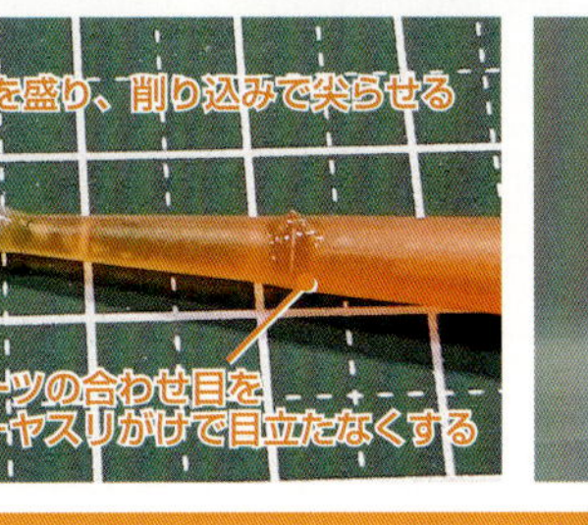

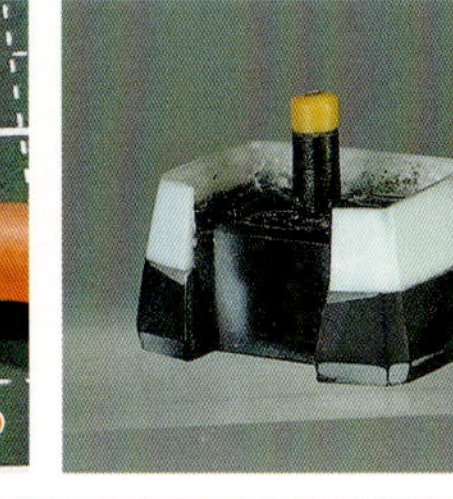

PS2版以降の『ギレンの野望』では「もしもゲルググではなくギャンが採用されていたら？」というｉｆルートを遊ぶことができるのですが、そこで登場するのがギャン・クリーガー。ゲームの機体ながら人気があり、このたびめでたく製品化されました。製品は一昨年リメイクされたHGギャンの関節を使いつつ、外装は新造形という気合の入った構成です。作例は騎士のようなカッコよさが出せるようにスタイルを調整、頭部の形状調整に重点を置きつつ、キットをなるべく活かす方向で製作しました。

◆製作

胸天板がのっぺりしていて寂しいので、装甲を強化するイメージでディテールを兼ねて0・3㎜プラ板を貼り付けてみました。

フロントアーマー先端は、足の付け根の延長部を隠す意味も含めて約1・5㎜延長。中央パーツ下部にはジャンクパーツを使用しディテールを追加。サイドアーマー端部は折り返し部分を削り落としてモモに密着させ、それに伴いリアアーマーの両サイドも調整しつつ削り込んでいます。

◆カラーリング

トーンを落とし、各バーニアやスラスターの警戒色の赤を除くことでより落ち着いた雰囲気になるよう配色しました。無表記はガイアノーツ ガイアカラー。（M）とあるものはGSIクレオス Mr.カラーを使用。

・本体紫／AT‐10パープル＋灰色9号（M）
・本体黒／AT‐18ダークバイオレット＋ニュートラルグレーV＋本体紫＋クリアブラック（M）少々
・赤／シャインレッド（M）
・関節／フレームメタリック1
・白／灰色9号（M）
・ランス／本体色→フレームメタリック1→灰色9号（M）の重ね塗り
・ビーム部／蛍光オレンジ＋蛍光イエロー
・モノアイ／蛍光ピンク＋蛍光ピンク（M）・センサー／1200番サーフェイサー（C）→蛍光ブルー＋クリアーホワイト＋キトンブルーパール（M）■

振動センサーや音響探知機が接近を探知していたジオン軍のMSが、意外に早く視認距離に入ってきたとき、連邦軍の地上部隊はすぐにショルダーアーマーの形状や細部の違いに気づいただろうか。

戦車のなかで、あるいは遮蔽物の陰でジオンのザクを予想していた連邦軍兵士は、逆光や靄や土ぼこりのなかでは、MSのぼんやりしたシルエットから、それが新型とはなかなか気づきにくかったのではないだろうか。

そしていよいよ間合いが詰まって交戦距離に近づいたときに、やっと気づいたのではないだろうか。青い塗装と肩の湾曲したスパイク。そこで「ザクじゃないんだ……」と悟ったところで、ザクよりも近距離戦闘での柔軟性の高い兵装に、連邦軍の対MS装備と戦術では歯が立たないことにまで思い至ることはなかったろう。

そう想像してみると、ジオン軍のグフが戦線に出現したことは、連邦軍にとってはある種の“技術的奇襲”だったのではないだろうか。そもそもジオンのMSそのものが大きな“技術的奇襲”だったが、その後も連邦軍は、グフ出現当時においてもいまだMSについては運用評価の段階にとどまっていた。そこにジオン軍は、地上での近距離戦闘能力が高く、しかもおそらく対MS戦闘を意識していると考えられる新型MSを早くも投入してきた。連邦軍にとってはじつに厳しい状況になったわけだが、ジオンのこの新型MSも、まだ配備数はごく少なく、特殊戦部隊で実験的に実戦投入されているだけという点は、わずかな救いだった。

●

新しい兵器や装備によって、それまでの彼我の優劣が一挙に覆されることを“技術的奇襲”という。第1次世界大戦でイギリス軍が戦車を発明して、それを実戦投入したことも技術的奇襲の一例だが、イギリス軍も戦車の威力を活かして膠着した戦況を変えるだけの新戦術を作り上げていなかったために、戦車の投入だけでは戦争の趨勢には決定的な影響を与えることはできなかった。

第2次世界大戦でも、1941年にドイツ空軍が新型戦闘機フォッケウルフFw190をフランスの基地に配備して、それが英仏海峡上空の航空戦に出現したことは、イギリス空軍にとってはひとつの技術的奇襲だった。それまでのイギリス空軍の主力戦闘機スーパーマリン・スピットファイアMk.Ⅴは、ドイツ空軍のメッサーシュミットBf109F戦闘機と優位に戦うことができていたが、このFw190の優れた低空性能と運動性で、スピットファイアMk.Ⅴはたちまち劣勢に立たされることになってしまった。これに対して、イギリス空軍は低空性能の良い新型戦闘機ホーカー・タイフーンを急いで実戦配備するとともに、スピットファイアの新型で同じく低空性能を重視したMk.Ⅻを投入して、なんとか劣勢を埋め合わせた。さらにより強力なエンジンを装備したスピットファイアMk.Ⅸを急遽生産して、Fw190から優位を取り戻したのだった。

あるいは第2次世界大戦でのソ連軍のT-34戦車の出現と、それに対するドイツ軍のⅣ号戦車の改良やパンター戦車の開発も、一種の技術的奇襲と対応と見ることもできるのだろう。

●

しかし一年戦争でのジオン軍と連邦軍のMS技術をめぐる競争は、第2次世界大戦の技術的奇襲の例とは違う展開をたどっている。もし一年戦争で、連邦軍が当初からジムを実戦配備してジオンのザクと互角に戦うことができていたのに、そこにジオン軍がグフを投入して、それまでのジムが旧式化してしまった、という状況であったなら、両軍のMSをめぐる技術の戦いも、第2次世界大戦の例により近いものになったのだろう。

一年戦争では、MS開発で後手に回った連邦軍は、ガンダムというおよそ当時の水準を超越した性能を持つ機体を試作して、その試作機がさまざまな巡り合せから実戦に投入されることになった。そして、それまでジオン軍はMSにおいてザクによって圧倒的な優位にあったのだが、このガンダムの性能によって、それが一挙に覆されることとなってしまった。

ガンダムを前にしては、対MS性能を強化したはずのグフですら、しかも熟練したパイロットが操縦していたにもかかわらず敗北してしまったのだから、ジオン軍にはガンダムこそが強烈な技術的奇襲だったことだろう。

さらにジオン軍にとって厄介なことに、ガンダムのパイロットはMSの操縦と戦闘に、それに宇宙空間での戦術状況把握と対応に、常人をはるかに超える適性と能力を持っていた。ジオン軍の側から見れば、連邦軍のガンダムは技術的奇襲であるとともに“人材的奇襲”でもあったことだろう。その異常に優れたパイロットに操縦されたガンダムは、複数のグフの攻撃も退けているのである。

ジオン軍は一年戦争の末期に新型MSのゲルググを実戦化してガンダムとの技術的ギャップを埋めようとするが、人材的ギャップは充分には埋まらなかった。結局ジオン軍がガンダムとそのパイロットに対して技術面でも人材面でも互角の水準に達したのは、1年戦争の最終局面のア・バオ・ア・クー戦で、未完成の試作機ジオングを投入したときのことだった。

グフは特殊戦部隊での試験的な運用と敗北の後、ジャブロー侵攻作戦など地球上での戦闘に用いられている。そこではおそらく連邦軍の量産型MS、ジムとの交戦もあったことだろう。ジオン軍はジャブロー攻略に失敗し、その後は次第に劣勢となって地球からの撤退に追い込まれる。

ジャブロー戦で初めて実戦に大量投入された連邦軍の量産型MS、ジムが、ザクはもとより、対MS戦能力を重視したグフに対しても充分に戦えて、ジャブローを守り通すことができたとするならば、グフの技術的奇襲はジムの実戦投入時点ではすでに失われていた、ということになるのだろう。

あるいは連邦軍のジムのパイロットが、グフも含めたジオン軍のMSに対して臆せずに互角に戦えたのであれば、それには試作機ガンダムがジオン軍の技術的奇襲を打ち破ったことが連邦軍のMSのパイロットに自信を与えた、ということもあったのだろうか。そうだとすると、“人材的奇襲”は伝染するものなのかもしれない。

グフはジオン軍のザクに続く技術的奇襲の第2波として、連邦軍に対してさらなる優位を確立するはずのMSだった。それが本来の目的を果たせずに終わったのは、早い段階で“人材的奇襲”の直撃を受けてしまったためだったのではないだろうか。その意味ではグフは不運だったといえるのだろう。■

introduction;

「ザクとは違うのだよ、ザクとは!」戦場に見たこともない新兵器登場! そのとき兵士たちは何を思うのか?

文/岡部いさく
(軍事評論家)
Text:Isaku OKABE

岡部いさく●おかべいさく/マルチに活躍する軍事評論家。アニメに関する造詣も深く、『機動戦士ガンダム00』等の作品で軍事設定監修を手がけるほか、実際に劇中登場キャラクターとしてアニメに登場してしまうこともある。近年はガルパンのBD・DVDにおけるオーディオコメンタリー芸人としても活躍中

MS-07進化論

“グフ”はまだ遊び尽くされてはいない

Theory of MS-07 evolution
We have not Played
with "Gouf" enough

Model Graphix
2016年2月号
掲載

漢の漢による漢のためのMS——グフ。では、立体でカッコ良く強そうなグフを作るにはどうしたらいいのか？　こう問われてあなたはすっきり答えられるだろうか？

グフの魅力は、もはや言い古された、「ザクとは違うのだよ、ザクとは！」というフレーズに凝縮されている。このフレーズは、単に「強くてカッコいい！」というニュアンスで使われることが多い（もはや単なるネタ的用法も多い）が、真面目に「ザクとの違い」を見直してみると、グフのキャラクター性、ひいては立体でどのように作ればカッコ良くなるかということのヒントが隠されている。ここでは、歴代のグフキットも見返しつつ、「立体としてのグフ」ってなんなんだろう、ということを改めて紐解いてみることにしよう。

これは一年戦争のMSすべてにあてはまることだが、まずは大河原設定画をどう捉えるかで話は大分変わる。「俺が作りたいのは大河原版じゃなくて……」という方もいるだろうが、一年戦争MSの魅力と特徴は大河原画稿に濃縮されているので、まずはザクとグフの画稿を見直してみてほしい。

ザクとグフの画稿を並べて、あるいは重ね合わせて見ると意外なのが、アウトラインの意匠が思っていた以上に違わないというところ。肩のツノや胸など細部のデザインが変わっているためまったく別物のような印象を受けるが、はっきりと同じ意匠のバリエーション機として描かれている。そのなかで、意図的にアウトラインが変更されている箇所が2点だけある。それが、「頭部が上下につぶれて目つきが悪い」「ヒジ／ヒザから先が長く、全体的に下向きに末広がりなバランスになっている」のふたつだ。

物語におけるグフのキャラクター性は、「ひと筋縄にはいかない手強い敵役」。ランバ・ラルのキャラクターそのものだが、この「敵役」＝悪そう、というのと「強そう」というキャラクター性を、この2点を変えることで見事に表しているのだ。逆に言えば、この2点こそが、グフを「ザクとは違うもの」にしているデザイン上のポイントである。

「ザクとは違うのだよ、ザクとは！」的視点から紐解く
グフ立体デザイン考
グフをグフとしてカッコよく作るためのグフ立体デザイン学入門

文／森慎二（モデラー）

グフと言えば「強くてカッコいいMS」の代表格。そんなグフだからこそカッコ良く作ってみたいものだが、世のグフキットを見回してみると選択肢が多くアレンジもさまざま。そんなグフの傾向と対策を考えてみよう。

グフを立体で作るうえでよく行なわれる工作に、「左右の肩アーマーの大型化＆位置変更」「モノアイスリットを細くする」「脚を延ばす」「左手の5連装マシンガンを大きく」といったものがあるが、これらはすべて先述したふたつのポイントをイメージに近づけたり強調したりする効果がある。じつは、大河原画稿では肩アーマーの大きさ自体はザクとグフでほぼ同じで、グフの頭部がザクより上下に扁平なだけなのだが、頭部を全体に扁平にする工作は手間がかかる。そこで、頭部を小さくする代わりに肩アーマーを大型化したり位置を上に上げるといったバランス変更をすることで、画稿のように頭部が上下につぶれているような印象を与えるアレンジや工作がよく行われてきた。

と、「グフのカッコ良さ」のポイントをまとめてみたが、これを念頭に置きつつ歴代キットを振り返ってみることにしよう。

グフに限ったことではないが、大河原画稿／アニメのグフを作りたい！　となると選択肢は非常に限られる。要するにガンプラファーストシリーズの1／144か1／100だが、さすがに古いキットなので、そのまま作ればいいとは言い難いものがある。ただ、そもそも大河原画稿をそのまま立体化したキットはこのふたつしかなく、大河原ラインの再現という意味では、いまの目で見ても捨てたものではないところがあり選択肢としては現役だ。まあ、実際にはちゃんと作ろうとするとそれなりに大事になる（詳しくは『「モナカキット」ガンプラ改造講座』を読んでね）ので、大河原画稿の完全再現に拘らなければ、MGかHGUCを製作するほうが無難だろう。

MG／HGUCのグフはいまとなっては数多くラインナップされているが、そのなかでいちばんはじめに発売されたのは初代HGUCグフ（00年4月発売）。この初代HGUCは、どちらかというとB3グフに近い意匠で、「B3グフやF2ザクがいる世界のノーマルのグフとは？」というようなデザインラインでまとめられている。というわけで、B3グフ（グフカスタム）についてもここでちょっと触れておこう。

MS-07B3グフカスタムは『機動戦士ガ

◀『機動戦士ガンダム THE ORIGIN』の、ザクとプロトタイプグフ（戦術実証機）。見比べてみると、大河原画稿のイメージは拾いつつも、両者のアウトライン自体はほぼ同じに描かれている（大河原画稿のグフは頭が扁平で手足が長い）。このような描かれ方はプロトグフというザクとグフの中間的機体だからかもしれないので、THE ORIGIN版ノーマルグフの姿がどうなるか要注目だ

▶大河原版グフよりさらに、頭部を小さく（＝肩アーマーを大きく）、下方向に末広がりに、ユニットをごつくすることで、グフとしての「強そう感」＝カッコよさを濃縮したのがMS-07B3 グフ・カスタム。グフ好きのなかでも、好きなグフのイメージはランバ・ラルが乗った大河原グフ派と、B3グフ派に分かれてきた。胸部形状や肩アーマーのデザイン変更が目に付くB3グフだが、その後のグフ立体像にもっとも大きな影響を与えたのは頭部モノアイスリット形状かもしれない。ザク的な断面が前方からは見えないような形状でスリット自体の側頭部側を狭くしていくことにより、吊り目の「悪そうな顔」にするというこのアレンジは、MG Ver2.0が大河原イメージに回帰するまではグフの頭部造形の基本形だった

▼先日若手モデラーと話していて「大河原さんって絵がヘタ……じゃないすか？」と言われ、そういう見方もあるかと驚いたことがあったが、ガンプラ開発用画稿などを見慣れていると、たしかに大河原画稿は「そのまま立体化しにくい」＝ヘタというふうに捉えられてしまうかもしれない。しかし、そもそも大河原画稿は「アニメの設定画稿」であって、立体設計図ではない。劇中におけるメカの巨大感やキャラクター性を、動画にしやすいよう極力少ない描線で描いたものであり、意匠を変えすぎずに弱そうなザクと強そうなグフを描き分けることに成功しているその巧さには筆舌に尽くしがたいものがある。すでに語り尽くされてきたことではあるが、緻密に計算され、かつ個性的かつ魅力的な描線を持つ大河原画稿には、一年戦争MSの個性と魅力が余すところなく描かれているのだ

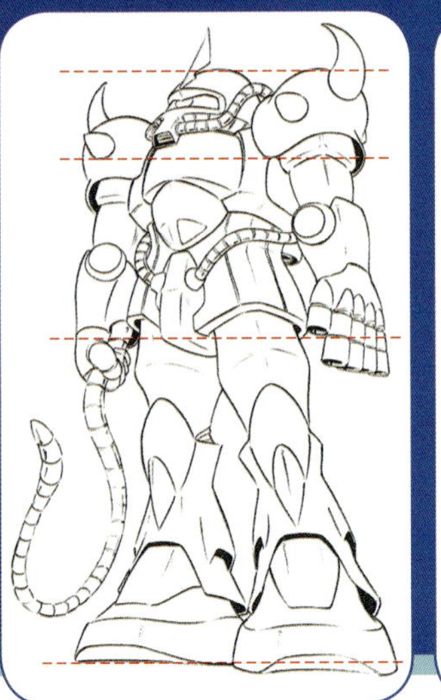

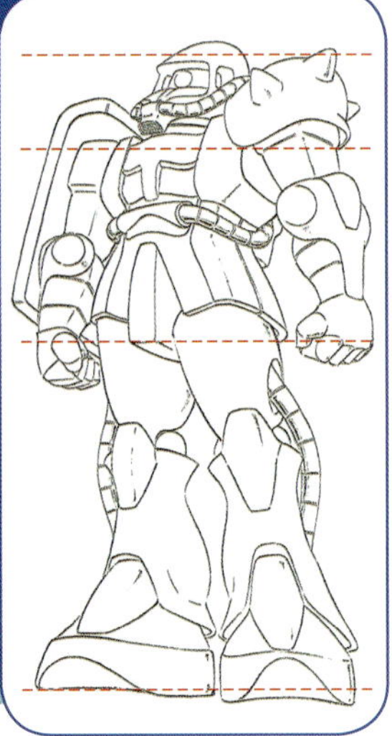

ンダム 第08MS小隊』に登場したバリエーション機だが、カトキ版ザク=F2ザクのデザインラインにのっとった、「カトキ版」グフ的な位置づけのデザインだった。ここで興味深いのは、F2ザク自体が、「頭部を小さくして末広がりにする」ことで強そうにカッコよく見せるというグフのデザインイコンを大河原ザクにもう一度盛る、といったアレンジで形作られているところ。グフ的なアレンジでできているF2ザクにさらにグフらしさを足したB3グフは、言わば「グフのカッコ良さ」倍盛り状態。大河原版とファンを二分する人気機体となった。

話を戻そう。この「カッコいい」B3グフはその後のHGUCとMGのグフ造形に大きな影響を与えてきた。初代のHGUCとMGが発売された'00年は『第08MS小隊』が終了した直後。カッコいいグフ=B3グフという構図ができていた当時、HGUCのグフはB3のデザインラインを強く意識したものとなった。振り返るとHGUCというシリーズ開始の契機となったのがHGグフカスタムだったのもおもしろい巡り合わせなのだが、とにかくこのころは、グフと言えばB3グフのイメージが強かったのである。初代HGUCの直後、'00年10月に発売された初代MGグフも基本的にはHGUCのB3グフ準拠なラインを踏襲していた。このB3系ノーマルグフのデザインラインは、'03年の1/60 HY2Mグフでひとつの到達点に達する。そして、B3的なカッコいいグフがほしいという機運は、'10年に発売された本家B3グフカスタムのHGUCキットで一応の決着を見ることとなる。

このB3グフ準拠のデザインラインについては、初代HGUCが発売された当初からモデラーの間では意見が分かれた。B3グフはもちろんアレでいい（というかアレがカッコいい）のだけれど、ノーマルのグフのイメージとしてはアニメに登場するものと大きな乖離がある。そこで、完全な大河原画稿のトレースとは言わないまでも、大河原画稿やアニメ劇中でランバ・ラルが駆ったグフのイメージを取り戻そう、という機運が醸成されてきた。この機運を受けるようにして初代MGから約10年を経て登場したのがMG グフVer2・0だ。

MG グフVer2・0は、内部ディテールにMG ザクVer2・0との設計思想の共通性を感じさせるところがあるものの、機構／デザインともにザクとは別物で、外形イメージには大河原版のイコンがザクとは比べものにならないくらい濃厚に取り入れられた。この際、大河原画稿のラインをそのままトレースせず「グフらしさ」を抽出して盛り込むことで、アニメファンはもちろん、'00年前後のいきさつを知らない新しいガンプラファン層も広く受け入れやすい立体グフ像を生み出すことに成功している。この「大河原的でありつつ新しいグフ」という造形傾向は、REVIVE版HGUCでも継承されている。

『ジ・オリジン』では、さらに新たなアプローチでグフがデザインされた。現在公開されている設定画でザクとプロトグフを並べて見て感じるのは、ザクとグフにおける基本デザインの共通性だ。アウトラインをほぼ同じにしつつディテールの差異を描くことで、開発系譜、そして「近しいからこそ浮き彫りになるメカとしての差異」といった考証的リアリティーを目指しているようにも思われ、いまだ未発表のノーマルグフがどうなるか非常に興味深い。

こうやって振り返ると、グフの立体イメージは、大河原画稿からはじまって、B3グフを経てもう一度「大河原的なイコン」に振り戻され、そしてまた……というような、言わば「大河原的イコンとカトキ的アレンジの間での振り子運動」を繰り返してきた。しかし同時に「ザクと同じようでザクより強くてカッコいいMS」というキャラクター性はデザインの根っこにあり続けている。ガンプラの蓄積によってさまざまなアレンジのキットが選べるようになったいまだからこそ、「アレンジの振り方向」と「ザクとの違い=グフのキャラクター性」というふたつのパラメーターのなかに自分が作りたいグフ像を明確にマッピングすることで、よりカッコいいグフを作る道がはっきり見えてくるのではないだろうか。■

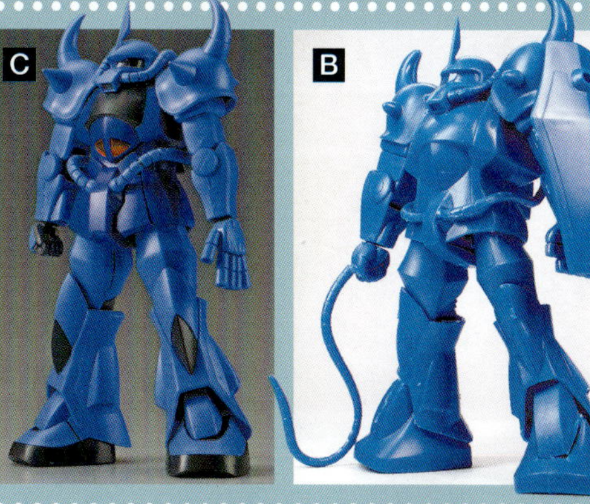

ABガンプラのファーストシリーズは、いまのガンプラとは質も意味合いも異なるので、そのまま同列に語ることはできないが、大河原画稿とアニメだけを元に制作されており、逆に言えば、純粋に大河原版として形作られたキットがこれらしかないため、どうしても大河原画稿のイメージで作りたいという場合はいまだ選択肢となり得る。とくに1/100（A左側）は大河原ラインをなかなかうまく拾っているので、改造を厭わなければかなりよいものができあがるはずだ（A右側）。Bは1/144をポーズだけ変えたものだが、モールドこそ甘いものの、ポテンシャルはかなり高い

C初代MGの発売から約10年後、'09年に発売されたMG Ver.2.0。ガンプラ独自の立体造形だが、初代MGとは打って変わって、本文中で述べた「大河原的グフらしさ」が色濃く見て取れる。アニメのグフしか知らない人にも違和感なくなじめるアレンジだ

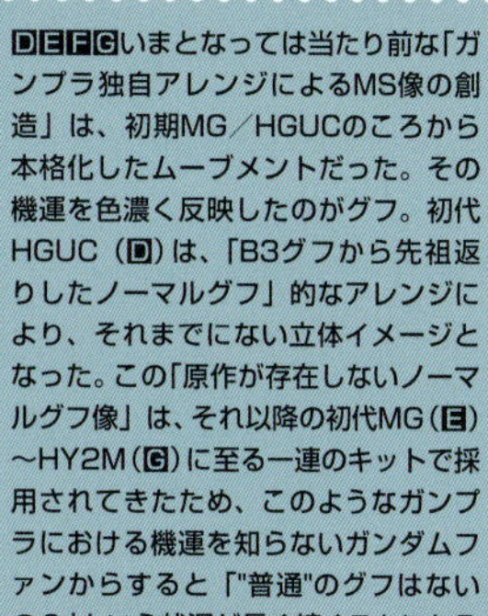

I『機動戦士ガンダムSEED DESTINY』に登場するグフイグナイテッド（写真は'05年発売のHG ハイネ・ヴェステンフルス専用機）。ディテールが違うのにちゃんとグフに見えるところが興味深いが、これはグフがグフらしく見えるポイントが押さえられているがゆえ

JHGBFグフR35は、MG Ver2.0的な方向性で大河原的な意味でのグフのカッコ良さをよりブーストしたアレンジデザイン。わかりやすくカッコいいグフだ

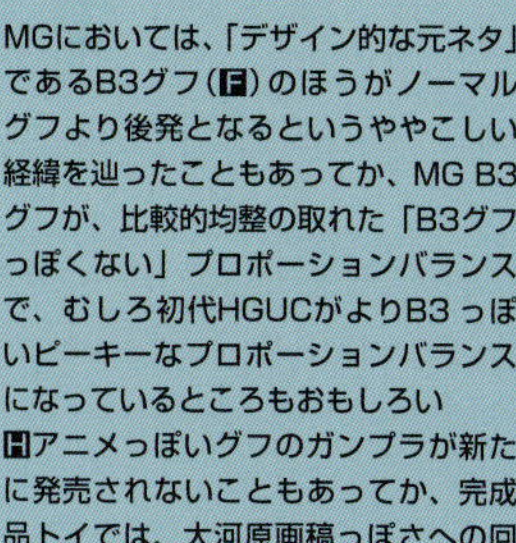

DEFGいまとなっては当たり前な「ガンプラ独自アレンジによるMS像の創造」は、初期MG／HGUCのころから本格化したムーブメントだった。その機運を色濃く反映したのがグフ。初代HGUC（D）は、「B3グフから先祖返りしたノーマルグフ」的なアレンジにより、それまでにない立体イメージとなった。この「原作が存在しないノーマルグフ像」は、それ以降の初代MG（E）～HY2M（G）に至る一連のキットで採用されてきたため、このようなガンプラにおける機運を知らないガンダムファンからすると「"普通"のグフはないの？」という状況が長く続くことになる。MGにおいては、「デザイン的な元ネタ」であるB3グフ（F）のほうがノーマルグフより後発となるというややこしい経緯を辿ったこともあってか、MG B3グフが、比較的均整の取れた「B3グフっぽくない」プロポーションバランスで、むしろ初代HGUCがよりB3っぽいピーキーなプロポーションバランスになっているところもおもしろい

Hアニメっぽいグフのガンプラが新たに発売されないこともあってか、完成品トイでは、大河原画稿っぽさへの回帰志向を感じさせる折衷アレンジが多数登場した（Hはロボット魂 MS-07B グフ ver. A.N.I.M.E.）

KHGBFグフR35とパーツを共用しつつ、頭部、腰部アーマー、左腕のフィンガーバルカン、スネなどを新規金型としたグフの最新形がこのREVIVE版HGUCグフ（'16年4月発売 税込1650円）。MG Ver2.0的にガンプラ独自の立体解釈と大河原的イコンを折衷しつつ、いかつめで力強いラインでまとめられている

Model Graphix
2016年6月号
掲載

MS-07B GOUF REVIVE!!

「新生-REVIVE-」の標語とともに、HGUC №196としてリニューアルされたグフ。1/144グフとしては16年ぶりの更新となるが、№9とは別方向からのアプローチで「ガンプラのファーストシリーズ」に近いナチュラルな外観となった。今回はメカニカル感を強調して製作する。

MS-07B グフ
HGUCシリーズ №196
バンダイ　1/144　インジェクションプラスチックキット
発売中　税込1650円
出典／『機動戦士ガンダム』
製作・文／ken16w

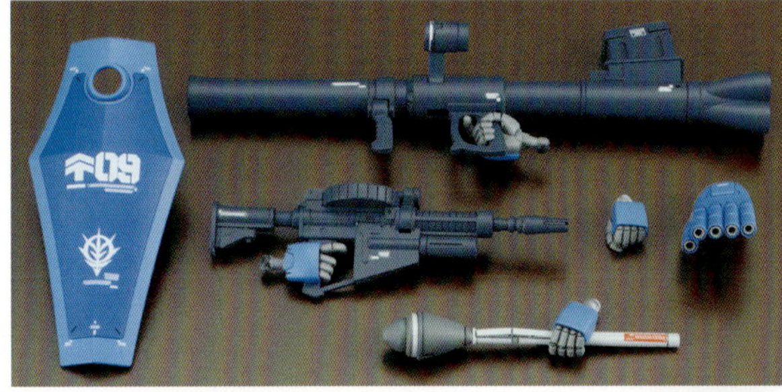

▲製品は手持ち火器が付属しないので、システムウェポン009のザク・バズーカを流用（グフはゴツいバズーカがよく似合う）。MMP-78 ザク・マシンガンはHGUC ザクⅡF2型の付属品を流用した

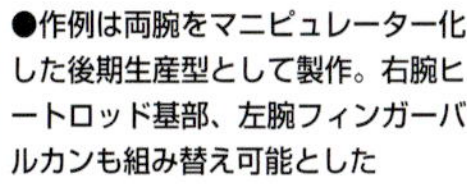

●作例は両腕をマニピュレーター化した後期生産型として製作。右腕ヒートロッド基部、左腕フィンガーバルカンも組み替え可能とした
●肩アーマーはフチがヌルッとした造型だったので、カッチリとした形状のHGUCグフカスタムから流用。マイナスモールドの穴はゴッドハンドのスピンブレードで「ざぐり」加工してからはめ込んだ。
●肩アーマー下側のポリキャップが露出する部分もプラ板でフタをしてディテールを追加している

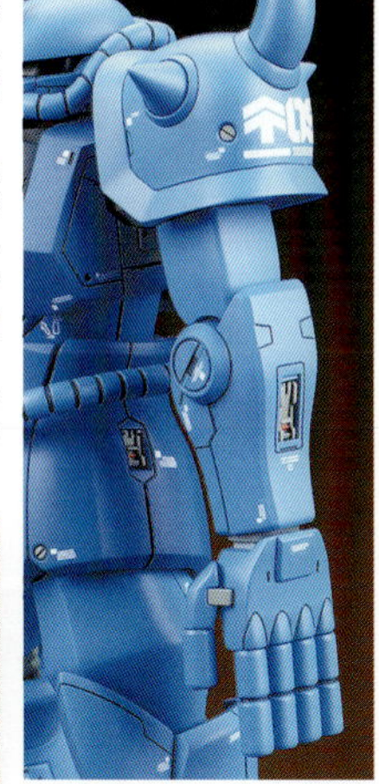

グフ／グフ・カスタム間の過渡期という解釈で

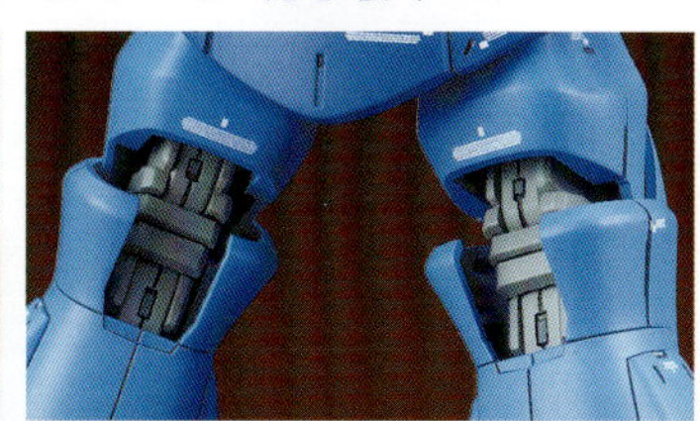

●足首は細く感じたので、HGUCグフカスタムから流用。足首関節はキットパーツをベースに、ボール軸はグフカスタムから移植した結果、足首で約2㎜延長されている
●ヒザ関節は干渉部を削り込んで若干鳥足気味に立たせられるように加工。また膝関節裏側もスピンブレードで彫り込んでから、プラ板を細切りにしたチップを貼ってアクセントにしている
●ふくらはぎのダクトはモールドがなかったので、タガネでフィン状のダクトモールドを彫り込んだ

MAINTENANCE REQUIREMENT
09

MS-07B GOUF

HGUC No.196 [REVIVE]

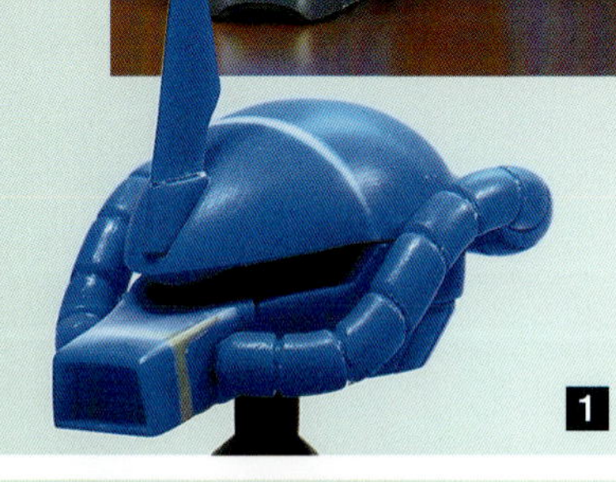

▲パチ組みと比較。全体的にさっぱりした造型なので、適度にモールドを彫り足したりディテールを追加するとよいだろう。胸のクリアーパーツはオレンジに振った黄色で塗装すると玩具っぽさが解消できる

トイライクな箇所を加工して パーツにメリハリをつける。

1同梱のグフR35のパーツを使い、より目付きが悪くなるようひさしを下げてモノアイスリットの縦幅を狭く加工。口のダクトはキットのパーツを使い、切断してから角度を変えて取り付けた
2ヒジはシールド接続用のボールジョイントがむき出しなので、プラ板貼り合わせで多目的ラッチ風のディテールを埋め込んだ
3フィンガーバルカンの砲身はウェーブのテーパー丸棒で新造。球体ジョイントが露出している指関節はすべてパテで埋めた
45胸部前面は1㎜プラ板でボリュームアップ。ウエストの接続部はテーパー形状にしたプラ板を挟み込み、腰が入るように。ウエスト横、可動範囲拡大用の切り欠きはプラ板と瞬間接着パテで埋めた。スカートは上方が短く感じたのでプラ板を使い延長し、ウエストからのラインがより自然に繋がるようにした
6細いと感じた腿は前後に1㎜、左右で2㎜プラ板を挟んで幅増し。股関節の回転軸の部分にも1㎜プラ板を挟み込んで延長している

グフ――ザクの地上用発展強化型MS。緑でミリタリー色の強いザクとは違い、スペシャル感を醸し出している青い機体。やはりランバ・ラルが駆った機体というイメージが強く、「可動する指の中にバルカン砲?」「腕からムチ?」など、少し謎な武器もまた魅力なわけで、のちにザクのようにたくさん出てきてはヤラレていく姿を見ていても、やはりグフはスペシャルなんです。

そんな人気のグフ、各々好みがあると思われますが、今回はアニメ風ではなく、個人的好みによりザクⅡF2型からグフカスタムに繋がるラインをイメージしました。カトキハジメ氏が描いた初代MG用画稿などを参考に、HGグフカスタムのパーツも使うことでよりスタイリッシュかつ無骨なイメージで仕上げています。

◆改修

全般的にグフ・カスタムぽくしていきますが、やりすぎるとカスタムそのものになってしまいます。気を使いつつ胸部をプラ板でボリュームアップ。スカートは短く感じたので上方をプラ板で延長し、ウエストからのラインがより自然に繋がるようにしました。柔らかい樹脂製の動力パイプはていねいにパーティングラインを処理し、曲げるために切り欠かれた部分を瞬間接着パテで埋めて整形すれば塗装もできます。

モールドがほとんどないショルダーアーマーはかなり目立つ部位なので、HGUCグフカスタムのパーツに置き換えるのがオススメです。拳は、個人的好みでキット付属のものよりひと回り以上小さめのHDMザクウォーリア用を使いましたが、いまとなっては入手が難しいパーツかもしれません。ヒジのシールドジョイントは穴が露出するのがイヤなのでプラ板で作り直すことにし、内部にネオジム磁石を埋め込み、磁力で接続できるようにしました。

◆塗装

ブルーの下地にはフィニッシャーズのファンデーションブルーを使用しています。サーフェイサーは一般的なグレーを使用していますが、この下地塗装によってすばらしい青色の発色が可能です。

濃淡2色のブルーはガイアノーツCB-15コバルトブルーをベースに調色しました。濃いほうには純色シアン、バイオレット、薄いほうは白、蛍光ピンクを加えています。

トップコートはガイアノーツEX-04フラットクリアーの大瓶にGSIクレオスC182スーパークリアーツヤ消しをひと瓶丸ごと混ぜたものを吹いてます。この調合が程よくシットリとツヤが落ちてお気に入りです。もしツヤ消しに悩んでいる人がいたら一度試してみてください、オススメです。

デカールは、ガンダムデカールのHGシナンジュ用をメインに使用しています。■

ODAI YS

爆撃機兼サブフライトシステムの機能を持つ
ジオン産ワンダーマシンを“飛びそう”に立体化!!

「ホントに飛べるのかよ!?」

平たい板の上にロボットが仁王立ちして飛ぶというビジュアルがじつにショッキングなグフとドダイYSのコンビ。否定するわけじゃないけれど、模型ならもっと“らしく”できないか？ということでまたまた×２東海村原八（イラスト）×POOH（製作）のいつものコンビが立ち上がった！（イラストは129ページに掲載）

ドダイYS
出典／『機動戦士ガンダム』
1/144　フルスクラッチビルド
製作・文／**POOH**

●要撃拠点となった空軍基地でスクランブル待機するドダイYS。連邦がMSを投入した戦線にかけつけるために、エース級のMSパイロット、そして対MS駆逐MS・グフとともにスクランブル体制を組む。だが、その多くは住み慣れた宇宙での、しかも対艦戦で挙げたスコアであり、地球のMS空戦の苛烈さはまだ誰も知らない……

YS-11 D

Model Graphix
2016年2月号
掲載

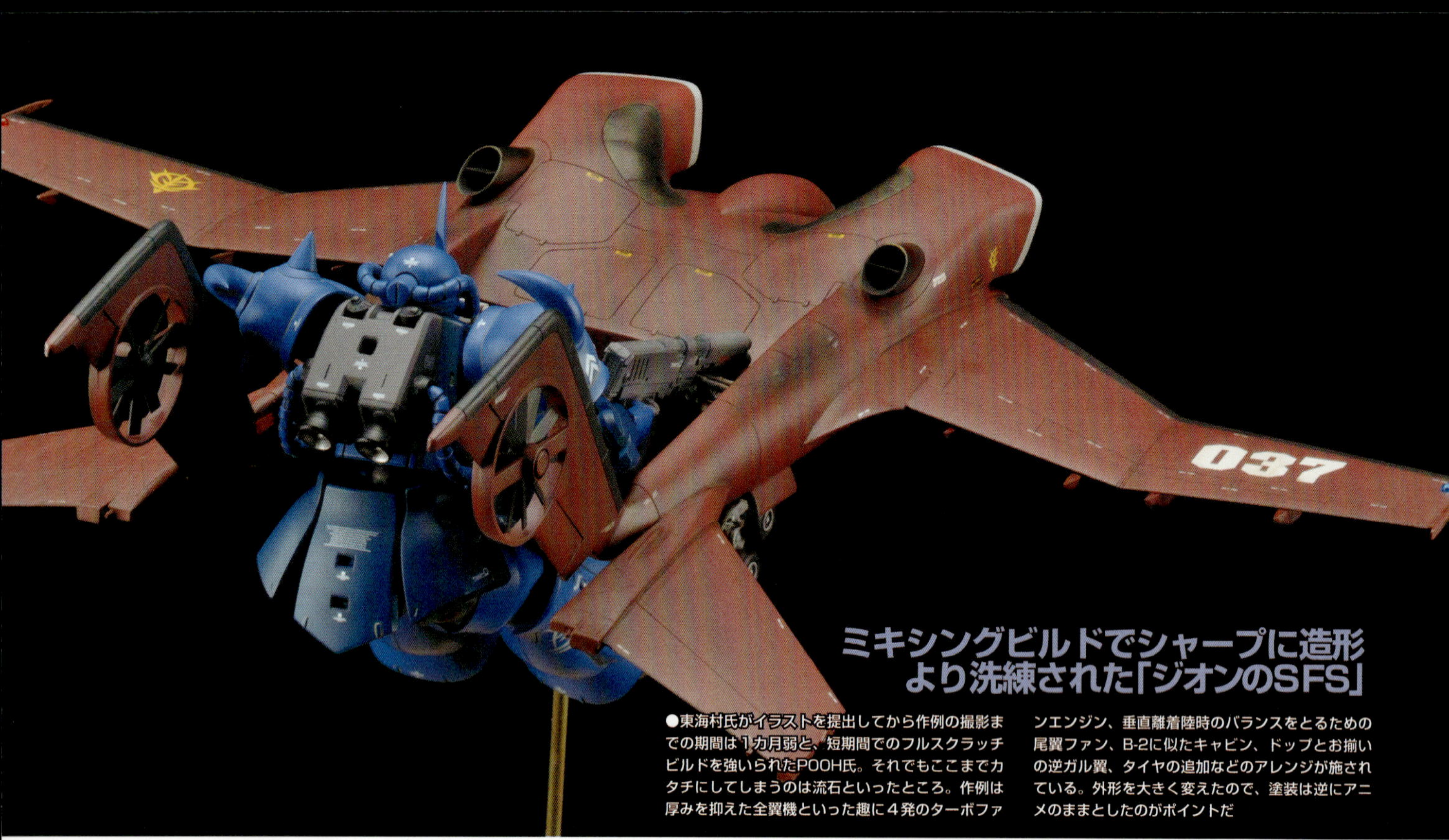

ミキシングビルドでシャープに造形より洗練された「ジオンのSFS」

●東海村氏がイラストを提出してから作例の撮影までの期間は1カ月弱と、短期間でのフルスクラッチビルドを強いられたPOOH氏。それでもここまでカタチにしてしまうのは流石といったところ。作例は厚みを抑えた全翼機といった趣に4発のターボファンエンジン、垂直離着陸時のバランスをとるための尾翼ファン、B-2に似たキャビン、ドップとお揃いの逆ガル翼、タイヤの追加などのアレンジが施されている。外形を大きく変えたので、塗装は逆にアニメのままとしたのがポイントだ

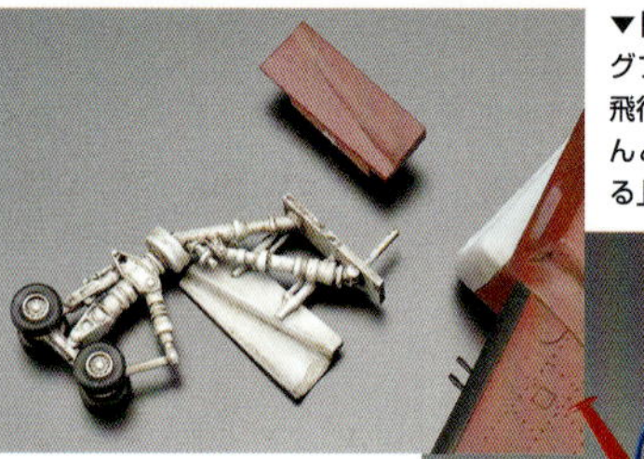

▲前脚は脱着式。はずしたあとの脚カバーも製作して差し替えられるようにしている。
◀後方の6輪ボギーの主脚は、MSのステップも兼ねているため強度を出す必要上収納式ではなく固定とした

▼旧キットのドダイYSとグフ。「味」は必要充分だが、飛行機モデラーとしては「なんとか飛びそうにしたくなる」モチーフとして映る

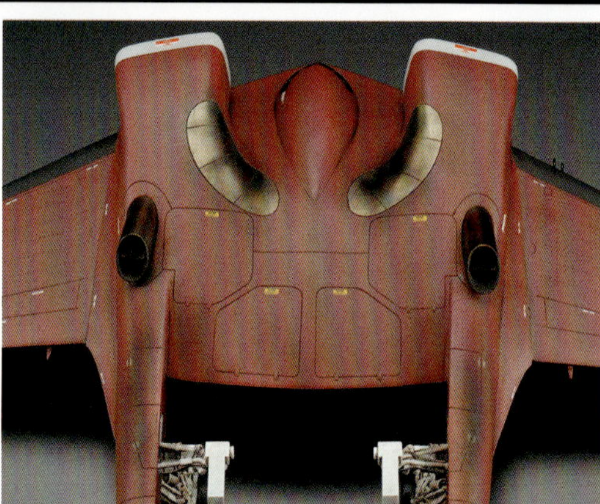

東海村原八のグフ考 “要撃”爆撃機って何？

冷戦時代、ソビエト海軍にアルファ級潜水艦という秘密兵器がありました。チタン製船殻、ナトリウム冷却原子炉～などの厨スペックで『沈黙の艦隊』での悪役っぷりも印象的。冷戦後明かされたその運用コンセプトは「潜水艦版の迎撃戦闘機」つまり常時海にいるというよりは、港で待機していて、敵の出現にあわせてダッシュで戦域に駆けつける、いわば「要撃潜水艦」だったわけです。

そこでドダイYSの〝要撃〟の意味、これは文字どおりインターセプターなんじゃないかと。もちろん敵の戦闘機と戦うのではなく、この場合迎え撃つのは敵のMS。ある戦線に敵MSが現れたときに、対MS用MSグフを高速広域展開する。決して潤沢とは言えないMSを有効に使うためのウエポンシステムとしての〝要撃機〟が第一の開発意図で、〝爆撃機〟はまあ、オマケ？

既存の開発史で語られている「爆撃機として開発されたがパワーに余裕があったのでMS輸送に転用された～」という表現は、たぶん、本来の開発意図を秘匿するためにただの爆撃機として発表されたプロパガンダだと思うんでよね……。（東海村）■

※イラストは模型製作用のアイディアであり、公式設定とはいっさい関係ありません

❶中央ブロックは１㎜プラ板で箱組み。これを基準として全体のバランスを測っていく。コクピットはエポキシパテを盛った
❷垂直尾翼はプラ板の積層で形を出している。内蔵するプラ板製のローターは左右で反転するようにしているのがこだわりポイント。地味だが精度を出さないと途端にウソくさくなるので、一枚一枚ていねいに貼り付けた
❸胴体から延びる部分は1/48 P-61ブラックウィドウのキットで再現。キットがモナカ割りなので、それを利用して半分だけ使用している。複製した垂直尾翼を取り付け、断面に１㎜プラ板を貼り整形した
❹中央ブロックとサイド側の機体を貼った状態。この状態でもかなり大きい。機首の8連ミサイルポッドはウェーブ製８㎜プラパイプを使用している
❺F-16のキットを流用して作った逆ガル翼と、EXモデル ドダイⅡのエンジンを仮置きしてバランスを確認しているところ
❻各ブロックを接続し、エポキシパテで流線型になるように整形してアウトラインが完成した

SF飛行機を自作するなら ミキシングビルドが早道です

編集部から「グフ特集なんですが……」と言われた時点で「ああ、ドダイだな」と思いました。原八さんが絵を描いてくれるということだったので、わくわく半分恐怖半分で待っていました。届いたイラストは案の定……F-35Bを彷彿とさせるVTOL機構にメーヴェやフラップターのような搭乗姿勢。それでいてドダイの符号は踏襲していてしかもカッコいい。ナニこれ（笑）。言いたいことはわかるけど、どこからどう作れば形になるかさっぱりなので、とにかく手を動かすことに。原八さんのイラストを微調整しながら方眼紙に三面図として落とし込みます。今回はアウトラインとコンセプトは守りつつ、全体的にイラストよりはシュッとした印象になるようにしました。

まずは中央ブロックの工作から。とにかく大ざっぱにでも形状を出していかないと進まないのですよ。サイドの尾翼に向かって伸びる機体部分はバンダイの1／48 P-61 ブラックウィドウを使ってます。箱を見るとバンザイマークでした（もったいない）。主翼は厚みがほしかったので1／48 F-16Cの主翼を2枚重ねにして使用。逆ガルの外側部分は プラ板積層で製作しています。水平尾翼も同じくF-16Cの垂直尾翼を使用しました。ターボファンはEXモデルのドダイⅡから流用。それぞれをエポキシパテでなじませてアウトラインが完成。ここからディテールを追加するために壊す作業がはじまります。まずはVTOL用のターボプロップファン。下面に付く吹き出し口を大きく切り欠いてHGUC ベースジャバー（大気圏内用）のフィンを移植しています。主脚は1／48 F／A-18Cのものを改造。ハセガワのキットは金属製のものが入っているので、強度が必要なこの部分にはうってつけでした。タイヤはドラゴン1／144エアフォースワンから流用。747だけに数がたくさんあって助かりました。前脚はF-16とエアフォースワンのものを組み合わせて製作。タイヤは1／200ポケモンジェットから流用。……あれ、これを作るのにいったい何個キットを潰したんだろう……怖いから考えないことにしよう。■

●東海村氏のイラストに飛行しながらフィンガーバルカンを発砲している構図があったので、それをそのまま再現できるようにリョータ氏が徹底工作。ベースキットとしたMGグフVer.2.0は胸の解釈や肩アーマーの被り方など、じつはデリケートなグフの設定画稿の情報をていねいに拾った秀作。また関節強度やフレームの剛性もしっかりしているので、少々無茶な工作をしてもよく耐えてくれる

単独飛行への執念

MS-07H-4 GOUF FLIGHT TEST TYPE

PRINCIPALITY of ZE
Prototype Mobile Suit

●むき出しのフレームに透明外皮を張って軽量化した使い捨て式主翼や、足裏のホバー&背部～ふくらはぎの6基のノズルと、まさに“飛ぶ”ためのギミックを詰め込んだ外観。無骨なユニットのテンコ盛りな感じがいかにもMSVらしい

MSVブームの渦中に生まれたグフ飛行試験型。すでにTVシリーズでドダイYSが登場していながら、あえてグフに単独飛行能力を付与するプランが平行して進められていた……という着想がじつにジオン軍らしく、MSV的ミリタリー志向が反映されたデザインである。しかも失敗作らしく、爆発事故により計画自体がお蔵入りに、という設定も“わかってる”！。さて、今回の作例は東海村原八氏が謎の多いH-4型（背面の設定画さえない！）をベースに大幅アレンジ。「もしH-4型が爆発事故を起こしていなかったら？」という仮定のもと、独自の主翼やホバー用ファンなどを盛り込んでいる。

Model Graphix
2016年2月号
掲載

一年戦争時、地上の戦線拡大に伴うMSの航続距離延長という難題にあたっていたジオン軍部は、爆撃機ドダイGAのサブフライトシステムへの転用プランと平行して「単独飛行能力を備えたMSの開発」を進めていた。やがてMS-07グフをもとに試作されたグフ飛行試験型は、初期試作のMS-07Hを皮切りに、改良型H-4型がアクシデントに見まわれながらも執念深く開発が続けられ、H-8型でいちおうの完成を見、そのデータは後継の陸戦MS開発に役立てられたという。

MSの単独飛行という荒唐無稽な計画は必然的に大規模なものとなり、H型は少なくない機数が製造されて同時に試験が行われ、戦後連邦軍が残存機を接収。改良を施された4機がジャブロー防衛部隊に配備された。また、複数のH-8型が極東アジア戦線で実戦参加した例も確認されている。しかし、H-4型については、エンジン不調により飛行試験中に空中爆発を起こし、パイロットのフランク・ベルナール少尉も死亡、計画そのものの中止さえ取り沙汰されたという記述が資料に確認できるのみで、そのスペックはいまだ判然としていない。

写真は、滑空翼オプションの評価試験を行なうH-4型を撮影したものとされる。撮影時期不明。巨大な翼は滞空性能を稼ぐため、航続性能と引き換えに機動性を犠牲にした移動用装備のようだ。なお、ペーパープランに終わったはずの本装備とともに、脚部に熱核ロケットエンジンではなく大型ファンを搭載しているように見受けられる点から、写真そのものに対する真偽自体も疑われている。（※本稿は模型製作のための考証で公式設定ではありません）

東海村原八のグフ考「フライトタイプ（H型）vsドダイvsガンペリー」

グフ飛行試験型。ドムにつながる脚のホバー装置、プロトタイプグフから流用ゆえの3枚窓、ベース機は定番のザクじゃなくてあえてのグフ！と、これまた厨二マインドにがっつり刺さる魅力的な設定の機体なんですが、飛行試験で爆発四散！ この、うまくいかない「駄作」感がMSV（のテキストパート）というか、当時のメカ設定のムードだったんですよね。

結果、MSの広域展開は輸送機に譲ることになり「爆撃機として作ってたドダイがちょうどエンジンパワー余ってたから流用」説につながるあたりは、当時「お見事！」と思いましたが、オトナになると「さすがにそんなにうまくいかないよねぇ……」と思ったりして。MS単体での飛行移動と専用輸送機の2プランは、最初っから競合だったんじゃないかなと。

ちなみに、MSの広域展開のもうひとつの方策が連邦のV計画とセットで用意されたガンペリーなんですが（空中換装まで構想されていた！）、コンテナに納めるのでそのままでは戦闘に参加できない。結局MS専用の純粋な輸送機はこの1代限りで、戦後は連邦も含めてベースジャバー系のフラットベッド輸送機を延々使うことになる（『Gのレコンギスタ』の時代ですら！）、という意味でも勝者はドダイだったと言えますね。■

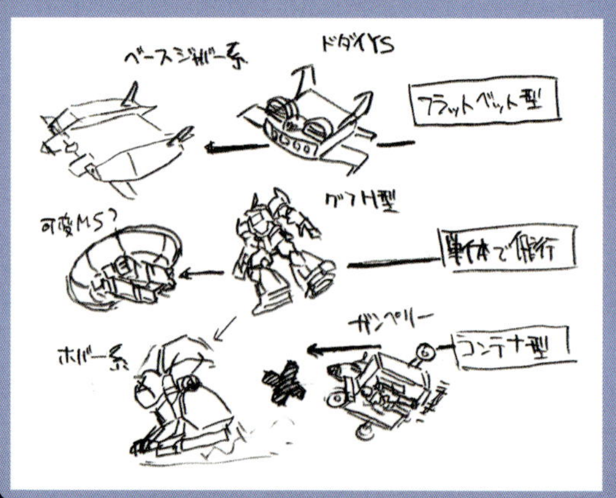

▲MSV全盛時にデザインされたMS-07Hグフ飛行試験型（左）と、平成に入ってカトキ氏が手がけたH-8型グフ・フライトタイプ。発売時期とデザイナーの違いでここまで体型が変わる！
▶作例のデザインベースとなったH-4型。性能は良好なれど試験中に事故を起こしたとされる悲運の機体だ

※このイラストは模型製作用のアイディアであり、公式設定とはいっさい関係ありません

MS-07H-4 GOUF
FLIGHT TEST TYPE

▼主翼は左腕の側面にまとめて折りたたむことが可能。左腕と翼は固定されているが、肘の接続部に設けられた可動フレームが肘の可動を妨げない。駆動部に干渉せずに腕部に弾薬を収納するのは構造上無理があるので、脱着式マガジンを上腕裏や肘裏に装着。給弾ベルトで手のひらに給弾されると解釈した

●「スネのホバー部分は、文芸設定では〝熱核ロケット〟つまりミノフスキー封じ込め型核融合炉を熱源に、機内に積んだプロペラント（のみ）を噴射して飛行する。そりゃあ、航続距離短くなるよ～という理屈と、せっかくいま模型雑誌でやるんだから～という欲もあって、ローターを搭載。ただそうすると、失敗作で爆発～と辻褄が合わなく……」（東海村）

●左右のウイングシールドをつなぐ基部はプラ材やジャンクパーツ、真ちゅう線などで製作している。右翼の抜き差しや基部パーツの差し替えにより両翼を折り畳める。バックパックにも基部を支える部位があり、真ちゅう線の接続でガタつきが出ないよう、かなり丈夫に作るようにした

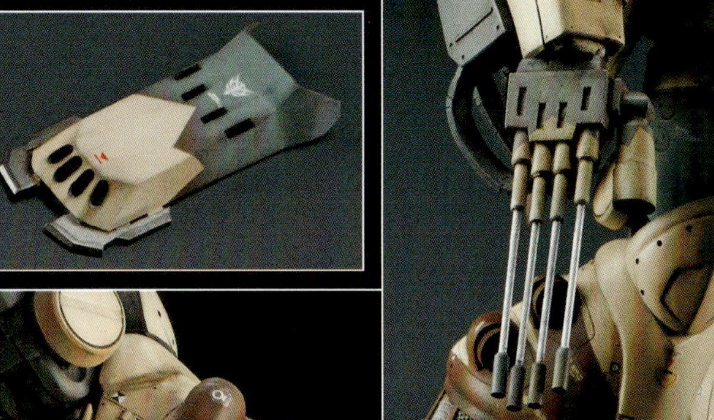

●「武装は否定されがちな内蔵式バルカンをあえて強化。逆に指の機能は完全に捨ててロングバレル化。マガジンと給弾ベルトリンクを外装式で追加してチャームポイントに。近接格闘用に指先に発熱式のヒートチップ（?）を装備して横薙ぎに敵の首元を掻き切る！」（東海村）親指はセンサー、人差し指～小指の4門で銃撃する。薬莢は手の甲から排出される想定。バルカンのカバーはプラ材で新造し、薄く整形したプラ板でヒートチップを再現している

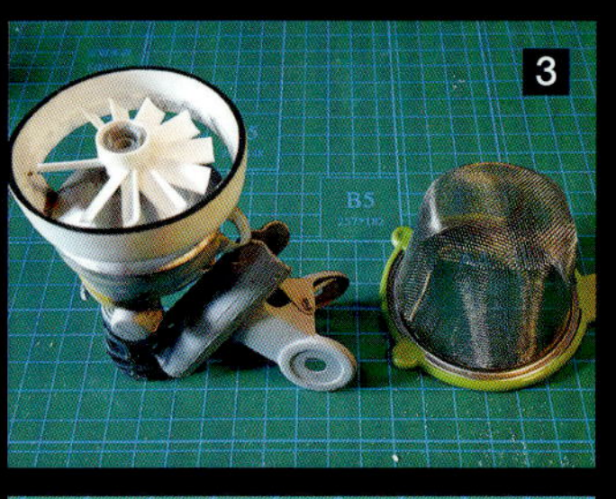

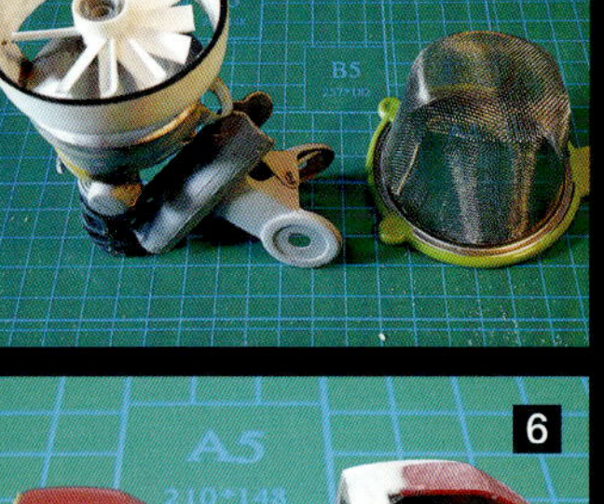

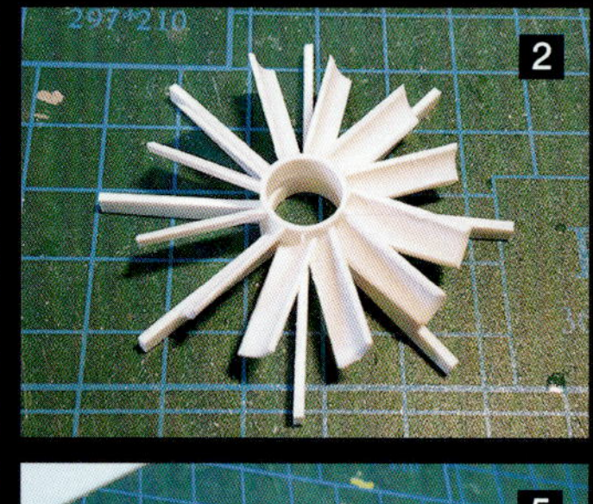

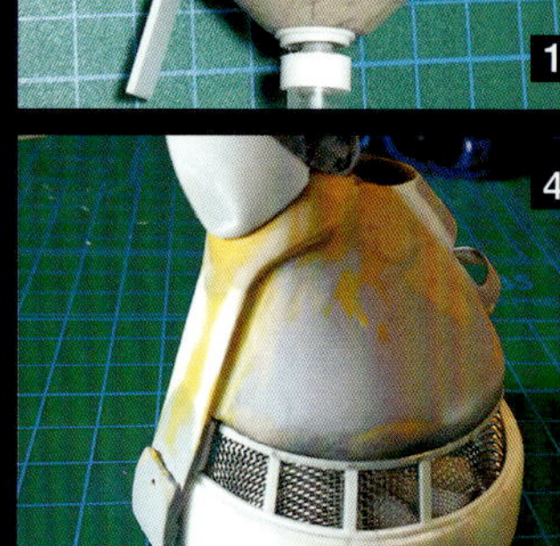

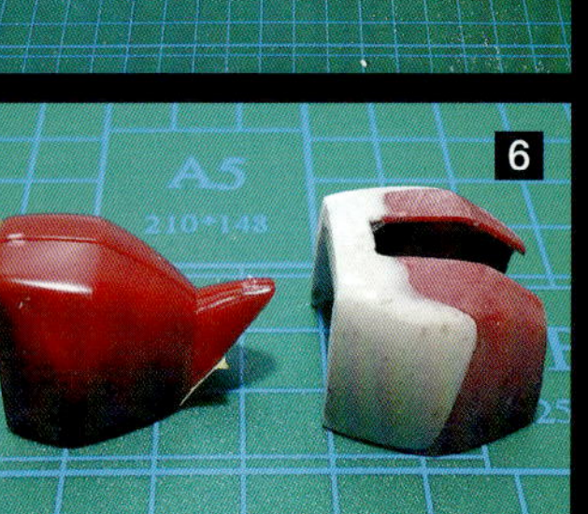

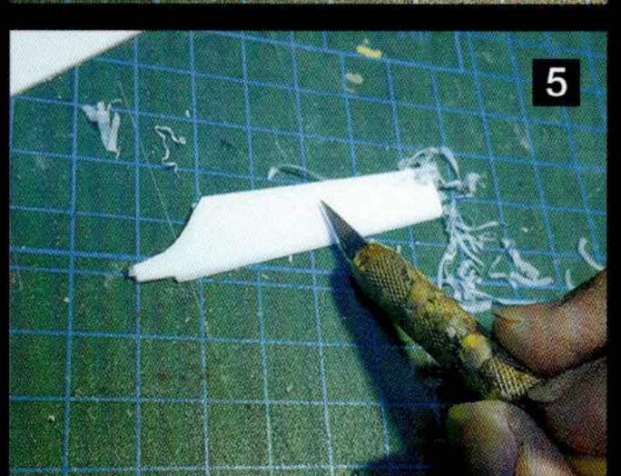

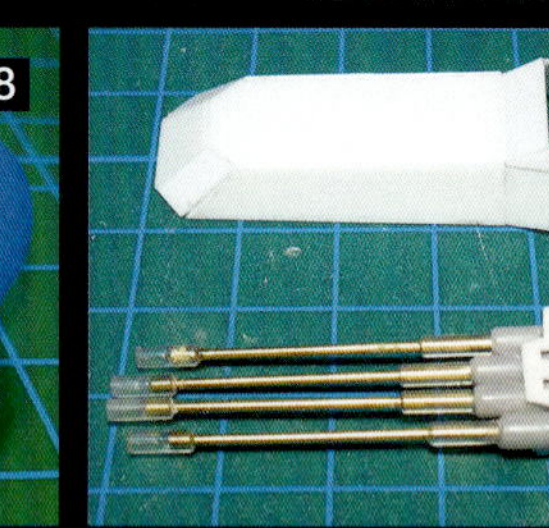

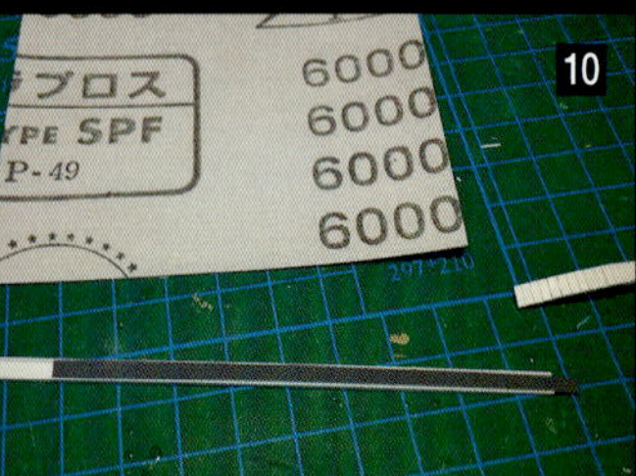

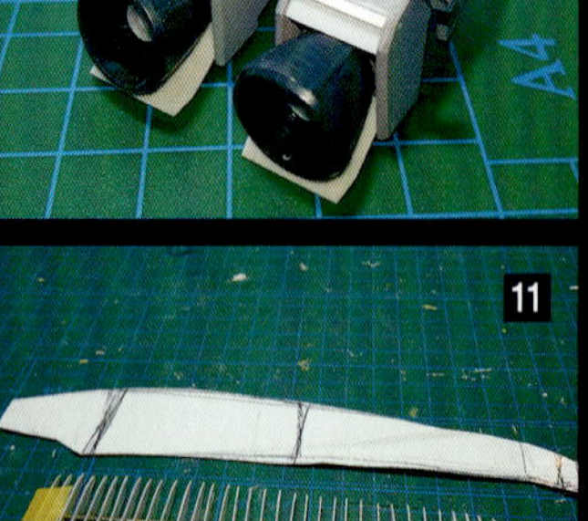

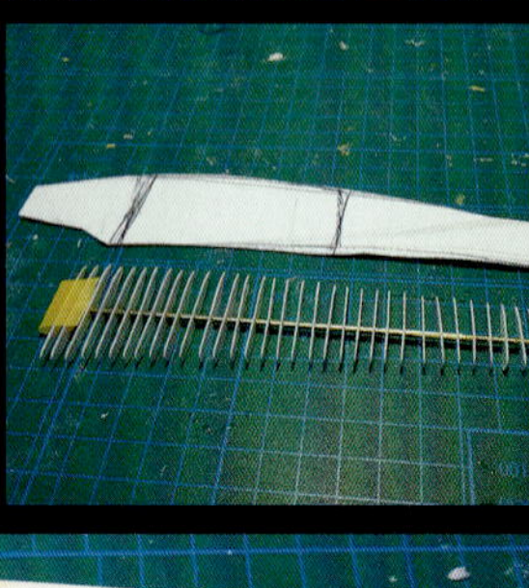

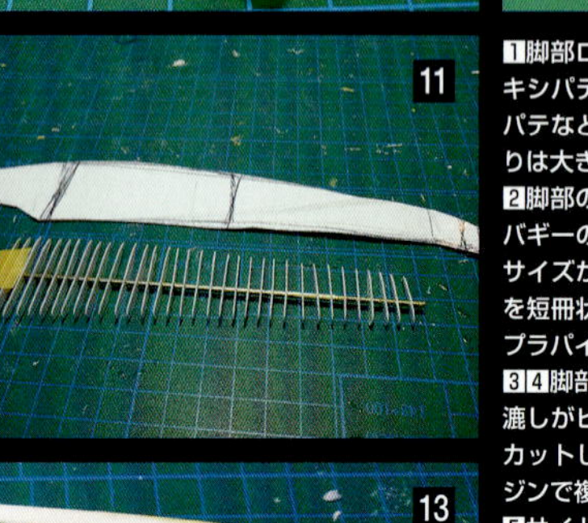

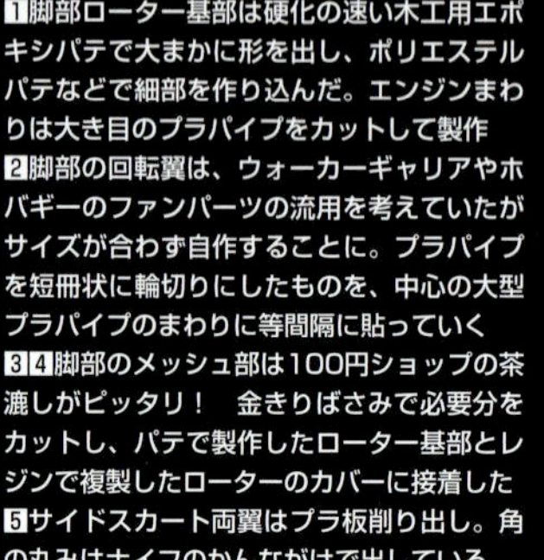

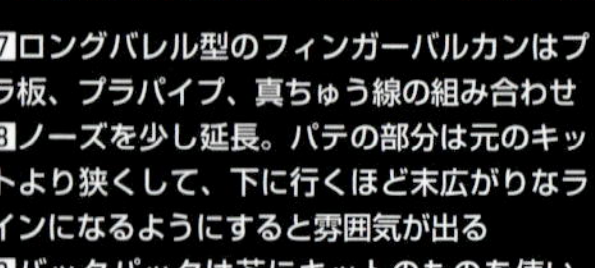

1脚部ローター基部は硬化の速い木工用エポキシパテで大まかに形を出し、ポリエステルパテなどで細部を作り込んだ。エンジンまわりは大き目のプラパイプをカットして製作
2脚部の回転翼は、ウォーカーギャリアやホバギーのファンパーツの流用を考えていたがサイズが合わず自作することに。プラパイプを短冊状に輪切りにしたものを、中心の大型プラパイプのまわりに等間隔に貼っていく
34脚部のメッシュ部は100円ショップの茶漉しがピッタリ！　金きりばさみで必要分をカットし、パテで製作したローター基部とレジンで複製したローターのカバーに接着した
5サイドスカート両翼はプラ板削り出し。角の丸みはナイフのかんながけで出している
6肩パーツは旧キットの1/144 ゲルググキャノンのパーツがぴったりなのでそれを元にして原型を作って複製した
7ロングバレル型のフィンガーバルカンはプラ板、プラパイプ、真ちゅう線の組み合わせ
8ノーズを少し延長。パテの部分は元のキットより狭くして、下に行くほど末広がりなラインになるようにすると雰囲気が出る
9バックパックは芯にキットのものを使い、プラ板の箱組みで飛行試験型っぽく新造
10右腕の給弾ベルトは、独特のコシがあるラプロス（研ぎ出し用耐水クロス）に、細切れにしたプラ材を接着して再現した
1113主翼はまず型紙を作ってサイズを算出。積層状に束ねた短冊状のプラ板を削って形を整え、そこに2㎜真ちゅう線を通すことで等間隔のリブを再現している
12主翼基部のアームは2㎜真ちゅう線で丈夫な可動軸を作っているが、それでも関節強度に不安が残るので、使い終わったナイフの刃をプラ板の間に挟み込んで渋くしている

　お久しぶりです。久しぶりのガンプラ作例を思いきり楽しみました。今回は東海村原八さんの描かれたイラストがとてもおもしろく、細部までその画の印象を再現すべくさまざまな箇所の工作をしていきました。

◆工作

　改造のベースにはMGグフVer2・0を使いました。胴体のプロポーションはそのまま。リアスカートをプラ板とポリエステルパテで大型化＆延長し、エンジンポッドを2基取り付けました。エンジンポッドのカバー部はひとつ製作してから複製して揃えています。コクピットの窓はポリエステルパテで埋めました。

　腕部もおおまかには製品そのままです。左手首はビルダーパーツHDのMSハンド1／100ジオン系を使用。親指の付け根だけ、ほかの指にめり込んでいるような造型だったので切り離して修整しました。

　大腿部、表側はHiQパーツのステンレスシールの丸いパーツを4つずつ貼っています。うしろ側のパーツにはダクト部をナイフで削り込んで形を出し、プラ板でその枠を作りました。

　ランディングギアを兼ねたつま先、黒いCFRP製カバー部、ヒザアーマーは原型を作りレジンで複製。両サイドのエアダクト（?）も、パテとプラパイプを組み合わせて作っています。

　バックパックの小さな羽根はMG高機動型ザクⅡのバックパックのフィンを流用。ノズルはMGパーフェクトジオングのパーツから流用しました。ウイングシールドを支える基部もショックアブソーバー内蔵みたいなことを想像しながら、飛行機模型（何かは失念）のランディングギアのジャンクパーツを流用してでっち上げました。

◆主翼

　今回の目玉のパーツです。まず、0・5㎜のプラ板を短冊状に切り出し、それを重ねてブロック状にしたところで、表面に瞬間接着剤を隙間に浸透しないように塗って板同士を固定。その状態で、おおまかにヤスリで形を出します。そして横から穴をあけ、2㎜真ちゅう線を通し串刺しに。一枚ずつ接着を剥がしていくと……魚の骨のような「主翼のリブ」ができあがるというわけです。その後、透明フィルムに見立てたセロファンテープを貼ってイラストの雰囲気を再現しています。

◆塗装

　1500番のサーフェイサーを吹き、青みのある濃いグレーを下地に吹いたあと、大河原さんが描いたイラストのスプリッター迷彩柄の画を元に塗装していきました。

　基本色の薄茶色は、GSIクレオスのMr.カラー313番イエローFS33531に19番のサンディブラウンを足したものを吹き、さらにそれに白を足したものを吹いています。茶色は41番のレッドブラウンに先ほどの薄茶色を混ぜたもの。グレーは115番のRLM65ライトブルーを茶色部の上から吹いています。モノアイは厚めに蛍光ピンクを塗ってからハイライトの白を厚めに塗り、クリアーをさらに厚めに塗りました。脚部のメッシュのあたりはタミヤのエナメル塗料57番バフや27番ブラックグリーンなどでウェザリング。

　足の裏もタミヤのテクスチャーペイントのライトサンドなどで砂地の付いた感じにしています。足先のパーツは、ローターの熱や風などで荒れてるのではと、筆塗りでタッチを重ねています。最後にタミヤのウェザリングマスターのススで全体的にあっさりと空気汚れを足しました。

◆デカール

　いつも僕の主催するプラモデル製作会に来てくださっている飛行機モデラーの山村さんから、現用飛行機のテスト機が貼り付けるマークを真似てみてはというお話とともにテスト機用デカールを譲ってもらいました。各所にある小さな白黒の×印は、機体の歪みなどを識別するためのマークです。ほかにはベルテクスのシステムマーキングや、UCハードグラフシリーズのデカールなどを適宜組み合わせて貼りました。■

MS-07H-4 GOUF
FLIGHT TEST TYPE

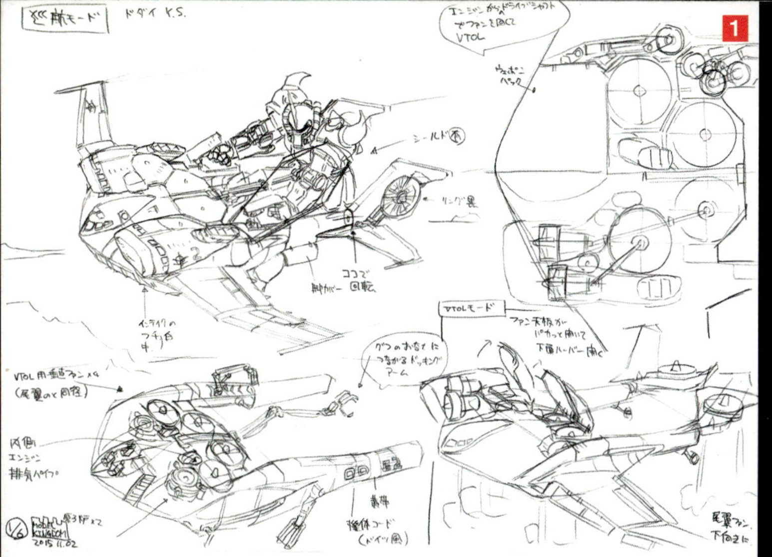

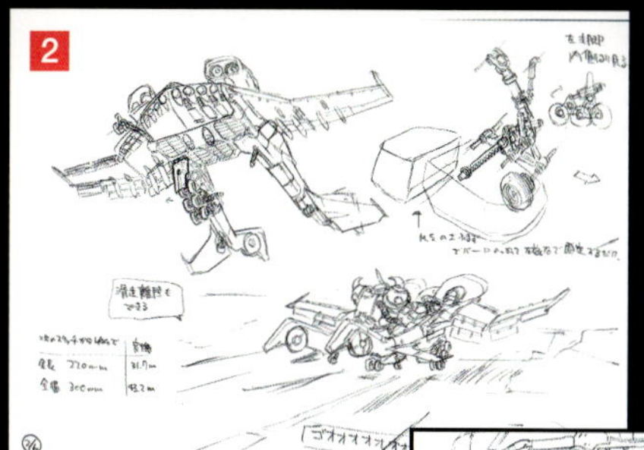

❶機内にはミノフスキー封じ込め型核融合炉（ザクのを流用）×２を動力にターボファンエンジンが４発。垂直離着陸時は中央翼後半に埋め込んである（普段はF-35Bみたいにフタ付き）垂直ファンを直接駆動する ❷MS用ステップを兼ねる主脚は６輪ボギー。前脚は２輪ダブルタイヤ。脚室のドアは前に大きく開いて飛行時のデフレクター（風除け）になる

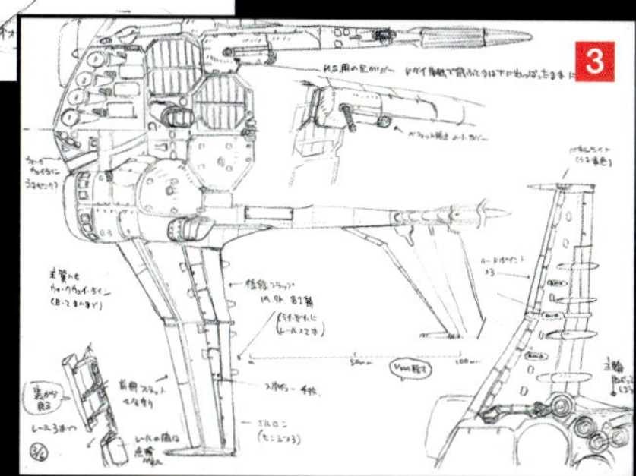

❸直進時はエンジン前面のファンの排気パイプから混合流をジェット噴射。外側エンジンの排気はエンジンポッドの肩後方に。内側エンジンの排気は、垂直ファンをよけて下面から搭載MSの股のあいだを抜けて噴射する ❹❺機首のミサイルはドダイの"顔"なので残している。またMS非搭載時の胴体間とセットで各種のカーゴパック（ミサイル用、通常爆弾ラック、輸送コンテナ）も想定されている

❻主翼はドップとお揃いの逆ガル翼。ミサイルを収納する機首（？）と主翼前縁を揃えると全翼機の趣きだ。ルッグン、ガウと、ジオン航空兵力は後退角25度くらいの全翼機が好き？

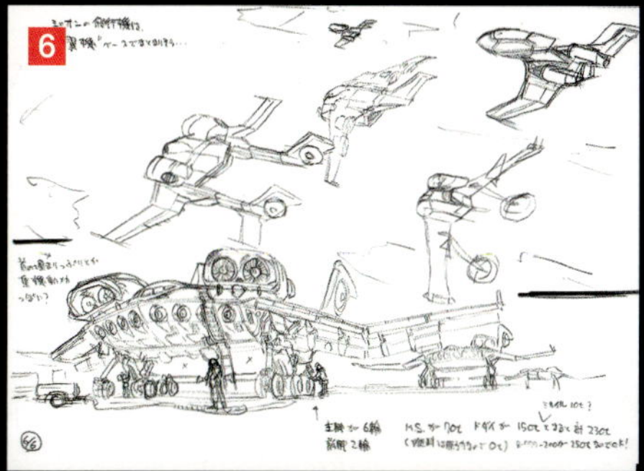

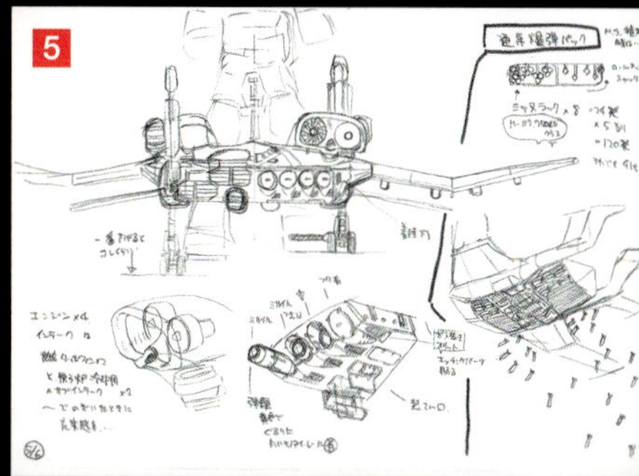

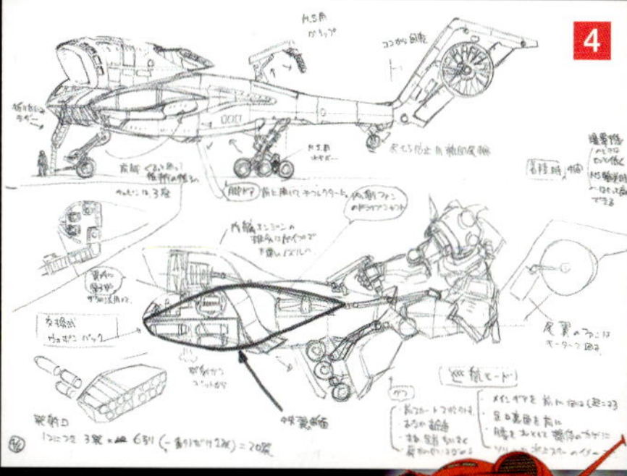

ザ・再解釈
東海村原八が考える飛びそうなドダイ&飛行試験型

立体化映えするよう大胆に翻案された２体の飛行メカ、東海村原八氏の「原案」を紹介します（これらのイラストは模型製作用のアイディアであり、公式設定とはいっさい関係ありません）

ドダイYS

●中空の構造にアレンジされたドダイYS。「グフの姿勢は水上スキーとメーヴェがイメージソースです。アニメでは垂直離着陸運用で脚やタイヤの設定はないけど、MS搭載用のステップにタイヤを付けたらちょうど滑走離陸もできそうに。地表スレスレをローパス→MSが後ろにひょい！　と離脱→前進速度が残っているので→『ザブングル』のOPみたいに岩盤をバリバリ砕きながら滑走！～も可能に！」（東海村）

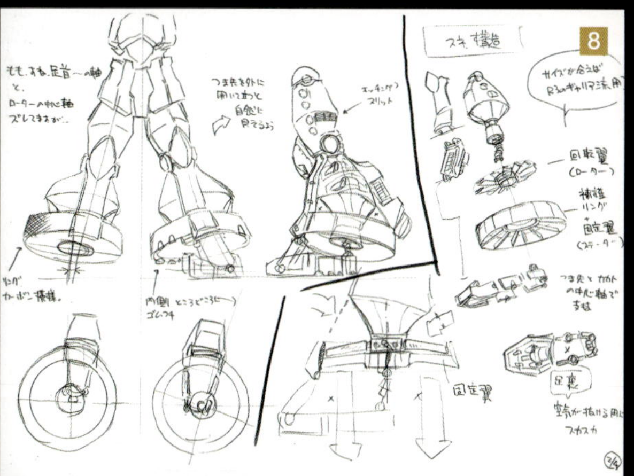

グフ飛行試験型

■大型翼とホバーユニットを与えられたグフ飛行試験型 ❼ギリシャ神話のイカロスか？　はたまた鳥人間コンテスト？　両手を広げて飛ぶグフがシュール。右翼は背中を通って左側に折り畳み可能 ❽足首は空気を通す都合上抜けが多い。歩行も覚束ないような華奢な構造となっている

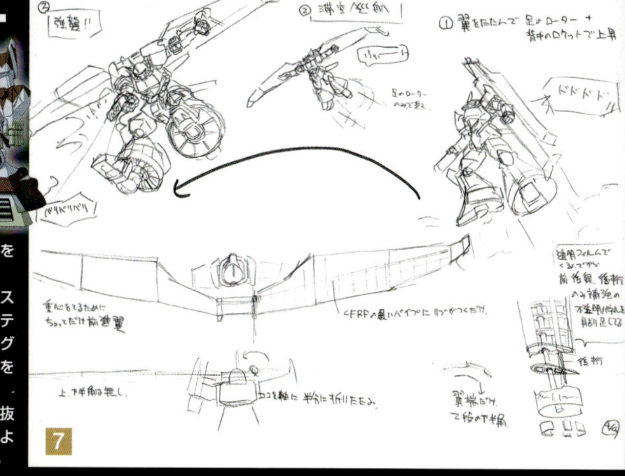

❾リブが透けて見える透明翼×２を左腕に懸架。「ウイング・シールド（？）は滞空性能を稼ぐためのオプションで、H-4型が爆発しなければ試していたペーパープラン。もちろん装甲としての機能はなく、航続性能と引き換えに機動性は犠牲になるので、戦闘用ではなく移動用。CFRP製のパイプ中心に軽量素材で構成されていてほぼ使い捨て。完全な透明外皮ではなく、半分以上に色がついてるアメリカスカップの競技ヨットのメインセイルがイメージソース」（東海村）
❿４連装のフィンガーバルカンの砲身一本一本に対応した弾倉を上腕～ヒジにマウントしている

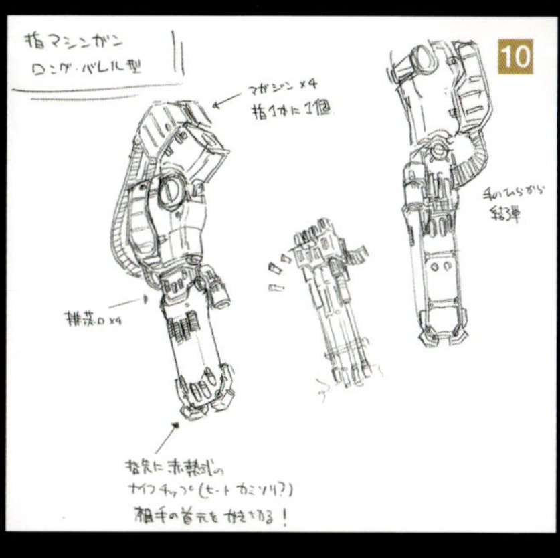

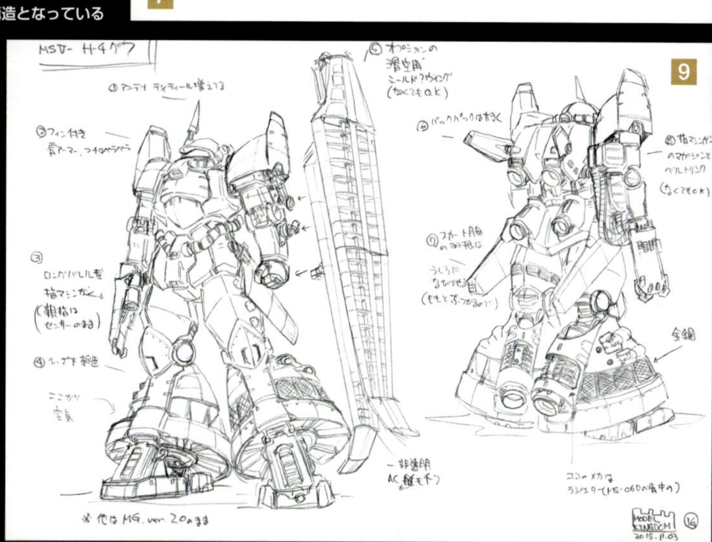

対MS戦という未知への挑戦

YMS-07B-0 PROTOTYPE GOUF

Model Graphix 2016年2月号 掲載

YMS-07B-0 プロトタイプグフ
（戦術実証機）
HGシリーズ
BANDAI SPIRITS　1/144
インジェクションプラスチックキット
発売中　税込1980円
出典／『機動戦士ガンダム
THE ORIGIN MSD』
製作・文／**しゅんしゅん**

地球侵攻作戦に際してジオンがザクからの脱却を目指したMSがグフ。より陸戦用に機能を特化させただけでなく、やがて連邦軍もMSを投入するであろうことを予測し、対MS戦用固定武装を充実させた新型機であった。MSDシリーズ第一弾として発売されたこの「プロトタイプグフ」は、そんなグフが制式機として完成に至るまでの過程で生まれた実験機だ。ジオンの試行錯誤を読み取ることができる、まさにDiscovery（発見）なキットとなっている

戦術実証 対MS戦ノ可能性ヲ探ル

●"戦術実証機"という設定のプロトタイプグフ。グフの固定武装が最終的に右腕にヒートロッド、左腕にフィンガーバルカンという構成になるまでにさまざまな検証が行なわれていた……という設定を、換装可能な前腕で表している。完成したグフと同様のヒートロッドとフィンガーバルカンのほか、モビルワーカーと共通のマニピュレーターやクローユニットを自由に取り付け可能で、グフ開発陣の苦悩の日々を想像しながら楽しめるのだ。今回はさらに「こんな武装も検討されていたのでは？」という遊びも盛り込んでみた

ヒート・ロッド

▲手首内にコンパクトに内蔵されていたグフと違い、プロトタイプグフは前腕がまるごとヒート・ロッドユニットとなっている。樽状の前腕はリールユニットとなっており、巻き取るようにしてロッドを格納する

三連装マシンガン

▲グフが五連装となったのに対し、三連装＋センサーとなっている構成のフィンガーバルカン。のちのグフ・カスタムに装備されたものと似た構成なのが興味深いところ。製品には左腕用が付属するが、今回はもうひとつ製品を使用・改造して右腕用も用意した

クロー

▲プロトタイプグフの前腕接続部は既発売のモビルワーカーと共通になっており、クローユニットを接続することが可能。最終的にこの仕様は見送られたが、後の水陸両用MSに活かされてたりするのかも……？　なんて妄想も広がる

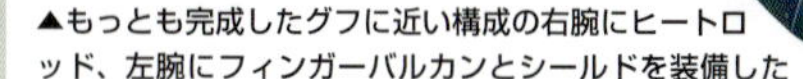

▲もっとも完成したグフに近い構成の右腕にヒートロッド、左腕にフィンガーバルカンとシールドを装備した状態。さまざまな検証を積み上げた結果、これが最善の仕様とされたわけだ

マニピュレーター＆ヒート・ホーク

◀モビルワーカーの後期型に装備されていた、固定武装を持たないニュートラルな腕部も製品には同梱されており、ヒート・ホークを持たせることが可能だ

火炎放射器

▶「せっかく腕部を換装させられるギミックがあるのだから……」ということで、今回、妄想を炸裂させて自作した火炎放射器。いかにもな給油口や、ライターのような発射部がおもしろいデザインだ。このように独自の武装を考えてみる遊び方もオススメなのだ

東海村原八のグフ考 自分だったら対MS戦用の武器、どうする!?

グフの魅力のひとつが、「とんちんかんな武器」（失礼！）。電気がビリビリするムチ!!　指がバルカン砲!!　比較的普通だったサーベルも、劇中でのビームっぽい描写と文芸設定（ゲルググ以前はビーム兵器が使えない）の齟齬から〝形状記憶処理された高分子化合物の微粒子によって瞬時に形成される〟……というほかに負けないトンデモ超武器となりました。どれも当時から、あんまりリアルとは思えなかったんですが、『THE ORIGIN』で対MS戦をモビルワーカーで研究するあたりを見ると、めっちゃ肉弾！　ゼロ距離で殴り合ってる！めっちゃショルダータックルかましてる!!こういう戦い方ならザクの肩はトゲトゲになるわ～という説得力が……。

で、だとすると、ゼロ距離からちょっと間合いが取れる文戦距離（20ｍくらい？）がサーベルで、もうちょい離れて20～40ｍ（身長の3倍くらいまで（20～60ｍ）がヒートロッド、それ以遠が指のマシンガン？おお、これならオールレンジ完璧じゃん！

肩のツノが曲がってるのも、重力下のゼロ距離でもみ合った際に下から「うりゃ！」って突き上げると敵MSが自重で「ぶらーん」ってなるのをたぶん狙ってて……うん、グフに死角なし！（東海村）■

※このイラストは模型製作用のアイディアであり、公式設定とはいっさい関係ありません

『機動戦士ガンダム THE ORIGIN Mobile Suit Discovery』（以下MSD）は、『機動戦士ガンダム THE ORIGIN』の世界観をベースにMS開発系譜を考証するという、アニメ本編とパラレルに展開する企画だ。考証／デザインを手がけるのは、『THE ORIGIN』本編と同じく今西隆志／カトキハジメのタッグ。「UC 0082年、ジオニック社を吸収したアナハイム・エレクトロニクスが、文献／資料に基づき一年戦争のMS開発史を解明したもの」というのがベースコンセプトとなる。この「作品世界中の後世に編纂されたもの」という極めてSF的なレトリックは、既存の一年戦争前後の設定を再編纂した大著『ガンダム百科事典』（講談社）でも採用されているが、今西氏だけに、タイミングがUC 0083年の前年というあたりにはニヤリとさせられる。

さて、MSDを見て「要するにMSVでしょ？」と思った貴方は半分正解で半分不正解。MSDは、ガンプラ化を視野に入れたバリエーション企画であるところや、MSVを下敷きにしているという意味では「MSV的」な企画と言えるが、その成り立ちや発想はまったく異なるものだ。

そもそも、『機動戦士ガンダム』から『MSV』にいたるころのメカ設定というものは、あくまでアニメ本編やメカデザインに付随するオマケのようなものであって、はじめから緻密な開発系譜などがあったわけではない。たとえば、当初ザクはザクでしかなく、ザクJ型／F型／S型というような形式分けの設定は『ガンダム・センチュリー』以降に後付けされていった。MSVも、MS開発系譜という視点から掘り下げて読み解いていくと、設定に曖昧なところが多くいくつもの解釈が存在してきた。

そんな「屋上屋を架す」ような設定考証の乱立状態を見事に整理してのけたのが、先述した『ガンダム百科事典』。奇跡的な完成度で極力矛盾が生じないように既存考証やその解釈を再編したこの大著は、一年戦争前後のガンダム世界考証におけるひとつの到達点と言える。MSVに関しても、これ以上ないという完成度で設定／考証を再編しているので、MSDをより楽しむためにも未読の方はぜひ一読を勧めたいのだが、それはさておき、本書の考証はあくまで「既存設定の枠を逸脱しない」＝新設定を作らない、というのが大前提。その大前提から一歩を踏み出し、既存のMS／MSV設定を最大限踏まえつつ、新たなMS開発系譜の枠組みを創出しよう、というチャレンジが、このMSDである。

MSDは穴や矛盾が多かったMS開発系譜を「再構築」すること、それ自体をスタート地点としている。先に考証＝系譜ありきで、必要なミッシングリンク的機体は、考証に基づいて描き起こされるという手法だ。既存MS／バリエーション機も考証に基づきリアレンジされていく。また、以前は「試作機」とひとくくりだったところも試作機と実証機を明確に分け、さらには実証機を実証用件ごとに細分化するなど、考証ありきだからこその緻密さやリアリティーを盛り込むことにも成功している。

このような考証に優先をおく試みは、古くは『機動戦士ガンダム0083』、近年ではMG Ver2・0の組み立て説明書でのMS系譜考証や『機動戦士ガンダムUC』における宇宙世紀MSデザイン再構築などで行なわれてきたが、なにせ今回は題材が一年戦争。膨大に積み上げられた既存考証をどのように再構築して見せてくれるのか、その展開に期待が膨らむ。■

THE ORIGINを下敷きにした新たなるMS系譜再考証企画、"MOBILE SUIT DISCOVERY"

文／森 慎二（モデラー）

U.C.0082年にアナハイム・エレクトロニクス社が資料／文献から一年戦争のMS系譜を調査した研究成果……という設定の、MS系譜考証企画MSD。その企画アプローチから見えてくるMSDの意味を考えてみよう。

MSVの単なる"描き直し"ではない、MSDの新たなるアプローチ

上でも述べているように、MSDはMSVの単なる描き直しではない。たとえば、MSV版の「ドム試作タイプ」とMSDの「ドム試作実験機」を比べて見てほしい。パッと見た目の印象こそMSVから継承されているものの、ベースデザインが、MSVではグフであるのに対し、MSDではザクの印象が色濃い別物になっているのがおわかりいただけるだろうか。

この差異は、MSVでは『モビルスーツカード』以降「ドム試作タイプ」とされていたもの（右イラスト機体）を、当初呼称のとおりの"MS-07C-5 グフ試作実験機"と捉え直し、ドムの試作実験機を、別機体であるYMS-08Bとして新たに構築したことによるもの。MSVのグフ→ドムという1本筋の流れではなく、ザク→グフという流れとザク→ドムという流れが並行するような開発系譜（右の系統図参照）を現すミッシングリンクとして考証されているのだ。

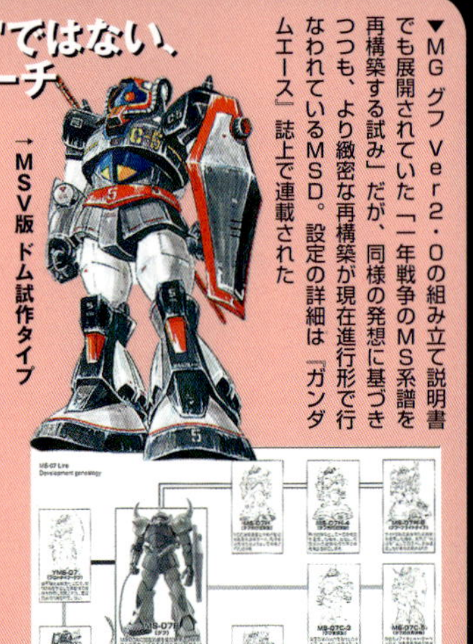

→MSV版ドム試作タイプ

▼MG グフ Ver2・0の組み立て説明書でも展開されていた「一年戦争のMS系譜を再構築する試み」だが、同様の発想に基づきつつも、より緻密な再構築が現在進行形で行なわれているMSD。設定の詳細は『ガンダムエース』誌上で連載された

機動戦士ガンダム THE ORIGIN MSD MOBILE SUIT DISCOVERY

モビルワーカーの腕部アタッチメントを継承
陸上用の技術をフィードバック
宇宙仕様としての思想をフィードバック
「宇宙仕様」「陸上仕様」で分化

▲現状公開されているMSD系統図のいちばんのポイントは、グフ系とドム系が、ザクに端を発しつつもパラレルな系統となっているところ。MSD系統図は随時改訂されていくとのことなので要チェックだ

◀腕にアタッチメントを搭載したプロトタイプグフ戦術実証機は、MSの前身となったモビルワーカーからの技術的流れを汲む（MW-01 モビルワーカー01式 後期型(マッシュ機) HGシリーズ 税込1980円）

▼▶機動実証機と戦術実証機を別機体として捉え直されたプロトタイプグフ。ガンプラでもそれぞれHGシリーズの別キットとして発売されている

YMS-07B-0 プロトタイプグフ

YMS-08B ドム試作実験機

▶YMS-08A 高機動試作機→イフリート（08TX）の系統とは別系譜となるB型としてMSDで新たに設定されたドム試作実験機。ザクの印象を残すデザインとなっている。（バンダイ 1/144 HGシリーズ '16年2月発売 税込2200円）

◀プロトタイプグフのキットは、よくいえば『ジ・オリジン』らしい重厚な体型、悪くいえばちょっとランバ・ラルを彷彿とさせるようなオジサン体型……？　というようなカンジだったので、今回はカトキハジメ氏の描いた設定画のスタイリングを目指して各部を改修。あえて可動ギミックもある程度省いてしまい、より立っていてカッコいいプロトタイプグフを目指した。また、各部に細切りのプラ板をデコレートすることで情報量をアップ。全身に気配りが行き届いたスキのない模型に仕上げた

●キット頭部の口部ダクトは、レトロなグフぽい「象の鼻」のような垂れ下がりを強調したスタイル。作例ではダクト外側を大型化することでよりメリハリをつけた。モノアイは市販の丸モールドパーツとガイアノーツの「透明クリアジェル」で自作している
●胸全体は横方向に幅詰めしつつ、胸当てをボリュームアップ。締まりがありつつもマッシブな形状に仕上げた。肩関節部ポリキャップは、キットでは引き出すことで可動範囲を広めることができるが、作例ではギミックを封印しつつ、プラ板でポリキャップ隠しパーツを自作し取り付けた
●バックパックには信号アンテナを追加して試作機っぽさを演出
●腰部は前後の厚みを増した。ディテール面ではフロントスカートアーマーが分割されているのを、設定画に合わせて一体化したり、モールドとして処理されているスカートアーマー間のパンチングされた装甲を繰り抜いて別パーツで再現したりとこまかくイジった
●肩アーマーは大胆にも90度向きを変えてしまうことで肩幅を調整（もちろんスパイクの向きは変えてますよ）。スパイクの長さも短く調整している、肩との接続はスプリングにて行なう
●脚部は内部のフレームパーツのダボやディテールを削り落とすことで装甲の後ハメを可能とした

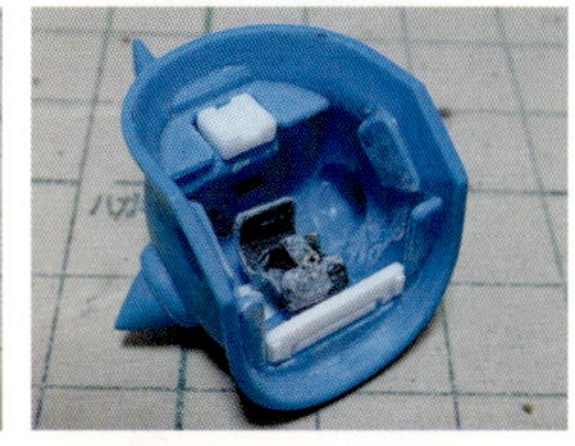

▶対人兵器を想定して自作した火炎放射器。トーチ部は真ちゅう線を削りだして製作、パイプは100円均一ショップのイヤホンを使用し、そのほかAFV模型のパーツを組み合わせた

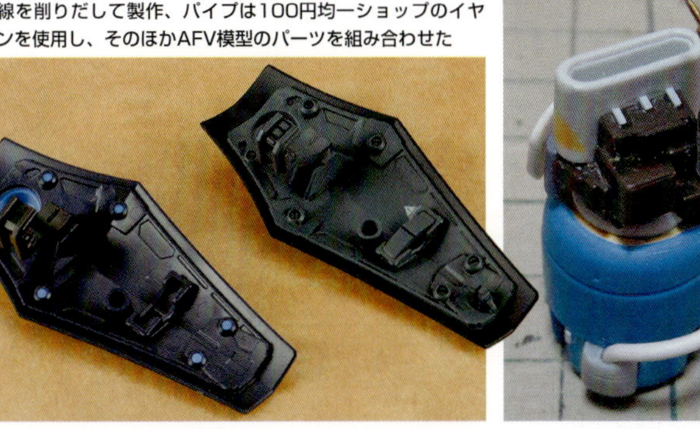

▲キット付属のヒート・ホークをそのまま製作したものに加えて、刃が延長されたものも製作。これがのちのヒート・ソードにつながっていった……という脳内設定なのだ

本キットのスタイルは、MSD用にリファインした設定画をカトキさんが描かれているためか、ディテールはカトキテイストで体型は『THE ORIGIN』ぽい、といった印象。そこで今回は「スタイルを設定画に近づける」「換装アームを遊び尽くす！」を製作のテーマとしてみました。

◆工作

たれ下がったような口のダクトはグフらしさを表す重要な箇所なので、余計な分割ラインの削除とダクトの大型化の工作をしました。ツノ（アンテナ）はボッテリしていたのでプラ板で新造。モノアイは市販丸モールドと透明クリアジェルで再現しました。

上半身は設定画に対して薄く幅広に感じたので、胸板の厚みアップと幅詰めを行ないました。このキットは簡易フレームが仕込まれているので、フレームを削り込むことで幅詰めが比較的容易に可能です。腰との隙間を埋めるパーツも同様の加工をするため、ちびちび攻撃で仕上げました。バックパックはバーニアをいったん削り落としてプラパイプで新造しました。

肩アーマーは90度回転させて接続して肩幅を調整。腕とはスプリングで接続、ある程度の可動を残します。3連装バルカンは一本ずつ分割して砲口にプラパイプを追加。

あと作例独自の兵装として火炎放射器を追加製作しました。「地上作戦で対人兵器として検討されたがMS戦重視で廃案となった」みたいな……。こんな恥ずかしい妄想もできちゃう換装アームギミックは最高！

腰は厚みを増して、上下分割されたフロントアーマーは設定画に合わせて一体化。フロントとサイド間のパンチングされた板は別パーツ化して精密感を出しました。

◆最後に

今回はMSD設定画に近づける方向で仕上げましたが、キットとしては古き良きグフとして仕上げるのもよいかなと感じました。両極端の仕上げを楽しむことができる良キットなので、換装アーム目当てという意味でも複数買いをお薦めします！　■

あの日見た「カーキ色のグフ」がいまでも忘れられないのさ

●「カーキ色のグフ」は、伝説の名書「HOW TO BUILD GUNDAM 2」（ホビージャパン刊）に掲載された、川口名人による「ジオラマ」に登場した作例。いかにもアニメ的だった青いグフが「リアルに存在しそう」な存在へ変貌し、当時多くの少年を驚かせるとともに、リアルなグフ＝「カーキ色」と強く印象づけた歴史的名作例だ

元ガンプラ少年現中年AFVモデラー

吉田伊知郎Presents

「カーキ色のグフ」だから、どんどん汚しちゃおう!

Model Graphix 2016年2月号掲載

YMS-07A-0 プロトタイプグフ（機動実証機 サンドカラーVer.）
HG シリーズ　BANDAI SPIRITS　1/144
インジェクションプラスチックキット
税込1980円（プレミアムバンダイ販売）
出典／『機動戦士ガンダムTHE ORIGIN MSD』
製作・文／**吉田伊知郎**

「HG プロトタイプグフ 戦術実証機」のバリエーションキットとしてプレミアムバンダイで販売された「HG YMS-07A-0 プロトタイプグフ（機動実証機 サンドカラーVer.）」。MSDなのでもちろんもろもろいま風になってますが、こ、これって往年のあの「カーキ色のグフ」の再来じゃないっ!? その姿をひと目見るなり血が騒いでしまったのが元ガンプラ少年／現AFVモデルの達人である吉田伊知郎、さあ立ち上がれ！　あの「カーキ色のグフ」を、最新AFVウェザリング技法で現代にふたたび蘇らせるのだ!!

▲表面のツヤの目安はこんなカンジ。ツヤがありすぎるとウェザリングが流れすぎてしまうし、ツヤ消しだと流れなくて汚くなります。まずはここを目指しましょう

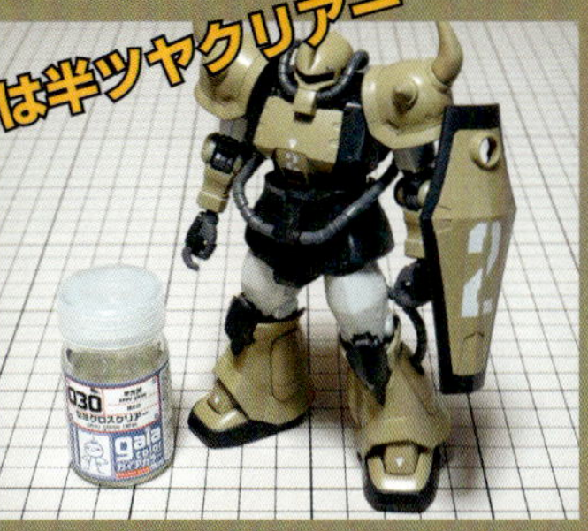

▲ウェザリングに入るまえに、全身にセミグロスクリアーを吹きつけます。塗膜やデカールの保護をするのはもちろんなんですが、「ウェザリングしやすい表面にする」のが最大の目的

●まずは基本塗装。エナメル系塗料や燃料用アルコールに侵されにくいラッカー系塗料を使用しています。ご覧のとおりほぼベタ塗りですが、AFVモデラーの手にかかれば超カッチョいい汚しのグフになるのですよ！

▲水で薄めに溶いたパフをベしゃべしゃと塗りつけます。薄めに溶くとご覧のように塗膜に弾かれますが、気にせずこれが半乾きになるまで待ちます

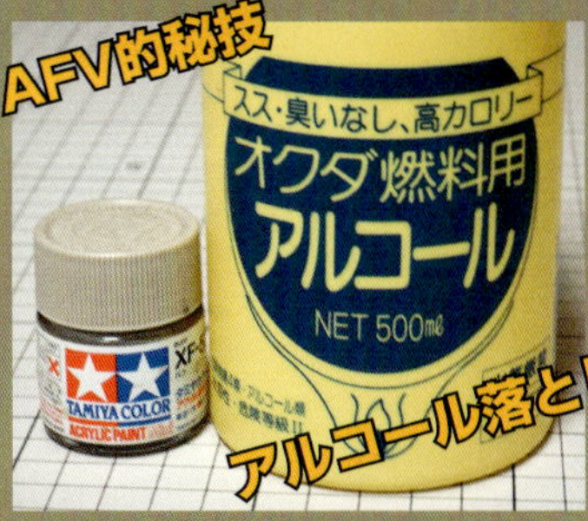

▲砂漠用なら全身にうっすらと砂ぼこりをかぶっているハズ。そんな表現に最適なのが「アルコール落とし」という技法。必要なものはタミヤアクリルのパフ、そして燃料用アルコール

▲乾燥したら、エナメル系の塗料でウォッシング。AFVモデルでよく使われるAKインタラクティブとアモ・オブ・ミゲル・ヒメネスのウォッシング専用塗料を使います

▲仕上がりはこんなカンジ。パフは完全に乾燥すると、非常に落ちにくくなります。慣れないうちは部分ごとにこまかく区切って、少しずつ行なっていくと失敗しにくいでしょう

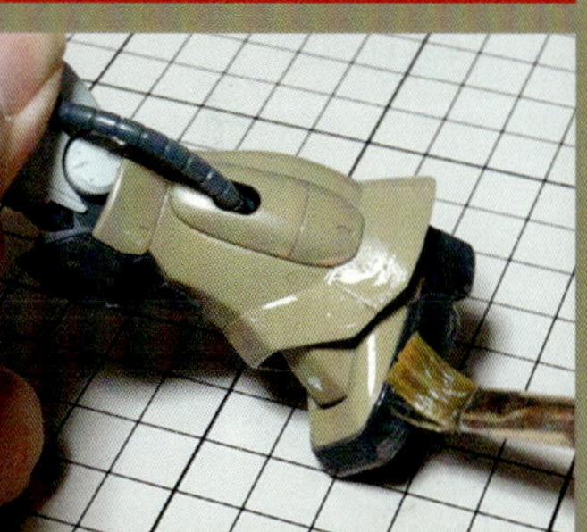

▲パフが半乾きになったら、筆に燃料用アルコールをつけて、拭い去っていきます。拭い切れない塗料の顔料粒子が表面に留まったり、スミのほうにたまったりしてリアルな表現に

素組み＆時短ウェザリングで
このカッコよさ！

▲最後にもう一度クリアーでコートして完成。ウェザリングについては洗練された現代のAFV技法を使っているため、丸一日もかけずにこの仕上がり！

▲ハゲチョロ……AFV的にいえばチッピング。鈍い金属光沢を放つRYLA製のグラファイトクレヨン（画材店の世界堂で入手）のエッジを使ってこまかく描き込んでいきます

▲汚れの流れる方向を意識しながら、余分な塗料を拭きとります。画材のホワイトスピリット（精製ペトロール）を使用するのは、エナメル系うすめ液よりプラスチックを侵しにくいため

▲さまざまな色の面に、薄く共通の色をのせることで統一感をもたせるウォッシング。モールドにも塗料が残るのでスミ入れ効果もあります。ということでふたつを一気に終わらせます

ご紹介のとおり、元ガンプラ少年の現在AFV系ド中年モデラーです。プレミアムバンダイでサンドカラーのプロトタイプグフが発売されるときいて血が騒ぎ作例までやってしまうことになりました（ガンプラの作例は人生で初めてです）。情熱の牽引力は、やはり、小学生のころ擦り切れるほど読んでいた『HOW TO BUILD GUNDAM2』での、川口名人製作によるあの砂漠の駐屯地ダイオラマの鮮烈な印象でしょうか。同書には実際の戦車などのように戦場によってさまざまな迷彩塗装が施されたMS作例が多く載っていました。アニメで見ていたカラフルなロボットが兵器に見える瞬間は小学生だった私に強いインパクトを与えました。その経験がいまのAFV好きに結びついているのかもしれません。

今回はキットをストレートに組み立てて、ラッカー系塗料での基本塗装後、「あのころの汚し」を意識しつつも近年のAFV技法を盛り込んでウェザリングしてみました。ふだん私が作っているのは1／35の戦車がほとんどなので1／144というスケール感にはちょっと悩みましたが、それでもうっすらと残る砂埃や泥はねの表現など、巨大人型兵器であるMSに見合った表現ができたんじゃないかなと思います。■

Who is 伊知郎？

▼AMでの代表作が、'15年4月号掲載のSTB-1。タミヤの74式戦車をベースに陸自試作車両をセミスクラッチ！

●吉田伊知郎は、多感な小学生時代に『HOW TO BUILD GUNDAM』と出会ってすっかりヤラレてしまった、典型的第二世代ガンプラ少年の現在の姿（40ウン歳）。成長とともに徐々に興味の対象がAFV模型に移り、やがてAFV模型専門誌『月刊アーマーモデリング（以下AM）』でゲーム『World of Tanks』とのコラボ作例連載などを担当。現在はAM編集部に籍を置く編集部員だが、多忙な編集作業の間を縫うようにして巧みな／工作ウェザリングテクを披露する豪速球な作例を定期的に発表している

編集●モデルグラフィックス編集部
撮影●ENTANIYA
装丁●横川 隆（九六式艦上デザイン）
レイアウト●横川 隆（九六式艦上デザイン）
丹羽和夫（九六式艦上デザイン）
SPECIAL THANKS●サンライズ
BANDAI SPIRITS

ガンダム アーカイヴス
『ジオンのモビルスーツ』編

発行日　2019年11月28日 初版第1刷

発行人／小川光二
発行所／株式会社 大日本絵画
〒101-0054 東京都千代田区神田錦町1丁目7番地
URL; http://www.kaiga.co.jp

編集人／市村 弘
企画／編集 株式会社アートボックス
〒101-0054 東京都千代田区神田錦町1丁目7番地
錦町一丁目ビル4階
URL; http://www.modelkasten.com/

印刷／大日本印刷株式会社
製本／株式会社ブロケード

内容に関するお問い合わせ先: 03(6820)7000 (株)アートボックス
販売に関するお問い合わせ先: 03(3294)7861 (株)大日本絵画

Publisher/Dainippon Kaiga Co., Ltd.
Kanda Nishiki-cho 1-7, Chiyoda-ku, Tokyo 101-0054 Japan
Phone 03-3294-7861
Dainippon Kaiga URL; http://www.kaiga.co.jp
Editor/Artbox Co., Ltd.
Nishiki-cho 1-chome bldg., 4th Floor, Kanda
Nishiki-cho 1-7, Chiyoda-ku, Tokyo 101-0054 Japan
Phone 03-6820-7000
Artbox URL; http://www.modelkasten.com/

ISBN978-4-499-23279-1